하루15분
인문학
지혜독서법

초등 공부머리를 위한

하루 15분 인문학 지혜 독서법

심정섭 지음

체인지업

목차

프롤로그 행복한 미래를 준비하는 인문학 지혜 독서   _8

1장 왜 지금 인문학 지혜 독서가 필요한가?

코로나 시대에 집에서 해야 할 일은 인지 학습보다 지혜 독서다   _15
아이를 행복하게 하는 공부가 문제지 푸는 공부를 앞서야 한다   _19
미래의 먹고사는 문제를 해결하기 위한 첫걸음도 지혜 독서다   _25
12년 공부하고도 책 한 권 제대로 못 읽는 현실을 어떻게 봐야 하나?   _29
시를 낭송하고 인문학을 공부한다면 무엇이 두려울까?   _35
지혜 독서를 통해 아이와의 소통이 회복된다   _41
지혜 독서로 세계 지성계를 이끄는 유대인 교육   _47
하브루타는 못 해도 키워드 나눔은 할 수 있잖아   _53

2장 인문학 지혜 독서의 개념과 실천 준비

지혜 독서는 한 권을 반복해 읽는 슬로리딩이다   _63
인문학 패스트푸드로는 삶이 바뀌지 않는다   _69

지혜 독서는 종교 단체나 인문학 배움터에 위탁할 수 없다 _73
아이를 가르치려고 하기보다 내가 먼저 배운 대로 실천한다 _77
위선이 아닌 언행일치로 본을 보여주는 교육을 한다 _84
인문학 지혜 독서는 육체의 수련을 통해서 완성된다 _89
하루 15분 인문학 지혜 독서 실천하기 _95

3장 인문학 지혜 독서의 실천과 대화 예시

『도덕경』으로 시작하는 지혜 독서 _103

『명심보감』으로 시작하는 지혜 독서 _117

『채근담』으로 시작하는 지혜 독서 _126

『논어』로 시작하는 지혜 독서 _135

성경으로 시작하는 지혜 독서 1. 〈마태복음〉 _148

성경으로 시작하는 지혜 독서 2. 〈잠언〉 _160

불경으로 시작하는 지혜 독서 1. 『반야심경』 _172

불경으로 시작하는 지혜 독서 2. 『금강경』 _189

시로 시작하는 지혜 독서 _202

4장 인문학 지혜 독서를 할 때 생기는 질문들

형식적이고 낮은 수준의 생각 나눔에서 벗어나려면 어떻게 해야 하나요? _233

아이가 점점 잔소리꾼이 되는데 어떻게 해야 할까요? _240

시간을 내어 꾸준히 하기 힘든데 어떻게 해야 할까요? _245

제가 성경이나 불경을 함부로 해석해도 되나요? _248

어른도 읽기 힘든 『논어』나 『도덕경』을 어떻게 아이들이 읽나요? _252

5장 가정에서의 인문학 지혜 독서 실천 사례

아이와 함께 성장하는 하루 한 시간 성경 통독 (김수정 님 가정 사례) _259

역사와 『사자소학』으로 실천하는 인문학 지혜 독서 (박경혜 님 가정 사례) _271

『사자소학』으로 실천한 인문학 지혜 독서 공동체 (현성순 님 가정 사례) _281

평균 이하의 인내력을 가진 엄마의 지혜 독서 실천기 (윤선희 님 가정 사례) _287

다 큰 자녀들과 『논어』로 지혜 독서를 한 아버지 _294

6장 인문학 지혜 독서를 처음 시작하는 가정을 위한 텍스트

『도덕경』으로 시작하는 지혜 독서　_301
『논어』로 시작하는 지혜 독서　_310
〈잠언〉으로 시작하는 지혜 독서　_329

감사의 글　_339
에필로그: 부富하지는 못 해도 귀貴할 수는 있잖아　_343
참고문헌　_349

프롤로그

행복한 미래를 준비하는
인문학 지혜 독서

인문학 지혜 독서란?

 이 책에서 말하는 인문학 지혜 독서란 '부모와 아이가 함께 인문 고전 텍스트를 읽고, 각자 가장 인상 깊었던 내용의 키워드나 문장을 골라 서로 생각을 나누며, 배운 바를 가정과 일상생활에서 실천하는 것'입니다.
 좀 더 구체적으로 정리하면 다음과 같습니다.

구분	일반 독서 (재능 독서, 취미 독서)	인문학 지혜 독서
누가	혼자 혹은 같은 관심을 가진 사람들	부모와 자녀
어디서	학교나 도서관	집
언제	임의로	정해진 시간에 꾸준히
어떤 책을	자신이 좋아하는 책	낭독하고 암송할 가치가 있는 인문고전 텍스트
어떻게	책 한 권 다 읽은 후 다른 책 읽기 (다독, 속독)	같은 텍스트를 반복적으로 읽기 (슬로리딩, 정독)
독후 활동	없거나 다양한 활동	키워드 나눔
목적	지식이나 정보를 얻기 위함 (지식 독서, 재능 독서)	왜 살고, 어떻게 살아야 하는지에 대한 답을 얻기 위함

지혜 독서를 말하는 이유

이런 말을 들으신다면 지금처럼 읽어야 할 책도 많고, 부모와 자녀가 서로 얼굴을 보기도 힘든 때에 무슨 옛날 조선 시대 사대부 교육처럼 부모와 자녀가 같은 책을 읽고 나누라고 하는지 의아해하실 수 있습니다.

하지만 입시 현장에서 20여 년을 보낸 제가 인공지능 시대라는 새로운 시대가 빠른 속도로 다가오는 가운데 우리 아이들의 미래를 생각하면 할수록 이런 식의 지혜 독서가 없으면 우리 아이들의 행복한 삶은 보장될 수 없을 것 같다는 절박한 생각이 듭니다.

우선 앞으로 우리 아이들은 인공지능이나 로봇이 할 수 없는 일을 해야 합니다. 국영수를 잘하고, 문제지를 잘 풀어서 얻을 수 있는 일자리는 점점 줄어듭니다. 나는 누구고, 왜 살고, 어떻게 살아야 하는지, 다른 사람들과 어떻게 소통해야 하는지를 모르는 아이에게는 일자리로 행복한 삶을 누릴 수 있는 기회가 점점 줄어들 것입니다.

지혜 독서가 필요한 이유는 단지 미래에 대한 염려 때문만이 아닙니다. 지금 교육 현장의 여러 가지 문제를 근본적으로 해결하기 위해선 가정 중심의 지혜 독서가 매우 필요하다고 생각합니다. 12년간 학교와 학원에서 공부하고도 자기가 읽고 싶은 책 한 페이지도 읽지 못하는 아이들이 넘쳐납니다. 수많은 문제지를 풀고 대학에 가도 책 한 권을 제대로 읽거나 자기 생각을 글로 표현하기 힘든 아이들이 대다수입니다. 전통적인 교육 방식대로 인문고전 텍스트를 바탕으로 언어력, 논리력, 표현력을 기르고 세부 과목을 배워야 하는데, 이런 기초 없이 지식과 정보만을 머릿속에 채웠으니 엄청난 부작용이 발생한 것이지요.

또 부족함 없이 아이를 키워놓고도, 사춘기에 접어든 아이들과 1~2분 이상 차분히 앉아 대화 나누기 힘든 가정이 얼마나 많습니까? '응', '아니', '그냥'을 넘어서는 아이들의 대답을 듣기 힘들고, '밥 먹었어', '숙제했어' 등의 일상적인 말 이외에 아이들과 나눌 수 있는 대화 주제가 없습니다.

이러한 문제의식이나 이를 해결하기 위한 구체적인 방법은 이 책의 1, 2장에 잘 설명해 두었습니다. 이런 필요성과 방법론에 공감하신다면 굳이 책을 처음부터 읽으실 필요 없이 바로 3장의 구체적인 실천 편부터 읽으셔도 됩니다.

이 책의 목적은 이 중요한 지혜 독서를 어떻게라도 시작해볼 수 있는 마중물을 각 가정에 드리는 것입니다. 지혜 독서가 너무도 필요한데, 어떻게 시작하고, 어떤 식으로 진행해야 할지 막막한 부모님과 아이들을 위해 다양한 방법과 사례를 제시했습니다.

우선 『논어』와 『도덕경』, 『채근담』, 『명심보감』, 시와 같이 종교나 신앙이 없어도 쉽게 시작할 수 있는 텍스트와 사례를 정리했습니다. 또 성경과 불경 같은 경전도 어떤 식으로 공부하고 어떻게 아이들과 생각 나눔을 할 수 있는지를 다뤘습니다. 인문고전을 공부할 때 중요한 것은 텍스트뿐만 아니라 좋은 선생님의 도움입니다. 그래서 좋은 책과 좋은 선생님에 대해서도 많이 소개했습니다. 감사하게도 유튜브 덕분에 우리는 훌륭한 선생님들을 언제든지 집에서 만날 수 있습니다. 그리고 마지막으로, 다른 책을 찾아보지 않아도 바로 아이와 지혜 독서를 시작해 보실 수 있는 텍스트도 소개해 드렸습니다. 『도덕경』이나 『논어』, 〈잠언〉에서 발췌한 짧은 텍스트들로 바로 오늘부터 지혜 독서를 시작해 보실 수 있을 것입니다.

물론 아이와 함께 꾸준히 인문고전 텍스트들이기 때문에 읽는다는 것은 쉬운 일이 아닙니다. 하지만 이를 실천했을 때 생기는 가정의 변화는 놀랍고도 확실합니다. 대표적으로 몇몇 가정의 사례를 정리해 봤지만, 한 가정이라도 더 이런 변화를 경험하기를 바라봅니다.

이 책을 준비하며 저도 주요한 인문고전 원전을 다시 읽을 수 있었고 좋은 강의도 들을 수 있었습니다. 제가 고민하던 많은 주제의 답을 찾을 수 있는 행복한 시간이었지요. 그리고 이렇게 맑은 생수와 반짝이는 보석과 같은 말씀과 글을 무지와 편견으로 수십 년 동안 접해 보지 못한 데 대한 아쉬움도 느꼈습니다.

아무쪼록 아이도 행복하고, 엄마, 아빠도 행복한 교육을 꿈꾸는 많은 가정에게 이 책이 작은 길라잡이가 되기를 소원합니다.

2020년 8월, 포스트 코로나 시대를 준비하며
심정섭

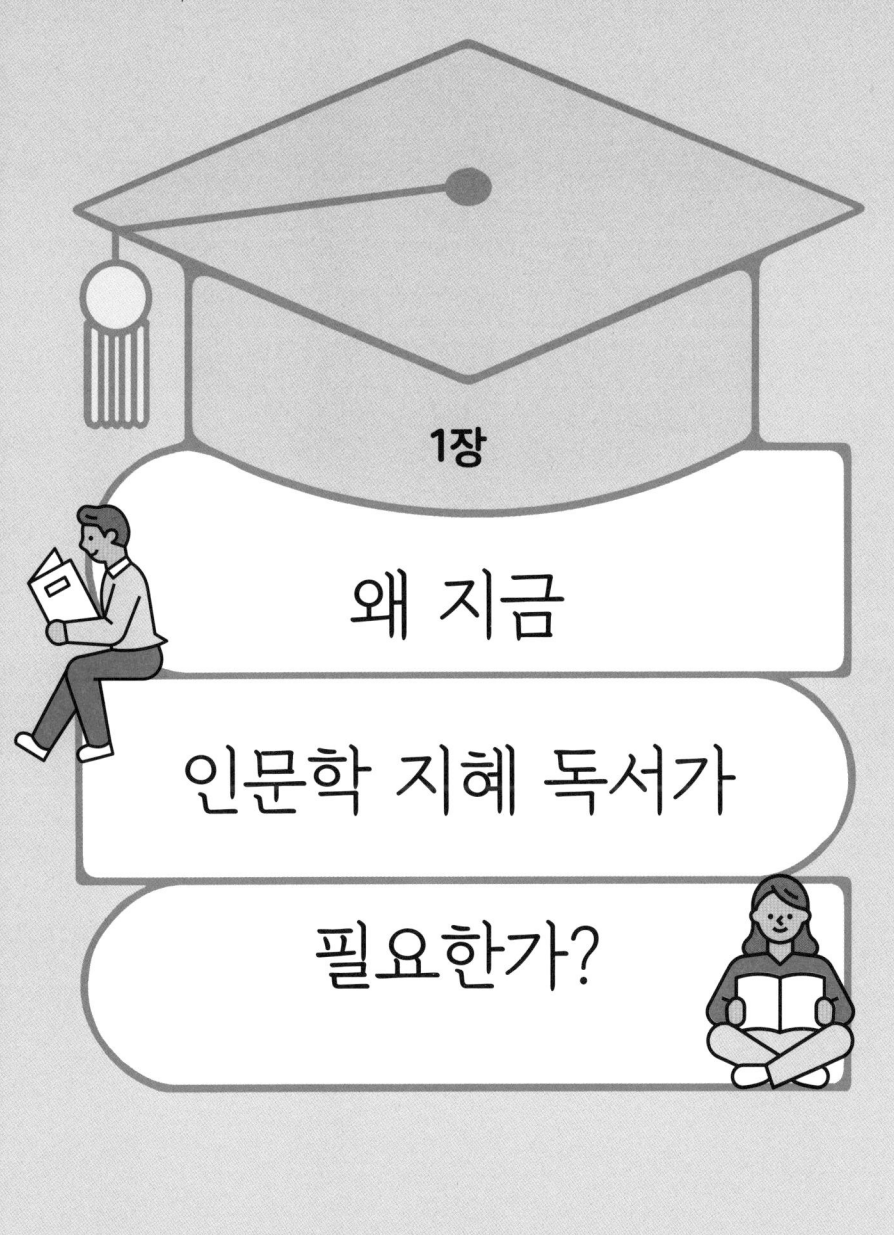

1장

왜 지금 인문학 지혜 독서가 필요한가?

코로나 시대에 집에서 해야 할 일은 인지 학습보다 지혜 독서다

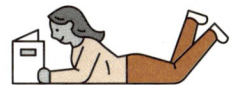

코로나 사태로 아이들이 집에서 보내는 시간이 늘었다. 많은 학부모들이 집에서 아이들의 학습지도를 어떻게 해야 하는지 묻는다. 이상적인 모습은 아이들이 학교에서 진행하는 온라인 수업을 듣고, 과제 잘하고, 남는 시간은 자기가 관심 있는 분야의 공부를 하거나 틈틈이 운동이나 취미 생활을 하는 것이다. 하지만 현실은 온라인 수업에 집중하기는커녕 과제도 잘 안 하고 게임을 하거나 TV나 유튜브를 보는 등 '쓸데없는 짓(?)'을 하느라 시간을 허비하는 것이 아이들의 모습이다. 이런 아이들을 지켜보면 부모의 잔소리만 는다. 그러면 어떻게 해야 집에서 아이들이 공부를 잘하게 할 수 있을까?

냉정하게 이야기하면, 집에서 아이들에게 학교 공부를 잘 시킬 수 있는 방법은 없다. 그게 가능하다면 모든 부모들이 굳이 아이를 학교에 안 보내고도 홈스쿨링만으로 학교 과정을 빨리 끝내고 조기에 원하는 대학에 보냈을 것이다. 스스로 공부할 수 있는 능력이 되는 아이들에게는 홈스쿨링이 가장 빠른 입시 로드맵이기도 하다. 대입에서 정시 비중이 30~40%로 늘어나는 상황에서 어떻게 보면 자기가 가려고 하는 대학, 학과의 수능 점수만 고득점이 나오면 대학에 갈 수 있는 것 아닌가? 수능에 안 나오는 과목이나 내신을 신경 쓰지 않아도 되고, 친구 관계 걱정이나 학교에 왔다 갔다 하는 시간 낭비도 안 해도 된다.

어느 정도 공부머리가 있는 아이들은 코로나 환경 속에서 더 집중적으로 자기가 원하는 공부를 하고 있다고 한다. 외고 진학을 목표로 하는 어느 중3 학생은 코로나 사태로 학교에 가지 않았던 5개월 동안 동영상 강의를 통해 고등학교 수학까지 선행을 끝냈다고 한다. 학교에 가서 여러 과목을 공부하지 않아도 되니, 온라인 수업으로 기본적인 과제를 하고 남는 시간에 자기가 공부하고 싶던 과목을 집중적으로 공부했다고 한다. 우려했던 코로나 발 학력 격차가 현실화되는 모습이다.

아직 본격적인 입시가 시작되지 않은 초등학생들도 마찬가지이다. 공부 쪽으로 가능성이 있는 아이들은 온라인 수업이나 과제를 큰 무리 없이 잘해나간다. 또, 학교에 가지 않는 시간에는 평소에 자기가 보고 싶었던 책을 더 읽을 수 있고, 하고 싶었던 일을 더 할 수 있어서 좋다. 코로나 확산으로 인한 강력한 사회적 거리두기가 시행되는 상황에서 온라인 수업 듣는 것을 힘들어하고, 학교에서 내주는 과제

수행도 제대로 되지 않는 아이들은 엄밀히 말하면 공부 그릇이 그리 크지 않다고 볼 수 있다. 앞으로 학년이 올라가도 입시에서 승부를 보기는 힘들다는 신호를 미리 보내주고 있는 것이다. 어차피 학년이 올라가면서 혼자 공부하는 힘을 길러야 하고, 코로나가 종식되지 않는다면 온라인 강의 비중을 높여 갈 수밖에 없지 않은가?

그러면 어떻게 하란 말인가? 그냥 시간 낭비하고, 온종일 컴퓨터 게임만 하고 유튜브 보고 있는 아이들을 방치하란 말인가? 물론 최대한 온라인 수업이나 과제는 성실하게 하라고 격려해 주고, 잘할 수 있는 방법을 찾아 주어야 한다. 그런데 ==아무리 잔소리를 해도 스스로 공부하지 않는 아이라면 아이가 지혜 독서를 할 수 있도록 돕는 편이 더 현명할 것이다.== 그러면 잔소리와 싸움으로 소진되는 에너지도 줄일 수 있다.

"아무리 엄마, 아빠가 이야기해도 너는 스스로 수업을 듣거나 숙제를 제대로 하지 않는구나. 그래, 이제 더 이상 이 부분에 대해서 잔소리하지 않을게. 그 대신 최소한 수업은 듣고, 과제를 하려고 노력해 보고, 이후 남는 시간은 네가 하고 싶은 걸 원 없이 하렴. 그리고 저녁에 엄마, 아빠랑 한 시간씩 같은 텍스트로 지혜 독서를 하고, 오늘 하루 동안 무엇을 했는지 같이 돌이켜 보고 감사 나눔을 하자꾸나."

이런 식으로 인지 공부를 내려놓고, 지혜 독서에 집중하면 생각지도 않았던 열매들이 따라오게 된다. 왜 아이가 온라인 수업에 집중을 못 하는지, 왜 과제를 제대로 못 하는지, 혹은 이를 위해 어떤 부분에서 부모의 도움이 필요한지를 알 수 있다. 또 왜 아이가 종일 게임만

하려고 하는지, 왜 유튜브만 보려고 하는지도 대화를 통해 아이의 마음을 읽어 줄 수 있다. 그리고 이런 소통을 바탕으로 제대로 된 대안을 찾아볼 수 있다. 그리고 몇몇 가정에서는 이렇게 지혜 독서만 하고 나머지는 아이의 자율성에 맡겼을 때 오히려 잔소리를 할 때보다 아이들이 온라인 수업이나 과제를 훨씬 잘하는 모습을 보기도 한다. 그리고 그렇게 스스로 자기 삶을 계획하고 작은 성취를 경험케 하는 것이 요즘 강조되는 '메타인지' 능력과 '공부 자신감'을 높이는 것이 첫걸음이다.

아이를 행복하게 하는 공부가 문제지 푸는 공부를 앞서야 한다

『논어』에서 공자는 "옛날에 학문을 한 사람들은 자기를 위한 공부를 했는데, 지금 배우는 사람들은 남을 위한 공부를 한다子曰 古之學者爲己 今之學者爲人"고 말했다. 이를 잘못 해석하여 나를 위한 공부는 이기적인 것, 남을 위한 공부가 이타적인 것이라고 받아들일 수도 있겠다. 여기서 자기를 위한 공부란 자기를 먼저 수양하며, 내가 누구고 어떻게 살아야 할지를 탐구하는 것이다. 현대적으로 풀이한다면 '옛날 사람들은 나를 수양하고, 자기를 완성하는 참된 공부에 우선순위를 두었는데, 요즘 사람들은 남에게 인정받고, 직업을 구해서 먹고사는 문제를 해결하기 위해 공부한다'고 할 수 있다.

이 구절에 대해 중국 송宋나라 시대 학자인 정이程頤는 '나를 위한 공부는 마침내 남에게 주는 공부에 이르지만, 남을 위한 공부는 마침

내 자신을 잃어버림에 이른다'는 해석을 더했다. 나는 이 구절을 읽으며 무릎을 쳤다.

'아, 그래서 공부 잘해서 좋은 대학을 나와 의사나 변호사, 정부 고위 관료가 되어서도 교도소에 가는 사람들이 생기는 거구나.'

'아, 그래서 남들이 부러워하는 전문직이나 사업가, 돈 많이 버는 금융인이 되어도 만족하지 못하고 행복하지 않은 사람들이 생기는 거구나.'

이는 비단 공부 잘하는 아이들에게만 해당하는 말은 아니다. 지금처럼 교육 프로그램이 좋아지고, 배우는 지식의 양은 많아지는데 왜 우리 아이들은 점점 더 멍해지는지, 그렇게 많은 문제지를 풀고, 인내해서 공부를 했는데도 정작 대학과 사회에 나와서 왜 살고, 어떻게 살아야 할지 몰라 방황하는 아이들이 수없이 많이 생기는지에 대한 답을 찾을 수 있었다. 한마디로 인문학 부재 교육의 당연한 결과이다.

인문학을 한마디로 하면 행복하게 사는 법을 배우는 학문이다. 유교에서는 군자의 삶이고, 불교에서는 부처님의 삶이다. 공부와 수양을 통해 각각의 종교나 철학에서의 이상적인 스승과 성현의 삶을 닮아가며 그 경지에 이르려 힘쓰는 삶이다. 이런 공부를 아이들에게 먼저 시켜주고, 이후에 문제지를 풀게 하거나 재주를 가르치고, 기능을 가르쳐야 하는데, 요즘은 그 순서가 거꾸로 된 모습을 많이 본다. 문제지만 열심히 풀고, 대학 가고 직장 얻고 나서 인생의 고비를 만나 방황하며 길을 잃을 때 그제야 인문학 공부를 하겠다고 인문고전을 펼치는 사례들이 많아지고 있다.

남에게 보여주기 위한 공부를 하는 우리 아이들

여러 권의 책을 쓴 유명한 의사가 있다. 3대째 기독교 가정에서 자랐는데, 어릴 때뿐만 아니라 의대에서 레지던트를 마칠 때까지 성경을 한 번도 제대로 읽어 본 적이 없다고 한다. 그래도 일요일 예배는 한 번도 빠지지 않고 다녔는데, 공부를 잘하는 그였기에 예배 끝나면 바로 집이나 독서실에 가서 문제지를 풀며 공부했다고 한다. 그는 공부 잘해서 의대 가고, 의사 돼서 교회에 헌금을 많이 하는 것이 신앙인의 올바른 삶이라고 생각했던 것이다.

그러던 그가 인생의 여러 고비를 겪으며 성경을 펼쳐 들게 됐다. 그리고 '자신이 하나님의 형상으로 지음을 받았다'고 하는 창세기 1장 내용을 읽고서 큰 회심을 경험하고, 삶의 방향을 다시 잡았다고 한다. 그리고 그는 의사 일을 잠시 접고, 신학교에 들어가 몇 년을 더 공부했다. 그리고 자신이 어떤 의사가 되어야 할지에 대한 사명을 분명히 할 수 있었다고 한다. 3대째 기독교 가정에서 자란 아이가 창세기 1장을 제대로 한 번 읽는 데 40년이나 걸린 것이다! 하지만 이게 어찌 기독교 가정에서만 일어나는 일이겠는가? 또, 어찌 종교에서만 나타나는 모습이겠는가? 들어는 봤지만 한 페이지도 제대로 읽어 보지 못한 수많은 인문고전 제목만 알려주는 교육을 우리는 아이들에게 하고 있다.

거꾸로 위 가정의 경우, 유대인 가정이나 몇몇 신실한 기독교 가정처럼 부모가 아이와 성경을 같이 읽고 토론하는 시간을 가졌더라면 어떠했을까? 아이는 어려서부터 삶의 방향성을 제대로 찾았을 뿐 아니라, 자신이 왜 의대 입시 공부를 해야 하는지에 대한 동기도 분명히 했을 것이다. 공부에 대한 스트레스도 줄이고 훨씬 즐겁게 의대 입시 공부를 할 수 있었을 것이다. 또, 이후 신학교에 가서 몇 년간 공부하는 시간을 줄여 자기 전공 분야에 더 집중하여 자기 학문이나 임상 분야에서 인류에 더 크게 이바지할 수 있었을 것이다.

과학고등학교 시스템이 생긴 지 40여 년(1983년에 경기과학고등학교가 최초)이 다 되어 가는데도 아직 우리나라에서 과학 분야 노벨상이 안 나오는 이유가 바로 이런 인문 교육의 부재라고 나는 생각한다. 한 번은 모 영재학교에 초대되어 하브루타 토론을 지도한 적이 있다. 교장 선생님이 유대인 교육에 관심을 가지면서 의욕적으로 학생들에게 새로운 교육을 하려는 취지에서 마련한 프로그램이었다. 그런데 가서 막상 수업을 진행해 보니 15명의 학생 중 제대로 수업을 듣는 학생은 한두 명 정도뿐이었다. 나머지는 그냥 쉬어가는 시간으로 생각하고 멍하니 있거나, 다음 수업 숙제인 미적분 문제를 하브루타 교재 밑에 두고 풀었다.

사실 이 학교 학생들은 90% 이상이 졸업 후에 서울대나 카이스트, 포항공대를 간다. 아무리 학교에서 꼴찌를 해도 서울권 공대는 간다. 그런데도 '내가 내 친구들보다 좀 낮은 수준의 대학에 가도, 나는 이 한두 시간의 지혜 공부를 통해 내가 왜 공부하고, 어떻게 살아야 하는지를 생각해 봐야지…'라는 생각을 할 수 있는 친구들이 거의 없는 듯했다.

우리나라 영재들은 어려서부터 남에게 보여주기 위한 공부를 하느라 진이 빠진다. 초등학생 때 중등 수학을 풀고, 중학생 때 고등 수학을 다 떼고, 고등 과학의 개념을 어느 정도 이해한 아이들이 영재고나 과학고에 갈 자격이 있다고 한다. 학교는 아이들이 나는 왜 살고, 어떻게 살아야 하는지를 알고, 수학자 혹은 과학자로서 어떤 삶을 살아야 할지를 고민한 아이들을 뽑지 않는다. 그러니 중학교 3년 내내 거의 고3 스케줄에 가까운 입시 공부를 해야 하고, 막상 영재고나 과학고에 들어가도 즐거운 마음으로 공부할 수가 없는 것이다. 이후에도 교수가 되고 연구원이 되기 위해 또 다른 형태의 보여주기 식의 공부를 대학교와 대학원에 가서까지 해야 한다. 그러면 완전히 방전이 된다. 자신이 정말 좋아하고 잘할 수 있는 주제를 찾아 연구에 집중하고 평생을 헌신할 에너지가 거의 남아 있지 않는 것이다.

반면에 영재고 같은 조기 영재 교육 시스템을 운영하지 않고도 수많은 노벨상을 배출하는 유대인 공동체를 보자. 정통파 유대인이든 약간 자유로운 유대인 가정이든 간에 어린아이들 교육의 핵심은 그들의 경전인 〈토라(모세오경)〉와 『탈무드』를 통한 인문학 공부다. 왜 살고, 어떻게 사는지에 대해 철저히 공부하고 나서 나머지 시간에 자기가 좋아하는 과목을 열심히 공부하는 것이다.

우리나라에서도 제대로 된 명문 사대부 교육은 이런 것이었다. 먼저 자기를 수양하여 덕을 쌓고, 이후에 재주를 배워 백성과 나라에 이바지하는 삶을 사는 것이다. 대표적인 인물이 다산 정약용일 것이다. 그는 먼저 자기를 수양하고, 백성들의 윤택한 삶을 위해 공부하고 관리로서의 책임을 다했다. 다만 이런 식의 제대로 된 사대부 정신이나 선비 정신이 쇠퇴하고, 세도 정치 시절을 거치는 바람에 나라가 이상한 방향으로 흘러가, 결국 일제에 의해 망하면서 우리 과거의 좋은 전통이 사라져버린 것이다.

그렇다고 지금 좋은 부모가 되기 위해 『논어』와 같은 유교경전을 다시 다 읽으라는 말은 아니다. 『논어』도 좋지만, 성경도 좋고 불경도 좋다. 무엇이든 간에 우리 아이들에게 제일 먼저 가르쳐야 할 것은 문제지를 푸는 공부가 아니라 인문학 공부다. ==아이와 함께 좋은 인문학 텍스트를 같이 읽고, 암송하고, 그 의미를 곱씹어 보고, 삶 가운데 적용해 보는 공부를 먼저 해야 한다. 그리고 이런 교육을 학교나 학원이 해주지 않기 때문에 가정에서 해야 하는 것이다.==

이런 인문학 교육이 제대로 된다면 문제지를 푸는 공부는 아이 스스로도 알아서 할 수 있다. 설사 그러고도 아이가 문제지를 푸는 공부를 안 한다면, 문제지를 풀지 않아도 행복하게 살 수 있는 방법을 아이가 스스로 발견해 나갈 것이다.

미래의 먹고사는 문제를 해결하기 위한 첫걸음도 지혜 독서다

글로벌 기업인 마이크로소프트사의 MSN 한국 지사장 출신으로 한국 IT 업계의 1세대 리더로 불리는 이구환 대표와 미래 우리 아이들의 일자리에 대해 이야기를 나눈 적이 있다.

"대표님, 앞으로 점점 인공지능이나 빅 데이터 관련 산업은 늘어나는데, 이런 일을 할 수 있는 전문 인력은 부족한 형편이죠. 지금부터 아이들에게 코딩과 같은 논리 언어능력을 가르치고, 한편으로는 지혜 교육과 인성 교육에 집중해서 미래를 위해 최적화된 교육을 해야 하지 않을까요? 지금은 아이들이 20세기 유물이 된 잡다한 과목을 이것저것 배우느라 미래 핵심 역량을 기르지 못하는 것 같아요."

나는 그가 "맞아요. 쓸데없는 과목을 줄이고, 프랑스의 에콜42 같은 IT 혁신 학교를 많이 만들어서 아이들의 일자리를 마련해 주어야

지요!"라고 대답하길 기대했는데, 그의 대답은 뜻밖이었다.

"네, 앞으로 5~6년은 그럴 수 있겠지요. 하지만 10년 내로 그런 분야마저도 대부분 인공지능이 차지하지 않을까요? 생각해 보세요. 코딩이야말로 사람보다 인공지능이 더 잘할 수 있는 영역이에요. 앞으로 IT 시대가 되니까 코딩 교육을 강화하자는 것은 너무 현실을 모르는 순진한 생각이에요. 물론 인공지능을 설계하고 통제하는 최상위 프로그래머들은 필요하겠죠. 하지만 그 밑의 대부분 작업들은 인공지능의 몫으로 대체될 가능성이 높아요. 단순히 코딩 공부하는 것을 넘어서, 정말 인공지능이나 기계가 할 수 없고 인간만이 할 수 있는 것이 무엇인지를 찾는 노력이 필요합니다. 나만이 할 수 있는 게 무엇인지 알아야 미래에 행복하게 살 수 있게 될 것 같아요."

이 이야기를 들으며 나는 다시 한 번 지혜 교육과 인성 교육의 중요성을 깨닫게 되었다.

"그러면 저는 어설프게 우리 아이들 미래를 대비하기 위해 어떤 핵심 역량을 기르자고 말하지 말고, 제가 지금 하고 있는 지혜 교육과 인성 교육을 열심히 해야겠네요…"

"그렇죠, 미래 시대야 말로 내가 왜 살고, 어떻게 살아야 하는지를 알고, 기계가 아닌 사람과 소통할 수 있는 아이들이 살아남을 수 있죠. 그리고 거기서 기계가 하지 못하는 일을 할 수 있어야 직업도 갖고 행복을 찾을 수 있겠죠…"

우리 일자리의 반은 없어질 것이다

옥스퍼드대 칼 프레이 교수와 마이클 오스본 교수는 2014년에 발표한 〈고용의 미래: 우리의 직업은 컴퓨터화에 얼마나 민감한가〉라는 보고서에서 "자동화와 기술 발전으로 20년 이내 현재 직업의 47%가 사라질 가능성이 크다"고 지적했다.

그들은 702개의 직업군을 대상으로 각 직업에서 컴퓨터화가 진행되는 속도 및 현재 각 직업군 노동자의 임금, 취업에 필요한 학력 등을 종합 분석해서 인력이 컴퓨터로 대체될 가능성을 0에서 1 사이 숫자로 표시했다. 1에 가까울수록 사라질 가능성이 큰 직업이고, 0에 가까울수록 인간의 영역을 지킬 수 있다는 의미다.

그들이 예측한 없어질 직업의 상위 랭킹에는 텔레마케터(0.99), 회계사(0.94), 전문작가(0.89) 등이 있다. 지금도 많은 학생들이 선망하는 전문직 역시 안전지대는 아니었다. 비행기 조종사(0.55), 판사(0.4), 경제학자(0.43)가 중위권이었다. 그러나 사람을 직접 수술해야 하는 내과나 외과 의사(0.0042)는 상위 15위를 기록해 미래에도 안전한 직업으로 분류됐다. 인간의 영역을 지킬 수 있는 직업으로는 레크리에이션을 활용한 치료 전문가(0.0028)가 1위를 차지했고, 큐레이터(0.0068, 34위), 성직자(0.0081, 42위), 인테리어 디자이너(0.022, 93위) 등 창의성과 대인 소통능력을 요구하는 직업이 상위권을 기록했다.

많은 부모들은 아이들이 열심히 공부해서, 좋은 대학에 가서 먹고사는 문제를 해결하길 바란다. 하지만 굳이 위와 같은 보고서를 인용하지 않더라도 아이들이 초중등 12년간 공부를 하고 대학교에서 4년, 대학원까지 몇 년 더 공부한 전공 분야가 미래에는 사라질 가능성이 크다는 걸 조금만 찾아보면 알 수 있다. 그럼에도 불구하고 지금도 문과에서 공부 잘하는 아이들은 경영대에 가서 회계사나 펀드 매니저가 되길 원한다. 안타깝지만, 지금 초등학생이 열심히 공부해서 사회에 나올 무렵에는 회계사나 펀드 매니저 같은 직업이 절반 줄어들거나 사라질 것으로 전망된다. 이과도 마찬가지이다. 6년간 약대에서 공부하고, 10여 년간 의대 공부를 하고 사회에 나왔는데, 그 전공과 관련한 직업의 반이 사라질 수도 있다.

그러므로 미래 진로 지도 교육의 핵심도 기능 교육이 아니라, 지혜 교육임을 알 수 있다. 인문학 공부를 통해 내가 누구고, 왜 살아야 하고, 어떻게 살아야 하는지를 알아야 자신의 재능을 발견하고, 그 가운데 직업과 일을 찾음으로써 행복하게 살 수 있다.

'19세기 교실에서 20세기 선생님들이 20세기 커리큘럼으로 21세기를 살아갈 아이들을 가르친다'는 말이 있다. 어설프게 이런 직업이 유망하니까 이런 쪽 공부를 해 보라는 진로 지도는 더 이상 의미가 없다. 정말 아이가 좋아하는 것과 잘하는 것을 찾을 수 있게 자생적인 힘을 길러주는 것이 가장 빠른 진로 지도이다. 그리고 이런 자생적인 힘은 인문학 공부를 통해 언어능력을 기르고 스스로 생각하는 힘을 길러야 생길 수 있다.

12년 공부하고도
책 한 권 제대로 못 읽는
현실을 어떻게 봐야 하나?

　현대 교육에 회의감을 갖게 하는 대목 중 하나는 아이들이 수많은 과목을 듣고, 많은 문제지를 풀고 대학에 가는데, 막상 대학교에서는 수업을 들을 만한 능력이 안 되는 아이들이 많다는 것이다. 솔직히 이야기해보자. 해마다 35만 명이 4년제 대학을 가는데, 올해 입학한 대학생 중 몇 명이 영어로 된 원서를 제대로 읽을 수 있을까? Top 100위권 대학에서 교수나 강사로 근무하는 내 동료들은 중학교 영어 실력 수준도 안 되는 4년제 대학생이 너무 많다고 한다. 학교에서도 이런 현실을 알기에 교양 영어 시간에 쓸데없는 영어 고전 같은 건 읽게 하지 말고 토익 500~600점 교재를 가지고 토익 단어라도 몇 개 더 외우게 해달라고 한다고 한다. 공대도 마찬가지다. 대학 수준의 수학은커녕 몇몇 핵심적인 수학 개념도 모르는 아이들이 하나둘이 아니라고 한다.

영어, 수학은 그렇다 치고 그러면 국어는 제대로 하는 걸까?『공부머리 독서법』의 최승필 선생님은 대치동에서 가르쳤던 중고등 학생들을 대상으로 언어능력 테스트를 해보면 초등학교 6학년 수준인 40점 후반대(100점 만점 기준)가 나오는 아이들이 수두룩하다고 한다. 이 이야기를 들으니 왜 그렇게 대치동에도 수포자(수학 포기자)가 넘쳤는지 이해가 됐다. 고등학교에 들어간 많은 아이들이 수학 시험 문제를 '독해'하는 것 자체가 되지 않는 것이다!

아래는 2020년 수능 수리 '나' 형 13번 문제이다.

◎ 어느 농장에서 수확하는 파프리카 1개의 무게는 평균이 180g, 표준편차가 20g인 정규분포를 따른다고 한다. 이 농장에서 수확한 파프리카 중에서 임의로 선택한 파프리카 1개의 무게가 190g 이상이고 210g 이하일 확률을 오른쪽 표준 정규 분포표를 이용하여 구한 것은? [3점]

기출문제를 분석해서 아이들에게 문제 푸는 요령을 가르치면, 아이가 정확히 문제 독해를 할 수 없다 해도 어떻게든 문제를 풀게는 할 수 있다. 하지만 조금만 문제를 바꾸거나 서술을 바꾸면 대다수 학생들이 문제에 손도 못 댄다. 스스로 문제를 읽고 분석할 수 있는 기본적인 독해력이 되지 않기 때문이다. 슬픈 현실은 이 정도 세 줄짜리 독해도 제대로 못 하는 중고등학생이 전국에 넘쳐 난다는 것이다.

사태가 이쯤 되면 과연 우리는 12년 동안 아이들에게 무엇을 가르쳤느냐는 회의가 몰려든다. 초등학생 때부터 기본적인 어휘력과 독해력이 되지 않는 학생들에게 다른 과목을 많이 가르쳐봐야 무슨 의미가 있을까? 차라리 기초 학력이 되지 않는 학생들에게 소설이나 역사와 같은 재미있는 콘텐츠나 그들이 좋아하는 주제로 꾸준히 책을 읽을 수 있게 돕는 게 낫지 않을까? 그렇게 아이들의 기본적인 어휘력과 독해력을 길러주는 것이 아이들의 인생에 더 큰 도움이 되지 않을까 싶다. 하지만 학교에 이미 국어, 영어, 수학, 사회, 과학, 예체능 등 각 과목 선생님들이 계시고, 미래를 대비하는 '창의 융합형 인재'―2015 개정 교육 과정의 인재상이다―를 육성하기 위해선 이 모든 과목이 필요하기 때문에 제도권 교육에서는 이런 시도를 하는 것이 불가능하다. 그래서 학업 성취도가 부진한 학생들을 모아 놓고 다시 국영수 중심으로 보충 수업을 해 주는 방법밖에 없다.

그렇다고 방법이 없는 것은 아니다. 창의 융합형 인재가 되기 위해 필요한 과목은 학교에서 배우게 하고, 집에서는 지혜 교육 텍스트 하나를 가지고 꾸준히 아이의 국어 실력이나 언어능력을 체크하면 된다.

지혜 독서를 하며 아이의 언어능력을 자연스럽게 확인할 수 있다

내가 제시하는 지혜 독서 방법을 실천하는 가정에서는 부모가 아이들의 어휘력이나 독해력, 작문 능력, 발표 능력이 어느 정도 되는지를 분명히 알고 있다. '집에서는 이렇게 몇 줄도 제대로 못 읽고 이해하지도 못 하지만, 학교나 학원에 가서는 잘하겠지'라는 환상을 갖지 않는다. 한 구절 한 구절 지혜 독서 텍스트를 돌아가면서 읽을 때 아이가 책 읽는 소리만 들어 봐도 아이의 지적 능력과 어휘 수준을 알 수 있다. 한 장 읽고 제일 감명 깊은 내용을 적는 것만 봐도, 아이의 독해 능력이나 주제어를 찾아내는 능력, 요지 파악 능력을 볼 수 있다. 그리고 한 단어 키워드 나눔만 같이 해봐도 아이의 어휘력, 표현력, 사고력을 단번에 알 수 있다.

이렇게 아이의 인지 능력이 파악되면 아이에게 인지적 성취나 학교 공부에서의 성적을 얼마만큼 기대해야 할지에 대한 객관적인 판단도 가능해진다. 쓸데없이 다른 부족한 과목을 가르친다고 사교육 시키며 돈 낭비, 시간 낭비를 할 필요가 없다. 그리고 아이에게 이렇게 말해 줄 수 있다.

"인지 교육은 집에서 이렇게 읽고, 쓰고, 말하는 법을 배우면 되고, 네가 재미있어하고 좋아하는 주제의 책을 술술 읽을 수 있을 정도의 독서능력만 키워라. 수학이나 영어를 잘하거나, 내신이나 수능 고득점을 받는 것은 기대하지 않을게."

어찌 보면 너무 서글픈 현실 인식인 것 같지만, 이런 과감한 전략적 선택이 아이를 대학도 못 가게 하는 비참한 결론으로만 이어지는 것은 아니다. 이렇게 성적에 대한 욕심 없이 지혜 독서를 통해 어휘력과 독해력, 독서 능력을 갖춘 아이가 나중에 분명한 내적 동기부여가 되었을 때 엄청난 집중력과 학습 능력을 가지고 대학에 갈 수도 있고 이후 사회생활도 성공적으로 할 수도 있다.

아이를 기다려 줄 수 있는 지혜 독서

그리고 이 모든 과정에서 지혜 독서는 아이를 재촉하지 않고 기다려 줄 수 있는 여유를 갖게 해준다. 배운 내용을 갖고 테스트한 다음에 점수를 가지고 혼낼 필요도 없다. 아이의 수준에 맞게 진도를 나가고, 모르는 단어가 있다면 설명해 주고, 관심 있는 부분은 더 찾아보게 하면 된다. 그리고 텍스트를 어설프게 한 번 보게 하고 끝내는 것도 아니다. 한 번 두 번 보고 수차례 반복하며 어설프게 알았던 부분을 분명히 알아가게 할 수 있다. 초등 고학년 때부터 시작한다고 해도, 최소한 대학 가기 전까지 읽히면 웬만한 텍스트를 처음부터 끝까지 7~8회독을 할 수 있다. 그리고 한 책을 완전히 소화하고 나서 비슷한 주제의 다른 책을 공부하면 그 책을 읽는 속도나 이해도는 훨씬 빨라진다. 그러면서 점점 가속도가 붙으면서 여러 책을 읽을 수 있는 독서 능력이 갖춰지는 것이다.

==현대 교육 과정에서 잘 따라가지 못하고 뒤처진 아이들이 있다면, 더더욱 이 아이들에게 수많은 과목을 가르치기보다 제대로 된 지혜 독서를 할 수 있도록 도움을 주어야 한다.== 더구나 그것은 학교나 제도권 교육에서 해 주기가 쉽지 않기 때문에 가정에서부터 바로 시작을 해야 한다.

시를 낭송하고
인문학을 공부한다면
무엇이 두려울까?

시를 낭송하는 횟집 사장님

"청춘이란 인생의 어떤 한 시기가 아니라 마음가짐을 뜻하나니…"라고 시작하는 사무엘 울만Samuel Ullman, 1840~1924의 유명한 시가 있다.

사무엘 울만은 미국으로 이민을 한 유대계 독일인이다. 남북 전쟁에서는 남부군에서 싸웠고, 전후에 사업도 했고, 교육 쪽에서도 일했다. 평신도 랍비로서 흑인들에게 백인들과 똑같은 교육을 하고자 열심히 활동한 인권운동가이기도 했다. 그랬던 그가 78세가 되어 지은 시가 바로 〈청춘Youth〉이다. 이 무명 시인의 시가 세상에 알려지게 된 것은 제2차 대전의 영웅이자 우리나라와도 밀접한 인연이 있는 맥아더 장군General MacArthur에 의해서다.

사무엘 울만의 시를 좋아했던 맥아더는 그의 시를 액자에 넣어 전장에 가지고 다녔다. 그리고 종군 기자인 프레드릭 팔머Frederick Palmer가 이 시를 1945년 12월 호 〈리더스 다이제스트Reader's Digest〉에 소개했다. 이후 맥아더는 일본 동경에 있는 자기 사무실에 이 시를 큰 액자에 넣어 벽에 걸어 놓았다. 맥아더를 만난 일본 지도자들도 이 시를 보았고, 일본 번역본이 소개되면서 일본에서 선풍적인 인기를 끌며 마침내 우리나라에도 알려졌다.

이 시와 재미있는 인연이 있는 분이 또 있다. 삼성 경제 연구소 교육 프로그램인 SERI CEO 산악회의 산악대장을 10여 년 동안 한 정영구 대장이다. 정영구 대장은 원래 용산에서 일식집을 운영했다. 주변에 미군 부대와 국방부가 있어서 군 장성들의 회식이 많았는데, 하루는 장군들의 회식 자리에서 누군가가 사장을 불러낸 일이 있었다.

"어이, 사장 좀 나와 보라고 해."

"어이 정 사장, 자 이 술 한 잔 먹고 노래 한 곡 불러 봐."

장군들이 주는 술 한 잔을 받아 마시고, 정 대장은 이렇게 말했다.

"여기 이 자리를 보니 우리나라 국방의 중추적인 역할을 하시는 장군들께서 많이 모이신 것 같습니다. 제가 어쭙잖게 노래 한 곡을 할 수도 있지만, 장군님들을 위해 맥아더 장군이 애송했던 시 한 수를 낭송하는 것이 어떨까요?"

"어, 그래? 어디 한번 해 봐."

그러자 그는 사무엘 울만의 시를 낭송했다.

청춘

청춘이란 인생의 어떤 한 시기가 아니라
마음가짐을 뜻하나니
장밋빛 볼, 붉은 입술, 부드러운 무릎이 아니라
풍부한 상상력과 왕성한 감수성과 의지력
그리고 인생의 깊은 샘에서 솟아나는 신선함을 뜻하나니

청춘이란 두려움을 물리치는 용기,
안이함을 뿌리치는 모험심,
그 탁월한 정신력을 뜻하나니
때로는 스무 살 청년보다 예순 살 노인이 더 청춘일 수 있네.
누구나 세월만으로 늙어가지 않고
이상을 잃어버릴 때 늙어가나니

세월은 피부의 주름을 늘리지만
열정을 가진 마음을 시들게 하진 못하지.
근심과 두려움, 자신감을 잃는 것이
우리 기백을 죽이고 마음을 시들게 하네.

그대가 젊어 있는 한
예순이건 열여섯이건 가슴속에는

경이로움을 향한 동경과 아이처럼 왕성한 탐구심과
인생에서 기쁨을 얻고자 하는 열망이 있는 법.

그대와 나의 가슴속에는 이심전심의 안테나가 있어
사람들과 신으로부터 아름다움과 희망,
기쁨, 용기, 힘의 영감을 받는 한
언제까지나 청춘일 수 있네.

영감이 끊기고
정신이 냉소의 눈(雪)에 덮이고
비탄의 얼음(氷)에 갇힐 때
그대는 스무 살이라도 늙은이가 되네
그러나 머리를 높이 들고 희망의 물결을 붙잡는 한,
그대는 여든 살이어도 늘 푸른 청춘이네.

낭송이 끝나자 술자리에는 정적이 흘렀고, 곧 박수가 터져 나왔다. 자리를 파하고 가는 길에 장군들이 물었다.
"이봐 정 사장, 아까 외운 맥아더 장군의 애송시가 뭐랬지? 보좌관 보낼 테니 적어줘 봐."
이후 이곳은 장군들이 즐겨 찾는 용산의 유명한 일식집으로 자리를 잡았고, 정 대장은 장군들이 회식하러 올 때마다 때와 분위기에 맞는 시를 한 수씩 낭송해 주었다.

이후 정 대장은 인연이 되어 SERI CEO 모임에 참석한 경영자들과 함께 산을 오르는 산악대 활동을 오래 하게 됐다. 그리고 일과 삶에 지친 CEO들을 위해 산에서 사람과 때에 맞는 시 한 수씩 읊어 주었다.

나도 예전에 정영구 대장과 함께 청계산과 대모산에 오른 적이 있다. 정 대장은 산을 오르다 중간중간 쉴 때마다 〈바다〉, 〈완행열차〉, 〈그리운 바다 성산포〉, 〈청춘〉, 〈나는 배웠다〉와 같은, 때와 장소에 맞는 시와 시에 얽힌 삶을 이야기해 주었다. 그의 시 낭송은 좀 특이했다. 그는 시를 잔잔히 낭송하지 않고, 힘차고 우렁차게 낭송한다. 마치 수많은 등산을 통해 축적된 기가 터져 나오는 느낌이다.

공부가 안되는 아이들의 진로

많은 부모들이 공부가 안 되는 자녀들의 진로를 어떻게 잡아야 하는지 내게 묻는다. 그런 부모들에게 답을 해줄 때마다 내 머릿속에 떠오르는 인물이 정영구 대장이다. 물론 정영구 대장은 가정 형편이 어려워 제대로 된 교육도 못 받고, 어려서부터 생활 전선에 뛰어들어야 했다. 하지만 식당 일을 배우고 회를 썰면서도 시를 암송하고, 올바른 삶을 살아야 한다고 늘 생각했다. 그리고 이렇게 인문 교양이 바탕이 되니, 나중에는 장군들과 CEO들의 리더가 될 수 있었다.

어차피 35만 명이 4년제 대학에 가도 10만 명밖에 제대로 된 일자리를 얻지 못하는 세상이다. 앞으로 인공지능 시대가 되면 현재의 일자리도 더 줄어들 것이다. 하지만 한편에서는 인력이 부족해서 외국인 노동자 100만 명이 없으면 우리나라 공장이 돌아가지 않는다는 모순이 생기고 있다. 우리 아이들 가운데 2/3는 좋은 대학을 나와 좋은 직장을 갖기 힘들다. 누구는 힘든 일, 폼 안 나는 일을 해야 한다.

하지만 이런 현실 속에서 자본주의 사회의 부품이나 노예처럼 살지, 아니면 주인으로 살지는 우리 아이들이 결정할 수 있다. 인문학 공부, 지혜 공부를 해왔고, 좋은 시를 10편 이상 암송할 수 있는 아이라면 적어도 자기가 왜 살고, 어떻게 살아야 하는지를 알 것이다. ==공부가 잘 안 되는 아이들이 당장 해야 할 일은 문제지를 푸는 게 아니라 등산을 해서 체력과 정신력을 기르고, 외우고 싶은 좋은 문장과 시를 외우는 것이다.== 문제지 속에서 봤던 시는 아무 힘이 없다. 공교육 12년 동안 수많은 시를 배우지만, 시를 한 편이라도 처음부터 끝까지 제대로 암송할 수 있는 아이들이 몇이나 될까? 이게 현재 우리나라의 인문학과 지혜 교육의 수준이 아닐까? 시가 좋아서 시로 인문학 지혜 독서를 하길 원하는 가정은 아이가 대학에 가기 전에 12편의 시를 암송하는 것을 목표로 해도 지혜 독서의 효과를 충분히 거둘 수 있다. 일 년에 한편씩 외워도 고등학교 졸업 전까지 따져보면 12편이다. 그리고 그렇게 마중물이 된 12편이 24편이 되고, 24편이 48편이 되면서 아이는 점점 단단해진다. 그 아이는 세상에서 어떤 비바람이 몰아쳐도 흔들리지 않고 자기의 삶을 살아갈 것이다.

지혜 독서를 통해 아이와의 소통이 회복된다

사춘기에 접어든 아이들과 소통하는 데 어려움을 호소하는 부모들이 많다. 아이들이 부모와 이야기하기 싫어하고 자기 방에서 나오지 않는다고 한다. 전문가들은 아이들의 마음을 읽어주고 공감적인 대화를 해 보라고 하지만 막상 부모들도 그런 대화나 부드럽게 말하는 습관이 되어 있지 않다 보니 실천하기가 쉽지 않다. 하지만 아이와 지혜 독서를 시작하면 자연스럽게 아이가 속마음을 열고 그동안 하지 않았던 이야기를 하게 된다.

아산에서 지혜 독서를 하고 있는 한 엄마는 중학생 아들이 점점 마음의 문을 열고 자기의 고민을 자연스럽게 이야기하기 시작했다고 한다.

"엄마, 나 아무래도 수학 공부를 좀 해야 할 것 같아…."

공부하는 것을 크게 좋아하지 않았던 아이는 언제부터인가 수학을 포기해버렸다. 그래도 '기본은 해야 하지 않을까?', '수학을 못하면 좋은 대학에 못 가지 않을까?' 하는 염려도 많았지만, 아이가 공부에 대한 자신감이 너무 떨어져서 있던 터라 차마 말을 꺼내지 못했다. 하지만 아이는 아이대로 수업 시간에 알아듣지 못하는 내용이 점점 늘어나고, 다른 아이들과의 실력 격차가 나는 것을 보면서 나름대로 문제의식을 갖고 있었다.

'그래, 잘 됐다, 언제 시작할래? 어떻게 하려고? 학원 보내 줄까?'

이때다 싶어 여러 가지를 묻고 싶었지만, 엄마는 꾹 참았다고 한다. 그동안의 지혜 독서를 통해 아이를 믿고, 기다려주고, 스스로 하고자 하는 마음으로 방법을 찾을 때 자기에게 가장 맞는 길을 찾으리라는 판단을 내렸기 때문이었다.

다음은 지혜 독서를 실천하고 있는 또 다른 가정이 보내준 일화이다. 지혜 독서를 시작하고 아이와 눈을 맞추고 대화를 시작하면 가정에서 어떤 변화가 생기는지를 자세히 볼 수 있다.

사춘기 아이와 눈을 맞추고 대화하기까지

얼마 전에 아들과 함께 꽃집에 들렀다. 전에 살던 아파트는 추워서인지 키우던 식물이 다 죽었는데, 이번에 새집으로 이사하면서 한번 새롭게 식물을 키워보기로 결심했다. 아들은 꽃집 사장님에게 여러 가지 질문을 던졌다.

"이건 물을 많이 줘야 하는 건가요?"

"이건 공기 정화 역할도 해주는 건가요?"

꽃집 사장님은 아들의 쏟아지는 질문에도 귀찮아하지 않고 친절하게 대답해 주었다.

"우리 친구가 꽃에 아주 관심이 많구나!"

화분을 고르고 계산하는데, 사장님이 화분 스탠드 가격을 할인해 주겠다고 했다.

"사장님, 그런데 원래 화분 스탠드 가격은 얼마였어요?"

"아, 이건 삼만 원이었는데, 20% 할인해서 24,000원에 주는 거란다. 그런데 가만히 보니, 우리 아들이 엄마보다 더 야무지고 똑똑하네."

이런 대화를 들으면 엄마로서 왠지 모르게 뿌듯하고 행복해진다.

'우리 아들이 많이 컸구나, 정말 나보다 더 야무지고 똑똑하네…'

하지만 아들이 처음부터 이렇게 자기 의견도 잘 말하고 어른들과 잘 소통했던 것은 아니다. 아니, 어쩌면 그런 모습이 있었는데 내가 몰랐을 수 있다. 나는 그동안 아이가 자기 목소리를 내게 하기보다 아이의 생각이나 의견을 막거나 무시할 때가 많았다.

"왜 쓸데없는 걸 묻고 그래?"

"어른들 이야기하는데 또 쓸데없이 끼어든다!"

이런 부정적인 말과 잔소리를 많이 했던 것 같다. 하지만 가정 중심 교육을 하고 '가장 중요한 한 가지에만 집중하자!'라는 가르침에 따라 지혜 독서를 실천한 후에 많은 변화를 경험하게 되었다. 우선 아이한테 잔소리하는 일이 줄었고, 아이의 의견과 말을 기다려줄 수 있는 마음의 여유가 생겼다. 1년 전이었다면 위의 모습처럼 아이와 같이 꽃집에 가는 것은 상상도 할 수 없었을 것이다.

"엄마가 꽃집에 가서 화분 사 올 테니까, 너는 빨리 씻고 학원 갈 준비해."

"엄마, 나도 같이 가서 화분 고르면 안 돼?"

"애가 정신이 있어 없어? 네가 보면 뭘 알아? 너는 너 할 일이나 열심히 해. 엄마가 알아서 다 사 올 테니까!"

하지만 학원을 안 보내고, 아이에 대한 기대를 확 낮추고 나니 나도 아이도 마음의 여유가 많이 생겼다. 같이 화분도 사러 가고, '아름다운 가게'에 봉사도 같이 하러 가며, 아이는 좀 더 일찍 세상과 접하며 어른들과 소통하는 법을 배운다. 그리고 나는 집과 학교에서뿐 아니라 세상 속에서 자라는 아이의 모습을 본다. 이는 아이를 학교와 학원이라는 틀 안에만 머물게 했을 때는 전혀 볼 수 없었던 모습이다. 그 틀 안에서 아이는 다른 아이들보다 여러모로 많이 뒤처지는 것처럼 보였다. 그런 모습이 안타까워 나는 아이에게 좀 더 많은 것을 시켜야겠다고 생각했다.

전에는 아이가 나에게 "엄마, 잠깐만 내 눈 맞추고, 내 얘기 좀 들어주면 안 돼?"라는 말을 자주 했다. 그때마다 나는 "야, 엄마 지금 바빠. 그리고 네가 뭐 말하려고 하는지 다 아니까 우선 엄마 말대로 해!"라고 다그쳤다. 아이의 의견을 듣기보다 나의 생각과 계획을 관철하려고만 했던 것이다. 그런데 지금 돌이켜보면 그렇게 아이 목소리를 들어주지 않았던 그 시간들이 많이 아쉽다.

"그래, 무슨 이야기를 하고 싶니?"

이렇게 말하며 잠깐만 눈 맞추고, 아이의 목소리를 들어줄 수도 있었는데. 왜 그때는 그러지 못했을까? 그래도 지금이라도 이렇게 아이와 소통하는 시간을 가질 수 있어서 다행이다. 이렇게 아이와 한 시간 만이라도 같은 텍스트를 읽고, 아이의 눈을 보고 아이의 이야기를 들을 수 있는 시간을 갖게 되어 감사하다.

자녀와의 대화를 위한 두 가지 실천

앞서 본 엄마의 고백과 같이 자녀와의 대화에 실패하는 가장 큰 이유는 아이의 이야기를 들어줄 수 있는 마음의 여유가 없다는 것이다. 아이에 대한 나의 기대와 기준이 내 안에 가득한 상황에서는 아이를 있는 그대로 바라볼 수 없고, 아이의 목소리를 있는 그대로 들어 줄 수 없다. 그리고 이런 시간이 쌓여 가면 아이는 언제부터인가 마음의 문을 닫기 시작한다.

하지만 평소에 하지 않던 대화를 어떻게 시작할 수 있을까? 가장 좋은 방법은 주말같이 좀 여유 있는 시간에 아이와 함께 조용한 길을 걸어보는 것이다. 걷기는 수양이 부족한 사람들이 할 수 있는 가장 쉬운 명상이라고 한다. 조용히 걷다 보면 마음도 가라앉고, 생각도 정리된다. 그리고 이런 상황에서 자연스럽게 마음속에 있는 이야기를 꺼낼 수 있다.

다른 방법은 다른 무엇보다 우선순위를 두고, 시간을 내어 지혜 독서를 시작하는 것이다. 처음부터 아이 이야기를 하기보다 지혜 독서 텍스트에 대해서만 우선 이야기를 나눈다. 그리고 배운 바를 적용하며 나에 대해 이야기를 하면 아이도 자기 이야기를 자연스럽게 시작하게 된다. 처음에는 약간 어색할 수 있지만, 시간이 지나면 조금씩 자연스러워진다. 아이는 텍스트라는 거울에 자기를 비춰보면서 그동안 말하고 싶었는데 어떻게 표현해야 할지 몰랐던 것이나 말하고 싶었지만 혼날까 봐 두려워서 말하지 못했던 이야기를 술술 하게 된다. 너무 늦지 않았을까 하는 걱정도 들 수 있겠지만, 우선 아이의 마음을 열기보다 나도 내 마음을 열어 보자는 가벼운 마음으로 시도해보면 훨씬 쉽게 지혜 독서를 시작해 볼 수 있을 것이다.

지혜 독서로
세계 지성계를 이끄는
유대인 교육

그래도 우선은 입시 교육에 매달려야 하지 않나요?

한 번은 모범적인 교육 사례로 이름난 학교에서 전교생 대상 특강을 한 적이 있다. 강의 주제는 '탈무드식 토론과 유대인 가정 식탁 교육'이었다. 강의를 통해 유대인들의 토론은 자기 논리로 남을 설득하고 이기고자 하는 디베이트_debate_가 아니라고 말했다. 부모, 스승, 혹은 친구들하고 함께 토론을 하며 나의 신앙과 인격을 성장시키는 데 목적이 있다. 그리고 이 모든 것이 가정 식탁에서부터 시작된다는 내용을 전달했다.

강의가 끝나고 질문을 하러 찾아온 십여 명의 학생들과 한 시간 동안 추가 질의응답을 하는 시간도 가졌다. 많은 고학년 학생들이 이런 질문을 던졌다. '유대인의 지혜 교육이나 창의교육의 원리는 좋은데, 지금 우리의 입시 현실에서는 당장 하나의 정답을 찾고, 좋은 스펙을 갖추는 게 중요하지 않나요?' '우리 교육 환경에 어떻게 오늘 배운 가정 중심 교육 원리나 지혜 교육 원리를 적용할 수 있을까요?'

이 질문에 나는 먼저 '지혜 교육과 지식 교육을 분리하는 전제부터 바꿔야 한다'라고 말했다. 지혜 교육이 철저하게 되면 지식 교육은 저절로 따라오게 되어 있고, 지식 교육이 온전해지면 지혜 교육도 더 힘이 붙게 된다. 예를 들어 성경 토론이나 인문학 공부가 탄탄하면 내가 왜 수학을 공부하고 입시를 준비해야 하는지에 대한 목표의식이 뚜렷해진다. 그렇게 되면 짧은 시간이라도 더 집중해서 공부할 수 있다. 그리고 대학이나 사회에 나가서도 자기 분야에 소명의식을 갖고 평생 공부할 수 있는 에너지를 만들 수 있다. ==결국 지혜 교육이 제대로 되어야 제대로 된 지식 교육도 될 수 있는 것이다.==

지혜 교육에 우선순위를 두는 유대인 교육 원리

이를 보여주는 가장 좋은 예가 유대인들의 지적인 업적이다. 정통파 유대인 아이들이 다니는 미국 LA의 사립학교에 가보면, 오전 수업 시간에는 〈토라〉와 『탈무드』만 공부한다. SAT 준비나 세부 과목 공부는 오후 시간에 한다. 토라는 그들의 경전이고, 『탈무드』는 〈토라〉에 대한 해설서 혹은 주석서라고 할 수 있다. 어찌 보면 입시에 나오지도 않는 성경 공부만 오전 내내 하는 것이다. 집이나 회당에서도 공부하지만, 학교에 와서도 또 〈토라〉와 『탈무드』를 공부한다. 그렇게 〈토라〉와 『탈무드』를 공부하며 언어와 논리를 배우고, 또 1:1로 짝을 지어 토론하고 발표하면서 표현력을 기른다. 이처럼 언어력과 논리력, 표현력이 갖춰진 가운데 SAT 준비나 세부 과목 공부를 하니, 책 읽는 속도나 이해 속도가 엄청나게 빨라지고, 공부 잘하는 학생들은 애쓰지 않고도 입시에서 고득점을 받고 우수 대학에 입학하는 결과를 낸다.

이처럼 왜 살고, 어떻게 살아야 하는지를 알려주는 지혜 독서 텍스트를 통해 언어력과 논리력, 표현력을 기르는 방식은 동서양 공통의 전통 교육 방식이었다. 서양에서도 고전적인 대학 교육 방식은 트리비움(Trivium, 3학과), 즉 문법Grammar, 논리Logic, 수사Rhetoric 세 가지 커리큘럼을 먼저 배우는 것이었다. 주로 라틴어나 그리스어 원전으로 된 성경이나 그리스 고전을 배우며 언어를 습득하고, 논리력을 키우며, 토론하고 글을 쓰는 방식을 익혔다. 그리고 트리비움을 마치면 그보다 한 단계 수준 높은 학문인 쿼드러비움(Quadrivium-, 4학과)을 공부할 수 있었다. 구체적인 과목은 수학, 기하학(공간의 수), 음악(시간의 수), 천문학(시간과 공간의 수)이었다.

우리 동양 전통 교육도 마찬가지다. 『논어』, 『맹자』로 대표되는 유교 경전과 동양 고전을 위에서 말한 언어력, 논리력, 표현력을 익히는 방식으로 배웠다. 특히 표현력에서는 시를 강조하여 조선 시대 과거의 마지막 단계에서는 시를 짓게 했다. 그리고 이런 기본 인문 교육이 된 이후 기술이나 천문학 등과 같은 세부 학문을 배우게 했다.

하지만 서양의 트리비움 교육이나 동양의 전통교육은 산업화 시대에 들어 구식으로 폄하되면서 폐기되었다. 현대 산업 사회 교육은 인문 교육에 바탕을 둔 비판적 지식인을 기르기보다 공장에서 시키는 일을 열심히 잘할 수 있는 기능인을 기르는 데 초점이 맞춰졌기 때문이다. 그리고 그 결과는 내가 왜 공부하고, 어떻게 살아야 하는지도 모르는 채 지식과 정보만 머릿속에 가득 채우는 기능인의 양성이었다. 또 인문 교양이 없는 지식인들이 사회나 나라를 이끌어 가다 보니 사람을 도구화하고 물질화하는 현상이 심해지기까지 했다.

이에 비해 유대인 공동체는 고대, 중세, 근대, 현대의 시대적 변화에도 흔들림 없이 지혜 교육을 바탕으로 한 지식 교육과 창의교육이라는 원칙을 꾸준히 지켜 왔다. 그리고 그 결과는 지금 우리가 보는 바와 같다. 진부한 표현이 되어 버린 그들의 노벨상 석권은 굳이 이야기할 필요도 없겠다. 근현대를 만든 많은 사상과 과학적 발견이 유대 교육 전통에서 나왔고, 구글과 페이스북 등 전 세계 IT 업계를 이끄는 대표적인 혁신 기업이 유대인들의 머리에서 나왔다.

통합적 사고와 분업적 사고

이런 역사적인 증거들이 바로 왜 살고, 어떻게 사는지를 알려주는 지혜 교육이 제대로 되었을 때 창의적인 생각과 세상을 이롭게 하는 지식이 자연스럽게 나온다는 걸 보여주는 좋은 예이다. 지혜와 지식을 분리하는 것과 같이 자꾸 하나의 실체를 분리하고, 각각을 분업화하는 사고방식은 서양 그리스식 사상적 전통에 뿌리를 두고 있다. 히브리 사상이나 동양 사상은 전체를 하나로 보는 통합적wholistic 경향이 강한 반면 서양 그리스 사상은 나누고 분리하는 경향이 강하다.

이 차이를 구글과 야후 같은 포털 사이트의 차이로 설명해 볼 수도 있다. 유대인인 세르게이 브린Sergey Brin과 래리 페이지Larry Page가 만든 구글의 첫 화면에는 키워드를 입력하는 창 하나밖에 없다. 그리고 이 하나의 창으로 들어가면 모든 세계와 연결된다. 이에 비해 야후나 우리나라 포털 사이트는 정치부터 경제, 사회, 문화, 스포츠를 각기 구분해 놓았다. 이러한 각 부분의 합이 우리가 사는 세계라고 말한다. 하지만 이 세상과 인간은 이런 각 부분의 합合 이상이다. 부분화하고 분업화하면 단순한 문제를 신속히 해결할 수 있지만 근본적인 문제에 대한 답은 쉽게 찾을 수 없다. 오히려 에너지와 시간만 낭비하고 사태를 더 악화시키는 경우가 생기기도 한다.

유대인들은 사람은 몸과 마음, 머리가 하나로 연결되어 있다고 보고, 온전한 사람이 되기 위한 교육의 장場을 가정으로 본다. 유대인 교육에서는 무엇을 먹는지에 대해 굉장히 신경을 많이 쓰고(코셔), 화목한 가정 식탁(안식일 식탁)을 철저히 지키고자 한다. 특히 아버지와 자녀의 성경 공부(탈무드식 토론 교육)를 중요시한다.

그런데 그리스식 사고방식에 영향을 많이 받은 현대 교육은 몸은 트레이너나 영양사에게 맡기고, 정서적으로 힘들면 심리 상담사를 찾아가고, 지식은 학교나 학원에서 전문 선생님에게 배우라는 식이다. 이런 식으로 하면 각각의 영역에서 몸을 건강히 만들고, 정신적인 위로를 받고, 지식을 늘릴 수 있겠지만, 이 모든 합이 온전한 사람을 만들기는 어려울 것이다.

아이들의 지식과 정보는 늘어나는데 점점 무기력해지는 아이들이 많아지고, 사회적 성공을 이뤘어도 행복하지 못한 사람들이 늘어나고 있다. 이렇게 현대 산업 사회의 교육 방식의 한계가 더욱 분명해지고 있다. 또 점점 지식과 정보 면에서 인간이 인공지능을 따라갈 수 없는 시대가 가까워지고 있다. 이런 상황에서 올바른 교육의 길을 어디서 찾아야 하는지는 점점 분명해진다. 우리 아이들은 인공지능이 할 수 없는 일을 해야 한다. 그러기 위해 나 자신을 알고, 다른 사람을 알고, 세상을 알아야 한다. 그리고 그것을 할 수 있는 공부가 바로 인문학 공부다.

하브루타는 못 해도
키워드 나눔은
할 수 있잖아

전통과 미래가 함께 가는 지혜 독서 모델

   우리 조상들이 실천한 전통적인 지혜 독서 방법은 경건한 마음으로 유교 경전과 텍스트를 읽고, 암송한 후에 그 내용을 선생님이나 동료들과 토론하는 식이었다. 하지만 지금 이런 식으로 지혜 독서를 하자고 하면, 21세기에 무슨 암송이냐? 청학동 스타일로 공부해서 인공지능 시대를 대비할 수 있겠느냐는 비난을 받게 된다.

   그래서 전통적인 인문고전 독서 방법론을 지키면서도 창의, 융합 교육과 미래 교육이 대비되는 모델이 필요한데, 이렇게 전통과 미래라는 두 가지 가치를 완벽히 충족시키는 교육 모델이 바로 유대인 교육이다. 유대인들은 2000년 넘게 전통적인 방식으로 자신들의 경전인 〈토라〉를 암송하고 있고, 『탈무드』를 1:1로 토론하면서도 세계의 지성계와 미래 혁신 산업 분야를 선도하고 있지 않은가?

특히 『탈무드』를 공부하기 위해 부모나 친구들과 1:1로 짝을 지어 토론하는 '하브루타'라는 방법론은 최근 10년간 우리나라 교육계의 중요한 화두였다. 2012년 전성수 교수가 『자녀교육 혁명, 하브루타』와 『부모라면 유대인처럼 하브루타로 교육하라』를 통해 우리나라에 '하브루타'의 개념을 소개한 후로 미래 교육의 대안으로서 많은 주목을 받았다. 질문이 없는 우리나라 교실을 시끌벅적하게 만들고 아이들을 좀 더 창의적으로 만들어 줄 대안이 될 것 같았다.

그런데 하브루타 운동의 초기부터 그 진행 과정을 지켜봤던 나는 우리나라에서의 하브루타에 대한 관심과 적용이 너무 질문이나 토론 위주의 인지적인 방법론에 치우쳐 있는 것이 아닌가 하는 안타까운 생각이 들었다. 유대인들이 하브루타를 하는 근본적인 이유는 왜 살고, 어떻게 살아야 할지에 답을 찾기 위함이다. 또 부모가 가지고 있는 삶의 가치를 자녀들에게 전해주기 위함이다. 그런데 우리나라 하브루타에서는 가정이 빠지고 학교나 학원에서 아이들끼리 토론하는 모습만 부각되는 것 같았다. 그래서 나는 초기 하브루타 운동을 시작한 분들과는 달리 가정과 인성 중심의 지혜 교육으로서 탈무드식 토론을 우리나라 환경에 적용하고자 했고, 그런 이론과 실천을 『질문이 있는 식탁, 유대인 교육의 비밀』과 『역사 하브루타』로 정리해 보기도 했다.

하지만 인지 하브루타든 인성 하브루타든 막상 하브루타라는 1:1

짝 토론을 통해 질문하고 토론하는 일은 아직 우리나라 대부분의 가정이나 학교 등의 교육 환경에서 하기가 어색하고 힘들다. 가장 큰 문제는 부모나 교사 어느 누구도 그런 식으로 배우고 생각하는 법을 배우지 못했다는 것이다. 하브루타가 자리 잡은 교육 현장을 가보면, 처음부터 그렇게 시작했다면 우리도 유대인 못지않게 질문하고 토론하는 것을 잘할 수 있었을 텐데라는 희망을 보곤 하지만, 대부분의 현실은 처음부터 그렇게 배우지 못한 환경이 부지기수다.

가정이 아닌 학교나 학원에서의 하브루타는 더 많은 어려움이 있다. 하브루타를 통한 지혜 독서라는 가장 중요한 한 가지에 집중하는 것이 아니고, 많은 프로그램 가운데 하나를 더 첨가하는 식으로 하니 제대로 된 하브루타 성과물을 기대하기 힘들다.

하여간 가정이나 학교에서 하브루타를 실천하는 데 있어 가장 큰 어려움은 열린 질문을 만들고, 지지하고, 반박하는 전통적인 하브루타 프로세스를 수업 과정에 갑자기 적용하기가 쉽지 않다는 점이다.

키워드 나눔의 시작과 실제 사례

그래서 나는 본격적인 하브루타로 가기 전에 한국형 지혜 독서 실천법으로서 '키워드 나눔'이라는 단순한 방법을 제시해 왔다. 원래 이 방법은 교육 여건이 열악한 필리핀 선교지에서 아이들에게 성경과 글을 가르치기 위해 쓰던 교육법이었다. 어느 정도 공부를 한 어른이나 청소년 리더 한 사람이 아이들을 모아서, 소리 내어 성경을 한 장 읽히고 가장 인상 깊은 구절 하나를 적게 했다. 그렇게 한 시간 동안 5~6장의 성경을 읽히고, 그 구절 가운데 가장 핵심이라고 생각하는 단어를 하나씩 골라 한 문장으로 만들게 하고, 이를 중심으로 각자 읽은 내용이나 깨달은 내용을 서로 나눠 보게 했다.

예를 들어 잠언 11장에서 15장까지 읽었다고 하면 각 장에서 본인의 마음에 가장 크게 다가온 구절을 다음과 같이 적는다.

◎ 어떤 사람은 아낌없이 나눠주어도 더 얻게 되고, 어떤 사람은 악착같이 모아도 가난하게 된다. (11:24)

◎ 부자인 체하여도 아무것도 없는 사람이 있고, 가난한 척하여도 큰 부를 갖고 있는 사람이 있다. (13:7)

◎ 힘써 일하면 소득이 생기지만, 입으로만 때우면 가난에 이른다. (14:23)

◎ 의로운 사람의 집은 많은 재물을 담을 수 있어도, 악한 자들의 소득은 그들에게 골칫거리를 가져다준다. (15:6)

그런데 12장에서 어떤 구절을 골라야 할지 모르면 1절을 적게 했다.

◎ 훈계받기를 좋아하는 사람은 지식을 사랑하고 고침 받기를 싫어

하는 사람은 어리석다. (12:1)

그리고 각 구절의 키워드를 적게 한다.

11장. 아낌없이 / 12장. 훈계 / 13장. 부자인 척 / 14장. 힘써/ 15장. 골칫거리

가장 간단한 키워드 나눔은 이 다섯 개 키워드 중 하나를 선택하여 왜 그 단어를 선택했는지 설명하는 것이다.

그리고 좀 더 똑똑한 아이라면 이 다섯 단어를 연결하여 한 문장을 만들어 볼 수도 있다.

"아낌없이 나눠주고, 훈계 듣기를 즐거워하고, 부자인 척하지 않고, 힘써 일해서 재산을 모으면 골칫거리가 없어진다."

그리고 이렇게 기억한 한 단어와 한 문장을 하루 동안이나 일주일 동안 깊이 생각해 보며, 일상생활에 적용해 보고, 실천해 본다.

한국인 리더 한 사람이 생각해낸 이 방법은 교육학적으로도 상당히 의미가 있었다. 우선 소리를 내서 읽으면 문자 해독이나 독해 훈련도 되고, 인상 깊은 구절을 하나 고르면서 요지를 파악하는 능력을 기르게 된다. 그리고 키워드를 연결해 사고력도 길러지고, 돌아가며 발표하다 보면 표현력도 길러진다. 아이들이나 인도하는 리더도 큰 부담 없이 할 수 있었고, 주 5일 동안 이렇게 모여서 1년간 꾸준히 하면 매년 성경 전체를 일독할 수 있었다. 또 이런 훈련을 꾸준히 받은

아이들은 확실히 신앙이나 인성이 길러지고, 청소년이 되어서도 유혹에 빠지거나 탈선하는 일이 적었다.

키워드 나눔의 좋은 점

이런 모습을 보고 나는 우리나라에서도 하브루타를 바로 실천하기 어려운 가정에 본인이 선택한 인문학 텍스트를 가지고 앞서 본 키워드 나눔과 같은 방식으로 지혜 독서를 해보라고 권했다. 이렇게 해보니 여러 가지 좋은 점이 있었다.

우선 질문을 만들어야 한다는 부담이 없어 좋았다. 하브루타를 하면서 부모나 자녀나 가장 어려워하는 부분이 질문을 만드는 것이었다. 어느 정도 텍스트에 대한 이해가 있어야 질문이 잘 나오는데, 텍스트에 대한 이해가 부족한 상황에서 질문을 짜내듯이 만드는 것도 고역이라고 했다. 또 억지로 만든 질문을 바탕으로 토론을 하려고 하니 토론도 그리 즐겁지 않았다. 그런데 키워드 나눔은 이런 질문에 대한 부담을 줄여 주니 한번 해볼 만하다는 용기를 갖게 했다.

또한 키워드 나눔은 토론에 대한 부담도 줄여 주었다. 원래 정식적으로 하브루타를 하려면 제대로 된 해석과 적용을 바탕으로 지지하고 반박하는 토론을 해야 하는데, 대부분의 초심자들은 이 단계까지 가기 어려워했다. 하지만 키워드는 웬만한 초등 저학년도 하나둘 고를 수 있었고, 왜 그 단어를 골랐는지를 설명하면서 자연스럽게 내용을 이해하면서 삶에 적용하는 방법까지도 끌어낼 수 있었다.
    구체적으로 어떻게 하는지는 이 책의 실천 사례 편을 보면 쉽게 알 수 있다. 모든 실천 사례를 지금 말한 '키워드 나눔'으로 정리했다. 이런 실천 사례 한두 꼭지만 읽어 보면 '아, 이 정도면 우리 가정도 큰 부담 없이 해볼 수 있겠구나!'라는 자신감을 가질 수 있을 것이다.

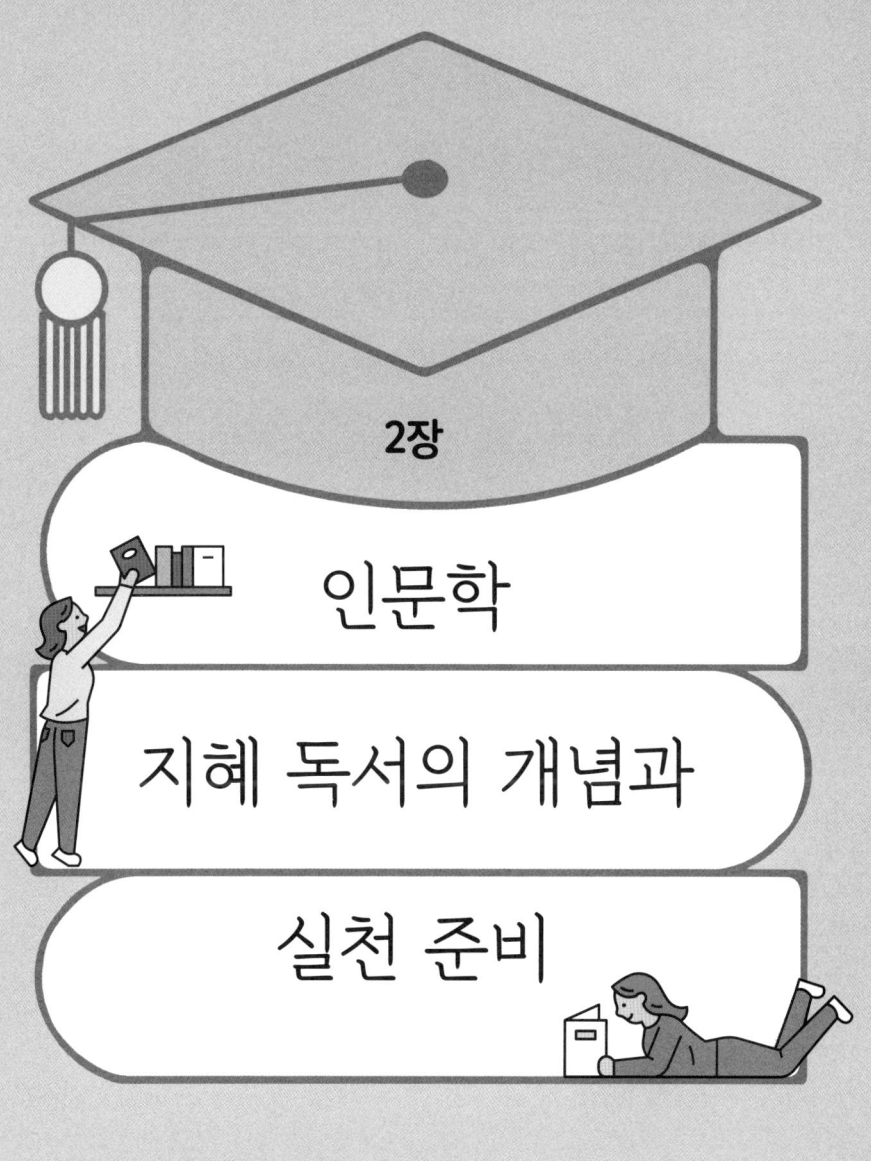

2장

인문학 지혜 독서의 개념과 실천 준비

지혜 독서는
한 권을 반복해
읽는 슬로리딩이다

『열하일기』와의 만남

나는 고등학교 국어 교과서에서 연암 박지원의 『열하일기』를 처음 접했다. 당시 교과서에 실린 부분은 『열하일기』 가운데 하룻밤에 아홉 번 강을 건넌 이야기인 〈일야구도하기 一夜九渡河記〉였다. 시험에 나오는 빈출 문제는 눈에 보이는 것이 아니라 모든 것이 마음먹기에 달린 것이라는 취지의 답을 찾는 것이었다. 그러면서 배경지식으로 연암 박지원의 삶과 그의 사상에 대해 공부했다. 하지만 당시에는 그런 공부를 통해 연암의 삶에서 큰 감동을 느낄 수 없었고, 연암의 삶과 경험이 내 인생에 어떤 영향도 미치지 못했다.

그러다 『열하일기』를 한번 처음부터 끝까지 제대로 읽어 본 것은 마흔이 다 가까워져서였다. 연암의 『열하일기』 때문에 인생이 변했고, 지금 현대인들이 고민하는 많은 삶의 문제에 대한 답을 『열하일기』나 그와 같은 여행서, 혹은 길 위의 인문학에서 찾을 수 있다고 자신 있게 말하는 고미숙 작가의 강연과 글을 접하고, 나는 『열하일기』 번역본 두 권을 얼른 구해 읽었다. 그리고 읽는 내내 연신 무릎을 쳤다. 지루할 틈 없이 술술 읽히는 내용이 재미있었을 뿐 아니라, 곳곳에서 연암이 가지고 있었던 생각의 깊이와 그의 지식에 혀를 내둘렀기 때문이었다. 그리고 마지막 책장을 넘기는 순간 『열하일기』 하나로도 인문학 공부가 충분하다는 말에 동의하지 않을 수 없었다.

제일 감동적인 부분은 연암이 요동 벌판을 보고 펑펑 우는 모습이었다. 압록강을 건너고 1,000미터가 넘는 여러 험한 산을 넘어 마침내 연암은 요동 벌판에 도착했다. 끝없이 펼쳐진 요동 벌을 보고 연암은 역사에 남을 한마디를 했다.

"好哭場, 可以哭矣(호곡장 가의곡의, 울 만한 자리로구나! 한바탕 울어 보자!)"

이 부분을 읽으며 나도 모르게 울컥했다. 연암의 마음이 몇백 년의 시간을 넘어 나에게 전해졌다. 조선에서는 볼 수 없었던 광활한 벌판에 대한 감격이기도 하고, 한때는 이 요동 벌을 누비던 우리 조상들에 대한 생각과 이제는 산과 골짜기로 가득한 한반도에 갇혀 있는 우리 민족에 대한 아쉬움이 복합적으로 올라와 울고 싶은 마음이 든 게 아닐까라는 생각이 들었다.

제대로 된 고전 한 권을 읽을 수 없는 공교육 환경

나는 12년 동안 초중고를 다니며 수많은 국문학 작품을 접했다. 하지만 교과서를 통해 제대로 작품 전체를 본 것은 짧은 시詩 몇 개밖에 없다. 그나마 고등학교 때 교과서에 실리지 않은 현대 단편 소설이 시험에 나왔기 때문에 몇몇 단편 소설을 처음부터 끝까지 읽는 기쁨을 누릴 수 있었다. 또 도덕 책과 윤리 책을 통해 유교와 불교 사상에 대해 듣고 시험을 봤지만, 공교육을 받는 동안 『논어論語』 한 번 제대로 읽어본 적이 없었고, 원효의 『대승기신론소大乘起信論疏』과 『직지심체요절直指心体要節』 등 역사 시험에 나오는 수많은 불교 서적의 표지조차 본 적이 없었다.

바로 이게 공교육을 통한 지혜 독서, 교과서를 통한 인문고전 교육의 한계이다. 책 한 권을 제대로 볼 수 없고, 수박 겉핥기식으로 수많은 보석들을 지나쳐야 한다. 학교에서는 시를 배워도 자기가 좋아하는 작가의 작품만 배울 수는 없다. 고대 향가나 한시와 시조, 현대시를 골고루 다뤄야 한다. 맛보기로라도 조금씩 다 보여줘야 한다. 솔직히 말해서, 교과서가 이렇게 된 이유는 결국 교과서를 쓴 교수들의 전공 분야를 하나씩 다 넣어줘야 해서가 아닌가?

국어 교과서만 해도 그렇다. 나는 황순원 작품에 꽂혔으니 황순원의 작품만 읽으면서 국어 공부를 하겠다고 하면 안 된다. 국어 교과서를 편찬한 교수들이 문학 전공자, 국어학 전공자, 국문학사 전공자로 구성되어 있기 때문이다. 문학과 비문학, 문법과 국문학사를 적절히 배분하고 내용을 구성해야 한다. 내 마음을 울리고, 내가 더 읽고 싶은 작가를 고를 선택권을 학생들에게 주지 않는다. 교육학 개론서에서는 그렇게 교수자 중심이 아닌 학습자 중심이어야 한다고 말하면서, 정작 교과서 자체가 교수자, 편찬자 중심인 것이다.

문학을 넘어서도 마찬가지이다. 인문고전으로『논어』나 불경, 성경을 읽겠다는 선택을 학생이 할 수 없다. 특정 종교의 과목을 정식으로 공교육 과정에서 개설하는 것도 부담스럽다. 또, 지혜 독서나 인문학 공부를 역사로만 하겠다고 해도 안 된다. 학생들이 역사만 배우면 국어 선생님이나 윤리 선생님은 설 자리가 없게 된다. 과목마다 선생님이 있으니 학생들은 그 과목을 배워야 하고, 배웠으니 배운 내용을 시험 봐야 한다. 그러므로 지금의 공·사교육 시스템 안에서는 제대로 된 인문 교육이 이뤄지기 힘든 것이다. 결국 학교나 학원에 의존하기보다 가정에서 시작하는 수밖에 없다.

학교 밖 지혜 독서와 가정에서의 출발

지혜 독서를 하기 위해서는 자기의 삶을 움직일만한 큰 감동을 줄 수 있는 고전이나 거장의 책을 반복해서 읽어나가야 한다. 그리고 가능하다면 그 고전이나 거장을 잘 설명해 주고 안내해 줄 수 있는 좋은 선생님을 찾아야 한다. 우선 첫 안내자는 부모가 될 수 있다. 그렇다고 부모가 선생님이 되라는 말은 아니다. 부모도 같이 배운다는 마음으로 같은 주제의 같은 책을 아이와 같이 읽어나가면 된다. 부모의 역량이 부족하면 좋은 선생님을 밖에서 찾아본다. 그리고 이때도 아이에게 좋은 선생님을 붙여주는 게 아니라 부모가 먼저 배워서 인문고전의 감동을 느껴야 한다. 계속 강조하지만 내가 말하는 인문학 지혜 독서는 가정에서 아이와 하는 것이 핵심이다. 아이만 배우고, 부모가 같은 내용을 배우지 못했을 때 어떤 문제가 생기는지는 다른 장에서 자세히 설명을 하겠다. 가능한 한 부모와 자녀가 같은 텍스트를 읽고, 나누고, 실천하는 게 핵심이다.

최근에는 언론사나 각 종교, 문화 단체를 중심으로 일반인들을 위한 인문학 강좌가 많이 생겨나고 있다. 인문학 강좌를 중심으로 활발한 온오프라인 강의를 개설한 '플라톤 아카데미(www.platonacademy.org)'나 앞에서 말한 고미숙 작가가 운영하는 '감이당(http://gamidang.com)'이라는 학습 공간도 있다. 이런 전문적인 인문학 학습 공간이 부담스럽거나 접근하기가 어렵다면 관심 있는 저자들이 진행하는 수많은 오프라인 강의나 유튜브, 팟캐스트 채널을 찾아보라. 지금은 선생님이 없어서 공부 못 한다는 변명이 통하지 않는 시대다.

나의 삶에 울림을 주는 고전을 만났다면, 그 고전을 가장 잘 설명해 줄 수 있는 선생님을 찾아, 한 주제를 깊게 파는 게 좋다. 너무 한 책만 읽고, 한 가지 주제에만 편협하게 읽는 게 아니냐는 비판은 무시해도 좋다. 이 책, 저 책, 이 작가, 저 작가의 다양한 분야의 독서를 해야 한다는 말은 마치 기본 데생도 안 되어 있는데, 수채화 조금 배우고, 유화 조금 배우라고 이야기하는 것이나 다름없다. 먼저 내 삶의 중심을 잡을 수 있는 하나의 주제와 하나의 고전을 깊이 파야 한다. 반복해서 그 책을 외울 정도로 읽어야 한다. 그리고 계속 반복되는 이야기여서 이제는 나도 비슷하게 흉내 내서 말하거나 다른 사람에게 설명할 수 있는 정도가 되었을 때, 다른 주제나 다른 사상, 다른 사람의 책을 읽으며 자신의 지적 영역을 넓혀 나가는 것이다. 결국 지혜 독서는 정독精讀과 슬로리딩이 핵심이다.

인문학
패스트푸드로는
삶이 바뀌지 않는다

　인문학은 사람이 왜 살고, 어떻게 살아야 하는지를 탐구하는 학문이다. 그리고 다른 기술적 학문을 공부하기 전에 모든 지식인들이 먼저 공부해야 할 기본 학문이다.

　"덕승재德勝才, 덕이 재주를 앞서야 한다."

　우리 조상들이 강조했던 이 원리를 지금 시대에 맞게 풀어서 말한다면, "기술을 배우기 전에 먼저 인문 교양을 쌓아라"일 것이다.
　하지만 지금 상황에서 제대로 된 인문학 공부를 하기가 쉽지 않다. 앞에서 말한 대로 제도권 교육 커리큘럼은 여러 과목을 얇고 넓게 공부해야 하는 구조이다. 자기가 관심 있는 인문학 주제에 대해 깊이 있는 공부를 하기가 힘들다. 그렇다고 대학에 가서 인문 교양을 쌓고, 대학원에 가서 전문 지식을 얻는 진로를 생각하기도 쉽지 않다. 전공으로서의 인문학은 실업을 예약하고 대학을 가는 거나 마찬가지다. 입시 현장에서도 아이가 문학이나 역사, 철학을 전공하려고 한다면 먹고사는 문제는 해결됐냐를 물어야 하는 상황이다.

이렇게 인문학 토양이 척박한 우리나라에서 언제부터인가 '인문학 열풍'이라고 너도나도 인문학을 말하는 분위기가 생겼다. 그리고 철학이나 역사, 문학 그리고 유사 인문학이 된 심리학에서 스타 강사들도 나오고 그분들이 쓴 책이 베스트셀러가 되기도 했다. 그런데 이런 이른바 인문학 열풍을 바라보는 변절한(?) 인문학도인 나는 왠지 모르게 계속 불편했다. 자꾸 많은 사람들이 진짜 인문학이 아닌 '인문학 패스트푸드'나 인문학이라는 이름으로 포장된 약(?)을 팔고 있는 듯한 느낌이 들었기 때문이다.

가장 대표적인 것이 인문 교양을 쌓기 위해 동양과 서양 고전을 두루 섭렵해서 읽으라는 주장이다. 현대인이 인문 교양이 부족해서, 왜 사는지 모르고 방황을 하니, 오늘은 『논어』를 읽고, 내일은 플라톤의 『국가』를 읽고, 오늘은 우리 소설을 읽고, 내일은 서양 고전 소설을 읽으라고 한다. 계통이 다른 인문고전 100권을 읽는 도전을 해 보라는 황당한 주장까지 나온다. 그리고 평범한 일반인이 이렇게 하기 힘드니까 여러 고전을 요약해서 소개해 주거나, 주요 고전의 내용을 한 페이지로 정리해 주는 서비스까지 등장했다. 이런 것들을 나는 '인문학 패스트푸드'라고 부른다. 좀 더 솔직히 말하면 '인문학 사탕발림'

이라고 할 수 있다. 하지만 어떤 면에서는 많은 사람들에게 높은 산과 같은 인문학을 쉽게 접근할 수 있게 도움을 주기도 하니 좀 더 순화된 표현으로 인문학 패스트푸드 정도로 부르겠다.

제대로 된 인문학 공부의 길

그러면 왜 이런 인문학 패스트푸드가 문제가 될까? 이런 인문학 패스트푸드나 요약된 책 내용을 보고는 한 사람의 삶이 변하거나, 좀 더 나은 삶의 의미를 찾는 것이 거의 불가능하기 때문이다.

나는 한 가지 고전을 정하고, 그 고전을 제대로 가르쳐 줄 스승 밑에서 그 책을 백번 읽는다는 각오로 공부하는 게 제대로 된 인문학 공부라고 생각한다. 그런 공부가 된 다음에 다른 분야의 인문고전을 읽는 게 의미가 있다. 그게 안 된다면 최소한 본인에게 울림이 있는 작가가 쓴 작품을 중심으로 몇 권의 책을 완독하는 것도 의미가 있다.

내가 아는 누군가는 40대에 자기 인생의 중요한 결정을 하는 데 있어서 박경리의 『토지』가 큰 영향을 미쳤다고 고백했다. 대충 줄거리도 알고 있고, TV 드라마로도 본 적이 있지만 책의 원본을 처음부터 끝까지 읽으면서 진짜 고전의 힘을 느꼈다고 한다. 주인공인 서희와 길상의 삶뿐 아니라 용이와 월선의 운명적인 삶을 보며 인생이 맘대로 되는 게 아님을 다시 한 번 깨달았다고 한다. 또 '천명天命에 순응하되 내가 선택할 수 있는 최선의 길을 포기하지 말자'는 용기를 얻었다고도 한다. 인문학 공부를 통해 혹은 고전을 통해 삶이 변하려면 바로 이런 과정을 거쳐야 하는데, 어떻게 수많은 고전을 주마등처럼 스쳐가며 삶이 변할 수 있을 거라고 말할 수 있을까?

물론 인문학 공부를 제대로 하기가 쉬운 것은 아니다. 특히 『토지』와 같은 소설이 아니라 종교 경전이나 철학서로 인문학 공부를 혼자 하기는 너무 벅차다. 수 천 년의 시간과 공간, 그리고 문화적 차이를 극복하고 핵심적인 메시지를 이해할 수 있는 많은 공부가 필요하다. 그리고 무엇보다 그 길을 안내해 줄 수 있는 좋은 선생님이 있어야 한다. 이렇게 제대로 된 인문학 공부를 해야 몸과 마음에 참된 영양분을 공급해 줄 수 있다. 그리고 이 영양분이 몸속에 흡수될 때 제대로 된 삶의 변화가 일어나게 된다.

이 책 저 책을 기웃거리기보다 나의 삶에 가장 큰 울림을 주는 고전 하나를 반복해서 읽고, 좋은 선생님들의 강의를 들어야 한다. 그 분야의 이야기가 어느 정도 외울 정도가 되고, 남에게 설명해 줄 수 있을 정도가 되었을 때 비로소 내 삶이 변한다. 그리고 그렇게 어제보다 나은 나의 삶이 만들어질 때 아이에게도 어떻게 살라고 말할 수 있는 용기가 생긴다.

지혜 독서는 종교 단체나 인문학 배움터에 위탁할 수 없다

 넘치는 정보와 지식을 전달하기에도 벅찬 공·사교육에 인성 교육이나 지혜 교육을 기대하기는 사실상 어렵다. 앞에서 말한 대로 결국 지혜 독서나 지혜 교육의 답을 찾을 수 있는 곳은 학교나 학원이 아닌 가정에 있다. 부모와 자녀가 같은 텍스트를 읽고, 나누고, 실천하며, 삶의 방향을 찾아가야 한다. 그런데 현대 산업 사회를 살아가는 아빠와 엄마들은 너무 바쁘다. 집에서 이런 시간을 조용히 아이들과 가질 여유가 없다. 또 자신들이 부모 세대로부터 받은 지혜 교육이나 자녀를 어떻게 교육해야 할지에 대해 보고, 배운 것이 적기 때문에 집에서 아이들에게 제대로 된 지혜 교육을 하기가 쉽지 않다.
 이런 현실에서 생각할 수 있는 대안은 지혜 교육을 교회나 성당, 사찰 같은 종교 시설에 맡기거나 유교 경전이나 인문학을 가르쳐 줄

수 있는 교육 기관을 찾는 것이다. 일전에 지리산 청학동에 가보니 방학을 이용해 합숙 생활을 하면서 전통 예법이나 유교 경전을 배우는 단기 캠프 프로그램이 몇 개 눈에 띄었다. 아무것도 하지 않는 것보다 이렇게 외부 시설에 자녀들의 인성이나 지혜 교육을 위탁하는 것도 하나의 방법일 수는 있지만, 근본적인 답은 될 수 없다.

지혜 교육의 위탁이 어려운 이유

가장 큰 문제는 외부에서 배운 내용을 가정에서 일관성 있게 실천할 수 없는, 일종의 '부조화' 현상이다. 그 좋은 인문학 공부가 반짝 체험으로 끝나 삶의 습관으로 자리 잡기가 어렵다. 앞서 말한 단기 캠프의 경우, 캠프에 있을 때는 시간 맞춰 일어나고, 유교 경전도 낭독하고 암송하고, 예의 바른 생활을 경험하더라도, 집에 오면 며칠 안 가 이전 습관으로 돌아간다고 한다. 아이는 실천하고자 해도, 부모나 다른 가족들은 전혀 그런 삶을 살지 않기 때문에 교육 효과가 없는 것이다.

비슷한 사례를 미국에서 유학했던 지인에게서 들을 수 있었다. 유대인 교육에 관심이 많았던 그는 유학하는 동안 자녀를 유대인 학교에 보내고 싶었다. 유대인 아이들과 같이 오전에 〈토라〉, 『탈무드』를 배우고 싶었고, 유대인의 생활 습관 그대로 살게 하면 어떻게 자랄까라는 호기심도 있었으며, 아이가 좀 더 똑똑해지지 않을까라는 기대도 가졌었다. 하지만 유대인 학교 담당 랍비는 정중하게 지인 자녀의 학교 입학을 거절했다.

"우리에게 아이를 맡겨주면 1년 정도면 아이를 완전히 유대인으로 만들 수 있습니다. 하지만 그다음이 문제입니다. 학교에서는 유대인으로 사는데, 집에 가서 그렇지 않은 부모의 모습을 보면 아이는 얼마나 혼란스럽겠습니까? ==아이를 유대인 학교에 보내기보다 먼저 부모님이 유대인처럼 살아 보세요.== 그리고 그런 모습에 아이가 자연스럽게 노출되고, 그렇게 사는 것이 행복하다면 굳이 자녀를 유대인 학교에 보내지 않아도 될 거예요. 또한 당신의 자녀는 유대인 아이들 못지않은 가치관과 신념을 가질 수 있을 거예요."

가족 전체가 같은 수준으로 발맞춰 나가기

지혜 교육은 삶의 대부분의 시간을 함께 보내는 가족이 전체가 변하지 않으면 교육 효과가 오래가지 못한다. 가장 이상적인 것은 아이만 체험을 시키는 게 아니라 가족 전체가 다 같이 체험을 하고, 그런 경험을 가정에 하나둘씩 정착시키는 것이다.

이를 실천한 좋은 사례도 있다. 내가 진행하는 필리핀 고생 체험 교육 프로그램이나 역사 하브루타 모임에 가족 전원이 꾸준히 참석하고 있는 한 가족이 있다. 아이의 아빠는 휴가를 몰아서 필리핀 오지에 함께 가서 고생도 하고, 인터넷도 안 되는 산골짜기에서 조용히 자신의 삶을 돌아보는 시간을 가졌다. 그리고 한국에 돌아와서 그동안 배운 대로 일주일에 한 번씩 가족과 식탁에서 대화하기를 실천하고, 한 달에 한 번씩 꼭 역사 하브루타 모임에도 참석했다. 그리고 마지막으로 아이와 함께 저녁에 한 시간씩 성경을 읽고 나누는 지혜 독서를 꾸준히 실천하고 있다. 부모가 지혜 독서를 어떻게 해야 할지 모르는 상황에서는 이렇게 아이가 배우는 내용을 부모가 같이 배우고 실천해야 큰 효과를 거둘 수 있다.

지혜 교육이 잘 안 되거나, 생각하면서 문제가 생기는 근본적인 이유는 지혜 교육의 속성에서 찾을 수 있다. 지혜 교육은 지식과 정보를 습득하는 것이 아니다. 정직하게 살고, 인내하고, 감사하는 마음을 갖는 것은 배우고 안다고 해서 바로 실천할 수 있는 것도 아니다. 많은 시행착오와 훈련이 필요하다. 그리고 그 실천의 첫 번째 장소는 바로 가정이다.

아이를
가르치려고 하기보다
내가 먼저 배운 대로
실천한다

지혜 독서에서 중요한 실천

지혜 독서를 함에 있어 단순히 글자를 읽고 내용을 파악하는 인지적인 부분보다 배운 내용을 실천하여 내 것으로 만드는 과정이 중요하다. 흔히 남의 지식을 배우는 과정은 학(學)이라고 하고, 배운 것을 반복하며 실천하여 내 것으로 만드는 것을 습(習)이라고 한다. 지혜 독서나 인성 교육, 인격의 성숙을 위해서는 반드시 이런 습(習), 즉 '익힘' 과정이 필요하다. 자꾸 실천하여 익숙하게 하고, 자신만의 습관으로 만들어야 열매를 맺을 수 있다. 그리고 그 과정은 농사와 같다. 씨앗을 뿌리고, 거름을 주고, 나무가 자라서 열매를 맺는 것과 같은 과정을 거친다. 정성과 시간이 필요하다. 그러므로 속성 지혜 교육이란 건 있을 수 없다.

내가 말하는 지혜 독서를 『사자소학』과 성경 통독, 『탈무드』 공부를 통해 실천하는 한 가정이 있다. 몇 년 동안 부모가 초등 고학년인 딸아이와 같이 지혜 독서를 하며 여러 가지 좋은 가치를 자녀에게 전하려고 했다. 그런데 막상 해보니 다른 가정의 사례처럼 혹은 어떤 책에서 보았던 극적인 변화가 딸에게 금방 나타나지 않았다.

'감사하는 마음을 가지고 살아야 해', '남을 배려해야 해', '예의 바르게 행동해야 해!'라고 배운 내용을 같이 얘기하면 성격이 살짝 까칠한 딸의 대답은 늘 같았다.

"응, 알아, 그리고 나는 이미 잘하고 있어!"

이걸 쿨하다고 해야 할지, 너무 자존감이 높다고 해야 할지…. 부모가 보기에는 그렇게 잘하고 있는 것 같지 않은데 딸은 늘 자기 자신을 높이 평가하고 있었다.

그래도 엄마는 포기하지 않고, 지혜 독서를 계속해 나갔다. 삶에서 배운 원리를 하나하나 실천해 나가기를 게을리하지 않았다. 코로나 사태를 겪으며 부모는 지금까지 지혜 교육에서 가르쳤던 대로 '이런 어려운 시국에 어려움을 같이 나누자'라는 차원에서 코로나 사태로 힘들어하는 임차인의 임대료를 감면해 주었다. 상가를 두 개 임대하고 있었는데, 첫째 달은 임대료의 50%를 감면해 주고, 둘째 달은 20%를 감면해 주었다. 두 명의 임차인 가운데 A는 "첫 달도 감사한데, 둘째 달도 이렇게 감면해 주어 너무 감사합니다. 힘내서 더 열심히 일하겠습니다."라는 감사 메시지를 보냈다. 반면 B는 "고맙기는 한데, 상황이 어려우니 이번 달도 지난달처럼 50% 감면해 주면 안 될까요?"라는 메시지를 보냈다.

B의 메시지를 보고 딸아이 엄마는 적지 않게 실망했다. 임차인의 어려운 사정도 이해가 되지만 물에 빠진 사람을 건져 주니 보따리를 내놓으라는 격이 아닌가? 또 한편으로는 '감사를 모르는 사람에게는 호의를 베풀어도 진정으로 고마워할 줄 모르는구나!'라는 생각이 들었다. 하지만 그녀는 이내 그전에 『탈무드』를 공부하며 배운 내용을 떠올렸다.

"내가 싫어하는 말이나 행동을 하는 사람을 보거든 그 사람을 비난하기 전에 먼저 혹시 나는 그런 말이나 행동을 한 적이 없는지 돌아보라!"

그래서 두 임차인의 문자를 딸에게 보여주며 각자의 생각을 나눴다.

"솔직히 말해서 B가 보낸 메시지를 보니까, 감사할 줄 모르는 사람에게 내가 너무 큰 호의를 베풀었나라는 후회도 되더라고. 그러다가 전에 탈무드 공부하면서 배운 내용이 떠올랐어. 혹시 나도 다른 사람의 배려나 호의에 제대로 감사함을 표하지 않은 적이 있었나 생각해 보았지. 평소에는 잘 감사한다고 생각했는데, 내게 도움을 준 많은 분들에게 정말 마음에서 우러나오는 감사를 표하지 않은 적도 있었던 것 같아."

그러자 딸이 이렇게 말했다.

"엄마, 그럼 혹시 나는 그런 적 없었어? 가만히 생각해 보니까 나도 좀 그런 적이 있었던 것 같은데?"

"그래? 언제 그랬는데?"

"전에 아빠한테 토끼 인형 사달라고 졸라서 아빠가 토끼 인형 사 줬는데, 그때 고맙다는 말을 제대로 하지 않았던 것 같아."

"아, 그런 적이 있었구나."

이런 이야기를 나누며 엄마는 마음속으로 깜짝 놀랐다. 평소에 딸은 자기는 늘 잘한다고 생각하고, 도덕이나 교훈적인 이야기를 나누면 자기와는 관계없는 것처럼 말해왔는데, 이제는 솔직하게 자기 잘못과 실수를 인정하고 있지 않은가?

지혜 독서에는 숙성의 시간이 필요하다

지혜 독서를 열심히 해도 그 결과가 바로 나타나지 않을 때가 많다. 그리고 그런 시간이 길어지면 '과연 이런 독서와 생각 나눔을 한다고 아이들의 삶이 변하나?'라는 회의가 들기도 한다. 하지만 좀 더 깊이 생각해 보면 이런 조급함은 나의 삶보다 아이의 삶을 바꾸려고 하는 부모의 교만에서 시작한다는 것을 알 수 있다. 지혜 독서는 그 텍스트로 남을 변화시키는 데 목적이 있지 않다. 텍스트를 보고 먼저 내가 변하고 내가 실천하면 된다. 내 삶이 변하고, 내가 실천하고 좋은 습관이 몸에 배면, 아이는 때가 되면 깨닫게 된다.

여기서 중요한 부분이 '때'다. 이른바 운명의 시간이라는 카이로스 chairos를 만나야 한다. 요즘처럼 부족함 없는 환경에서 형편이 비슷한 아이들과 어울려 자라 인생의 어려움을 겪어 보지 않은 아이들은 그 시기가 더 늦어질 수 있다. 하지만 언젠가는 아이들의 인생에도 비바람이 몰려오고 천둥 번개가 칠 것이다. 어려서는 무슨 말인지 몰랐던 지혜의 말을 깨달을 때가 온다.

부모의 인생을 돌아봐도 그렇다. 인생이 근심 걱정 없이 언제나 행복하던가? 대학을 가고 취직을 하고, 목표한 바를 이뤄도 생각지도 않은 어려움이 찾아온다. 나는 좋은 의도를 가지고 선행을 실천해도 다른 사람들이 오해하고 부당하게 나를 비난하고 핍박할 수 있다. 하지만 어렸을 때부터 꾸준히 지혜의 말씀을 들은 아이들은 이런 삶의 위기에서 오히려 '아하, 그때 엄마, 아빠가 말한 게 이것이었구나!' 하며 깨달음을 얻게 된다. 그리고 위기를 뚫고 이겨낼 수 있는 힘을 발휘하게 된다.

지혜 독서를 할 때 부모가 항상 모범을 보여야 한다는 강박관념에서 벗어날 필요가 있다. 유대인의 안식일 식탁을 기독교적으로 적용하는 가정에서 드리는 가정 예배 순서 중에는 정해진 컵으로 손을 씻으며 한 주 동안 있었던 일에 대해 반성하고 자기 잘못을 고백하는 시간이 있다. 아빠부터 싱크대로 가서 자신의 잘못을 고백하고 반성한다. 그리고 다른 가족들도 순서대로 그런 시간을 갖는다. 어떻게 보면 아빠, 엄마가 자기 잘못을 아이들 앞에서 고백하는 것이 부끄러울 수 있다. 하지만 아이들은 그런 부모의 모습을 보면서 자신도 잘못할 수 있고, 잘못했을 때 숨기기보다 고백을 하고, 다시는 그런 잘못을 반복하지 말아야겠다는 생각을 갖게 된다.

자녀는 부모의 등을 보고 자란다는 말이 있다. 그 때문에 부모는 아이에게 항상 좋은 모습과 성공한 모습을 보여주어야 한다고 생각하기 쉽다. 하지만 현실에서는 오히려 부모의 연약함과 시행착오의 고백이 자녀에게 더 큰 삶의 에너지가 될 수 있다. 그리고 부모 입장에서도 매번 지혜 독서 텍스트 앞에서 같은 잘못을 고백하기도 부끄럽다. 아이 앞에서 이런 고백을 매번 반복하다 보면 '이번 기회에 이 잘못된 습관을 여기서 끊자!'라는 용기도 생긴다.

지혜 교육 텍스트는 나의 삶을 비춰보는 거울이다

지혜 교육 텍스트는 아이를 훈계하고 아이의 잘못을 교정하는 도구가 아니다. 먼저 나의 삶을 돌아보게 하는 거울이다. 그 거울에 나를 비춰보고, 내가 제대로 바른 삶을 살고 있는지 비춰보고 반성하면 된다. 고칠 수 있는 것은 고쳐 나가면 된다. 이런 모습을 보고 아이들은 지혜 독서의 텍스트를 죽은 문자가 아닌 살아있는 삶으로 받아들일 수 있다. 그리고 그런 과정을 거쳐 부모보다 나은 삶을 살게 된다.

마지막으로 이렇게 저렇게 아이를 가르치려고 하기보다 내가 배우고 내가 먼저 잘 실천하자는 마음을 가질 때 지혜 독서에 대한 부담이 크게 줄어든다. 우리나라 부모들은 아이들에게 무언가를 가르쳐야 하고, 아이들을 바른길로 잘 이끌어 주어야 한다는 강박관념이 심한 편이다. 하지만 아이를 바로잡기 전에 먼저 내가 나를 돌아보고,

인격 수양을 위해 배우고 익힌다는 마음으로 지혜 독서 텍스트를 펼치면 마음의 부담이 훨씬 줄어들 것이다. 무엇을 가르치고 인도하려 하기보다 앞서 말한 대로 내 삶을 지혜 독서 텍스트에 비춰보고, 나는 그대로 살고 있는지를 고백하면 된다. 그러면 나의 삶도 변하고, 앞에 소개한 가정처럼 생각지도 않게 조금씩 변해가는 아이들의 모습을 발견하게 될 것이다.

위선이 아닌
언행일치로 본을
보여주는 교육을 한다

　한국에 유대인식 자녀 교육 원리를 알리고자 노력한 현용수 박사가 유대인 교육에 관심을 갖게 된 이유 중 하나는 유대인 가정의 높은 신앙전수 비율이었다. 미국 이민 1세대로 열심히 일하고, 일요일에는 교회 주일 학교 봉사도 열심히 했던 그는 주일학교에서 열심히 배운 아이들이 고등학교, 대학에 가고, 사회에 나가 부모의 신앙을 잃어버리는 모습을 자주 보았다. 그런데 우연한 기회에 알게 된 LA의 정통파 유대인 가정들을 보니, 아이들이 학교에 가고 사회에 나가서도 부모의 신앙을 지키는 경우가 다수였다. 거칠게 표현하면 기독교 가정의 아이들은 사회에 나와 80%가 신앙을 잃어버리지만, 정통파 유대인 가정의 아이들은 80%가 부모의 신앙대로 살고자 했다.

　현용수 박사가 연구한 유대인 가정교육의 비밀은 할아버지, 아버지, 자녀 세대로 이어지는 수직적 가치 전달 체계였고, 규칙적으로 안식일을 철저히 지키고, 집안에서 부모가 자녀에게 신앙교육을 하며, 부모가 먼저 신앙대로 사는 모습을 보이는 것이었다.

개신교계의 약점을 언급하는 것 같아 미안하지만, 목사와 장로들의 자녀 가운데 '나는 아빠처럼 살고 싶지 않다'라고 말하는 자녀들이 많다는 이야기가 있다. 목사의 딸로 자란 유명한 한 교수는 밖에서는 존경받는 교역자인 아버지가 집에 와서는 가족들 위에서 군림하려 하고 어머니에게 폭력을 행사하는 모습이 큰 충격이었다고 한다. 현용수 박사의 말에 따르면 이런 모습이 나타나는 가장 큰 원인은 목사와 장로들이 교회에서 교인들을 가르치는 것만큼 집에서 자기 자녀를 가르치지 않기 때문이다. 같은 유일신교이지만, 가정에서의 신앙 교육 비중이 높은 유대교나 이슬람교에 비해 기독교는 가정을 통해 신앙이 다음 세대로 전수(수직적 전수)되기보다 지역적 확산(수평적 전수)되는―가령 팔레스타인에서 유럽으로, 유럽에서 북미나 아시아로 전수되는―비중이 높았다. 나는 이런 모습을 보며 '왜 살고, 어떻게 살아야 하는지'를 가르치는 신앙교육이나 지혜 교육은 딱 자기가 실천할 수 있는 만큼을 말해야지, 그 이상을 말하면 위선이 된다고 생각했다.

가정에서 실천할 수 있는 만큼의 지혜 독서를 하고 지혜 교육을 해야 한다는 논리는 종교를 넘어 일반 인문학 분야에도 적용해 볼 수 있다. 바깥에서는 존경받는데, 집안에서 존경받지 못하고, 자녀가 나는 아빠처럼 살고 싶지 않다는 말을 많이 하는 가정 중엔 철학이나 심리학 교수의 가정도 있다. 그리고 다른 사람들을 가르치는 직업을 가진 가정도 그렇다.

한 번은 우리나라에서 어느 유명한 심리학자의 강의를 들었다. 이 학자는 강의 중에 자신의 이론에 기초하여 현대 사회에서 어떻게 자기중심을 갖고 행복하게 살 수 있는지에 대해 잘 설명했다. 그리고 생활 가운데 실천할 수 있는 좋은 몇 가지 방안도 제시했다. 참 좋은 강의라고 생각하고 나도 한번 가정에서 실천해 봐야겠다고 했는데, 강의를 끝마치면서 그가 마지막에 한 한마디가 그때까지의 감동을 모두 사라지게 했다.

"저도 막상 집에서는 잘 안 되는데, 여러분은 한번 잘 실천해 보시기 바랍니다."

겸손의 표현일 수도 있겠지만, 본인도 못 하는 것을 다른 사람에게 해보라는 게 말이 되는가라는 생각이 들었다. 집에서는 막상 그렇게 살지도 않으면서, 밖에 나가서 이런 내용을 강의하고 다니는 가장을 보는 배우자나 자녀들은 어떤 생각을 할까? 인문학자들이나 종교 지도자들의 언행 불일치는 위선으로 다가온다. 차라리 말이나 못 하면 그러려니 하겠는데, 유려한 말발로 모든 사람을 현혹하고 그럴듯하게 말하면서 정작 본인은 그렇게 살지 못하니 듣는 사람들이 불편한 것이다. 그리고 가족들은 거의 정신 분열 상태가 된다.

부정적인 사례를 먼저 말했지만, 개신교 목회자 가정이나 인문학자 가정에서도 부모가 언행일치를 보이거나 좋은 삶의 본보기를 자녀들에게 보이고, 그런 부모 밑에서 잘 자란 자녀들의 사례는 더 많을 것이다.

내가 잘 아는 개신교계 지도자의 딸에게서 이런 말을 들은 적이 있다.

"우리 아버지는 집에서나 밖에서나 똑같은 분이셨어요."

이 딸은 아버지의 품을 벗어나 미국으로 건너가 유학과 사회생활의 온갖 풍파를 겪으면서도 신앙을 버리지 않았다. 유혹거리가 많은 사회생활을 하면서도 자신을 위해 기도해 주는 아버지, 어머니 모습이 머릿속에서 떠나지 않았다고 한다. 그리고 지금은 다시 한국으로 돌아와 아버지가 시작한 일을 돕고, 아버지의 저작과 유품을 정리하는 일에 인생의 후반부를 보내고 있다.

위의 모든 사례에서 배울 수 있는 지혜 독서의 중요한 원리는 부모가 실천할 수 있는 만큼의 지혜 독서를 하면 된다는 것이다. 『사자소학』을 읽고 '부모가 나를 부르면 대답하고 나의 모습을 보이라'는 가르침을 배웠으면 먼저 내가 내 부모에게 실천하고 아이들에게 가르치면 된다.

"나는 못하지만 너희는 해!"라고 하는 것이 최악의 지혜 교육이다. 이럴 경우 차라리 너무 많이 읽거나, 가르치는 걸 자제하는 게 낫다. 철학자 비트겐슈타인Wittgenstein은 "말할 수 없는 것은 침묵해야 한다"고 말했는데, 지혜 독서에서는 '실천할 수 없는 것은 침묵하는 편이 낫다'고 할 수 있다.

그러니 지혜 독서하는데 진도가 빨리 안 나간다고 조급해할 필요가 없다. 실천이 잘 안 된다면 같은 내용을 계속 반복하고 왜 이런 교훈이나 가르침이 가정에서 일상에서 적용이 안 되는지 생각을 나누는 게 더 의미 있다. 진도를 빼는 게 목표가 아니라, 배운 내용을 한두 가지라도 제대로 실천하는 것이 지혜 독서의 목표다. 그리고 지혜 독서 이후에는 반드시 생각 나눔과 실천을 하고, 실천 사항을 점검하는 시간이 필요하다. 그래서 반드시 정기적인 가족 식탁 대화가 이뤄져야 하는 것이다. ==지혜 독서는 지식 독서나 정보 독서가 아니다. 실천이 반드시 함께 가야 하는 인격 독서다.==

인문학 지혜 독서는 육체의 수련을 통해 완성된다

앎이 실천으로 이어지지 못하는 이유

우리나라 윤리학의 대가이자 『덕 윤리의 현대적 의의』의 저자인 황경식 서울대 명예교수는 "덕을 기르고 인격을 수양하기 위해서는 도道자가 들어가는 운동을 하고, 가능하다면 궁도弓道, 즉 활쏘기를 배워보라"고 했다. 처음에 이 이야기를 들었을 때는 도덕적 삶과 운동이 무슨 관계가 있을까 싶었는데, 강의를 듣고 나서 실제로 활쏘기를 배워봤더니 바로 이해하게 됐다.

서양철학의 아버지인 소크라테스는 도덕적인 삶을 살기 위해서는 '앎'이 중요하다고 했다. 사람들이 도둑질을 하고, 성범죄를 저지르고, 살인을 하는 것은 눈앞에 있는 이익과 육체의 유익만 보고, 그 행위가 자기 삶에 미칠 영향이나 결과에 대해 알지 못 하기 때문이다. 이런 모든 비도덕적인 행위가 자신과 사회에 어떤 해를 끼치는지를 제대로 알게 된다면 그런 행위를 하지 않으리라고 소크라테스는 본 것이다. 하지만 그의 손자뻘 제자인 아리스토텔레스는 그의 가르침에 동의하지 않았다. 그러면 수많은 지식인들의 범죄를 어떻게 설명할 수 있는가? 그들이 횡령을 하면 교도소에 가고, 성범죄를 저지르면 자신의 인생이 망가지고, 사람을 죽이는 것이 비윤리적이라는 것을 몰라서 계속 비슷한 범죄를 저지르는 걸까? 아리스토텔레스는 도덕적인 삶을 아는 것과 도덕적인 삶을 사는 것 사이에 뭔가 다른 제3의 요소가 있다고 봤고, 그는 그것을 '용기'라고 했다. 유혹을 참고, 당장의 작은 손해를 감수할 수 있는 용기가 있어야 앎을 제대로 실천할 수 있다고 본 것이다.

뇌과학적으로 증명된 몸과 마음의 연결

이러한 철학적인 생각이 현대 뇌과학에서는 과학적으로 증명되고 있다. 끈기나 감정 조절, 충동조절, 집중력, 과제 지속력은 사람의 뇌에서 전전두엽 맨 앞부분에 있는 내측 전전두엽mPFC이 담당한다고 한다. 즉, 아리스토텔레스가 말한 도덕적인 삶을 실천할 수 있는 용기를 현대 과학 언어로 표현하면 내측 전전두엽이 잘 활성화되어 있고, 이 부분의 기능이 강력한 것이라 할 수 있다.

그런데 신기하게도 이 내측 전전두엽은 뇌 안쪽으로 말려서 정서적인 기능을 담당하는 변연계와 신체 기능을 담당하는 뇌간과 연결되어 있다. 즉, 몸과 마음이 연결되어 있는 것이다! '건강한 몸에 건강한 정신이 깃든다'는 말이 뇌과학적으로는 내측 전전두엽을 통해 대뇌 신피질과 변연계, 뇌간이 연결되어 있는 모습을 통해 증명된다고 할 수 있다.

육체의 근육이 마음의 근육과 연결되어 있다는 말은 『회복탄력성』의 저자인 김주환 교수가 〈회복탄력성〉이나 〈마음 근육 기르기〉 강의에서 자주 하는 말이기도 하다. 역경을 딛고 일어서는 회복탄력성을 기르기 위한 하나의 훈련법으로 그는 땀을 흘리는 적절한 운동을 권한다. 실제로 김 교수는 너무 긴장해서 면접장에서 한마디도 하지 못해서 외고 진학에 실패했던 딸에게 회복탄력성 훈련을 시켜서 3년 뒤에는 수능 만점이라는 입시적인 성과도 얻게 했다. 김 교수가 딸에게 권한 훈련법은 검도를 배우고, 감사 명상을 꾸준히 하게 한 것이었다. 여기서도 '도道'자가 들어가는 운동이 나온다!

실제 이 책에 소개된 지혜 독서의 주인공들은 체력적으로도 강인한 사람들이었다. 예수님은 목수였고, 40일간 금식하고 3년 내내 이스라엘 땅 전역을 걸어 다닌 굉장한 체력을 지녔었다. 부처님은 출가 전에 왕궁에서 활쏘기와 말 네 필이 끄는 전차를 모는 법을 배웠다, 무예에 있어서도 다른 왕족들이 따르지 못할 수준이었다. 공자는 제자들에게 육예六藝를 가르쳤는데, 육예란 예법禮, 음악樂, 활쏘기射, 말 타기御, 글쓰기書, 수학數이다. 특히 부처님과 공자는 다른 사람과 싸움을 해도 결코 밀리지 않는 체력과 무예 실력을 가지고 있었다. 다만 쓰지 않았을 뿐이다.

운동을 통한 지혜 독서의 완성

여기서 흥미로운 부분이 활쏘기가 계속 나온다는 점이다. 활쏘기를 제대로 하기 위해서는 기본적으로 상당한 체력이 갖춰져야 한다. 우리나라 전통 국궁이나 고대의 활을 당겨서 쏘기 위해선 온몸을 이용해야 한다. 상체 근육으로 20~30kg을 잡아당길 수 있는 힘을 내야 한다. 그리고 처음 배울 때 몇 달간은 손가락이 떨어져 나가는 듯한 고통을 견뎌야 한다. 또 계속 수련을 하며 정신을 집중하고, 바람의 방향과 세기를 측량해서 바른 자세로 활을 쏴야 한다. 몸과 마음과 자연이 하나가 되어야 하나의 화살을 원하는 방향에 정확히 날려 보낼 수 있다.

공자는 활쏘기는 "군자와 같음이 있으니, 활을 쏘아 과녁에 맞추지 못하고 잃어버리면 자기에게서 돌이켜 찾아야 한다(중용 14장)"고 했다. 활쏘기야말로 육체의 단련을 통해 마음을 단련하는 좋은 방법이다. 배우고 깨달은 바를 실천할 수 있는 힘을 기르는 좋은 운동이라고 할 수 있다.

나는 우리 전통 활쏘기를 배우면서, 만약 우리 조선 시대 선비들이 주자학적인 논쟁만 하지 않고 매일 같이 활을 쐈더라면 훨씬 더 올

 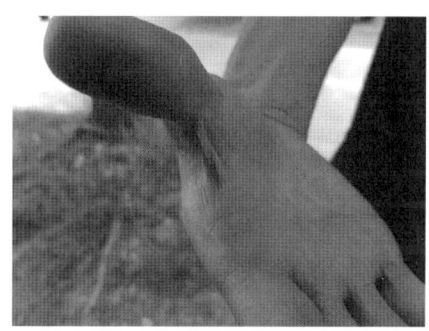

국궁장에서 활쏘기를 배운 내 모습. 145미터 떨어진 과녁을 맞히기 위해서는 체력과 실력을 꾸준히 단련해야 한다.

깍지를 끼고 활을 당길 때 엄지손가락이 떨어져 나갈 듯한 고통을 견디고, 굳은살이 손에 박여야 활을 제대로 쏠 수 있다.

바른 생각을 하고, 백성과 나라를 위한 정치를 하지 않았을까라는 생각을 했다. 이순신 장군의 『난중일기』를 봐도 장군이 거의 하루도 빠짐없이 활을 쐈음을 알 수 있다. 그리고 정조는 50발 중 49발을 맞힐 정도의 명사수였다. 사실 마지막 한 발도 제대로 과녁에 맞출 수 있었지만, 숫자 9에 담긴 완전함의 상징을 보여주기 위해 일부러 한 발을 맞추지 않은 것이었다. 실제 국궁을 배워 보면 정조와 같은 실력을 유지하기 위해서는 거의 매일같이 활쏘기를 하지 않으면 안 된다는 것을 알 수 있다. 지금도 하기 어려운 명궁급의 실력을 지닌 정조는 바쁜 와중에도 활을 쏘고 체력을 기르는 일을 게을리 하지 않았던 것이다.

현재 전국에는 400여 개의 국궁장이 있다. 인터넷으로 검색해서 집에서 제일 가까운 곳에 찾아가면 누구나 활쏘기를 배울 수 있다. 보통 초등생 고학년 쯤 되면 시작해 볼 수 있다. 중국인들이 우리를

동이족東夷族이라고 부를 만큼 활쏘기는 우리의 상징이다. 활쏘기를 배울 수 있는 기회가 있다면 이를 통해 지혜 독서의 완성을 이룰 수도 있을 것이다.

꼭 활쏘기가 아니어도 좋다. 황경식 교수 말대로 태권도나 검도, 유도, 합기도 등 '도'자가 들어가는 운동도 좋다. 관건은 이런 운동을 통해 어려움을 극복하는 법을 배우고, 인내하고, 자기를 조절하는 내측 전전두엽을 활성화시키는 것이다. 그래야 지혜 독서를 하면서 배운 좋은 내용을 일상에서 실천할 수 있는 용기가 더욱 생긴다.

공자는 '자기를 이기고 예로 돌아가야 사람다움을 이룰 수 있다克己復禮爲仁'고 했다. 자기를 이기는 가장 좋은 수양법은 '도'자가 들어가는 운동을 함으로써 몸을 단련하는 것이다. 그리고 이것이 지혜 독서를 완성하는 길이다.

하루 15분
인문학 지혜 독서
실천하기

지혜 독서의 중요성을 깨닫고, 이 책에서 말하는 부모와 자녀가 같이 하는 지혜 독서를 실천하기 위해서는 몇 가지 준비할 것이 있다.

시간과 장소

우선 제일 중요한 것이 지혜 독서를 꾸준히 실천할 수 있는 시간을 내는 것이다. 보통 주말 저녁이 좋고, 어느 정도 익숙해지면 매일 저녁 자기 전에 하고, 간단한 감사 나눔과 함께 잠자리에 드는 것이 가장 이상적이다. 별도의 장소가 있다면 더 좋겠다. 예를 들어 서재나 거실같이 늘 같은 장소에서 하는 게 효과적이다.

첫날부터 바로 텍스트를 읽고 실천해 보기를 할 수도 있지만, 아이와의 관계가 다소 서먹한 가정이라면 이런 실천을 하는 의도를 이야기하고 아이의 의견을 듣는 시간을 갖는 게 좋다. 이렇게 어느 정도 정서적인 공감대가 형성된 이후에 지혜 독서를 시작해야 꾸준히 오래 할 수 있다.

텍스트의 선정

어떤 텍스트를 선정할지는 다른 장에서 자세히 설명하겠다. 우선은 부모가 감동을 받고, 본인이 실천할 만한 의지를 갖게 하는 텍스트가 좋다. 텍스트 선정 기준은 '읽고 나서, 감동을 느끼고, 암송할 만한 가치가 있는 글'이다. 신앙이 있는 가정이라면 신앙과 관련된 텍스트가 가장 좋다. 이와 관련해 많은 자료와 좋은 강의가 있어 큰 도움을 받을 수 있다. 신앙이 없는 가정이라면 이 책에서 소개한 『채근담』, 『도덕경』, 유교 경전, 시 등을 이용해 지혜 독서를 시작해 볼 수 있다.

'어린이 논어'나 '어린이 채근담'같이 어린이용 교재를 쓰는 것도 괜찮은데, 원전 내용 없이 현대적으로 완전히 각색한 내용보단 원전을 보여주면서 설명을 해주는 교재를 선택하는 것이 좋다.

하루 15분 실천 시작

사실 지혜 독서와 생각 나눔을 15분 안에 다 하기는 쉽지 않다. 하다 보면 자연스럽게 30분이 되고, 1시간이 넘어가기도 한다. 15분은 처음 시작하는 부담을 줄이기 위한 상징적인 시간이다. 아이에게 하루에 15분 정도만 엄마, 아빠와 같이 텍스트를 읽고 키워드 나눔을 하자고 하면 아이도 크게 부담 없이 지혜 독서를 시작해볼 수 있을 것이다.

읽기와 적기

텍스트는 부모와 아이가 같이 큰 소리로 읽는다. 이해가 잘 안 되면 두세 번 정도 더 읽는다. 아이가 어린 가정은 길지 않게 분량을 조절한다. 읽고 나서 1분 정도 아이에게 읽은 내용 중 가장 기억에 남는 구절을 적게 한다. 아직 글을 쓸 수 없는 아이라면 생각 나눔 노트를 만들어 아이가 말한 내용을 부모가 대신 적는 것도 좋다. 그리고 적은 내용 중 한 단어를 골라 키워드 나눔을 한다.

생각 나눔 노트는 좀 두꺼운 노트나 바인더를 활용하는 게 좋다. 한 번 적고 버리는 게 아니라 평생 간직할 나눔 노트가 되게 해 주는 것이 좋다. 특히 바인더의 경우, 매년 새로 생기는 질문이나 생각을 꾸준히 기록해서 자신의 질문이나 생각이 어떻게 발전하는지를 확인할 수 있다는 장점이 있다.

생각 나눔

가장 간단하게 "오늘 어느 부분이 제일 좋았고, 왜 그 키워드를 골랐어?"라는 질문을 던지면서 시작해 볼 수 있다. 어려운 질문이 아니니 아이가 부담을 갖지 않고 쉽게 답하면서 자기 생각을 정리해 나갈 수 있다.

지속적인 실천

시작만큼 중요한 것이 꾸준한 실천이다. 우리 가정이 무엇보다 우선적으로 해야 하는 일이고, 부모가 자녀에게 해 줄 수 있는 가장 큰 선물이라고 생각하고 꾸준히 실천해야 한다. 그리고 진도 나가는 것에 대한 부담을 가질 필요 없이 아이나 부모가 읽고 실천하는 속도에 따라 천천히 실천해 나가면 된다. 몇 개월 혹은 1년 동안 같은 텍스트를 계속 반복해서 읽고, 나누고, 실천한다. 그리고 이 텍스트는 거의 외울 정도가 되어, 더 이상 이야기 나눌 것이 없을 것 같다는 생각이 들 때 다른 텍스트로 바꿔 읽는다.

한 번도 해보지 않았기 때문에 처음에는 힘들고 어색할 수 있다.

하지만 어느 정도 익숙해지면 아이들이 더 좋아하게 되는 가정을 많이 봤다. 한번 용기를 내어 보다 많은 가정이 실천하여 지혜 독서의 좋은 열매를 거둘 수 있기를 소망한다.

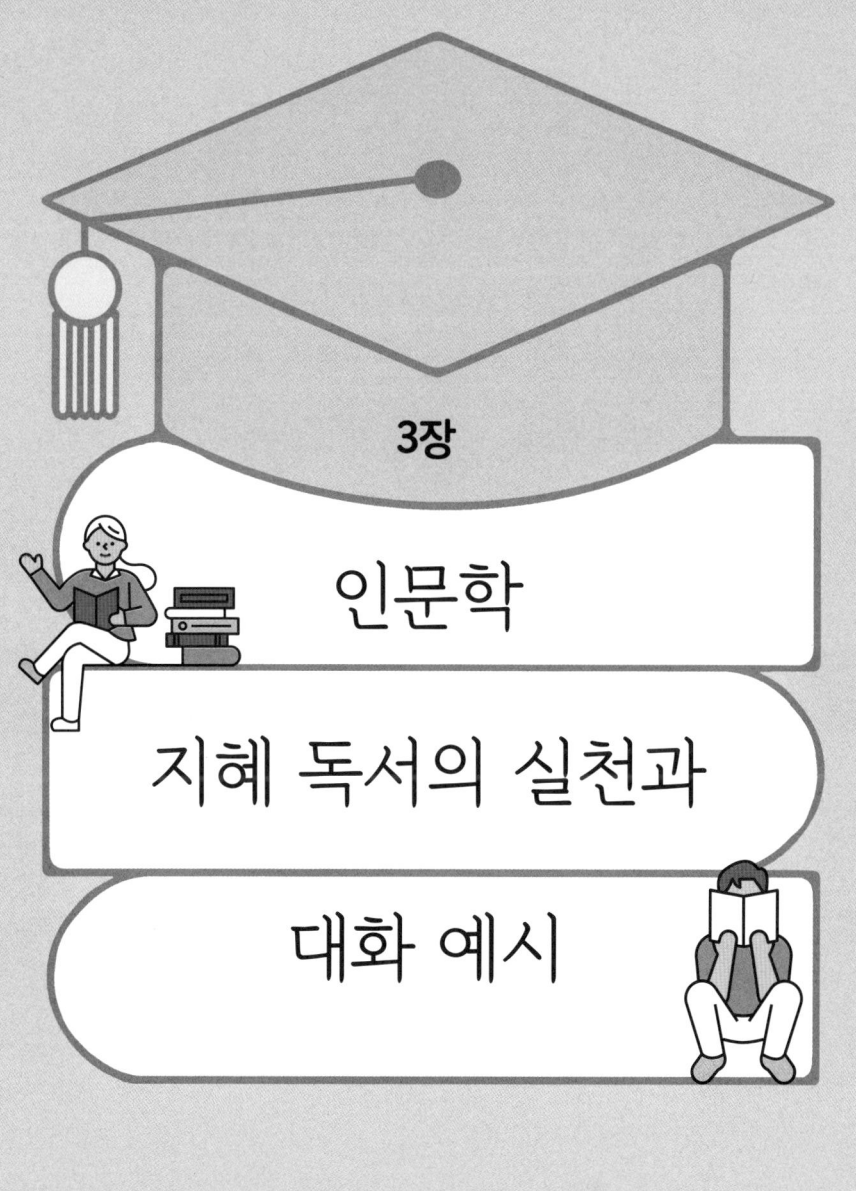

『도덕경』으로 시작하는 지혜 독서

 자수성가한 사업가이자 『생각의 비밀』, 『돈의 속성』 등의 베스트셀러 책을 낸 저자인 김승호 회장은 자신의 인생에 가장 큰 영향을 준 한 권의 책을 노자의 『도덕경』으로 꼽았다. 그는 자신의 회사 경영 방침도 '노자 경영'이라고 여러 번 밝혔다. 흔히 노자나 도교 사상이라고 하면 무위자연無爲自然을 외치고 속세를 등지고 산속에 사는 은둔자의 모습을 연상하는데, 어떻게 그는 『도덕경』의 원리로 회사를 경영하여 큰 성공을 이루었을까?

 노자 사상의 권위자인 최진석 교수는 〈EBS 노자 특강〉에서 노자의 가르침을 네 글자로 요약하면 '유무상생有無相生'이라고 말했다. 노자는 이 세상을 선과 악, 어둠과 밝음, 부와 가난, 귀함과 천함, 강함과 약함과 같은 양면성 중에 어떤 한 측면만을 보지 않았다. 어둠과 밝음이 공존하는 곳이 이 세상이고 그 이치를 깨닫는 것이 도道라고 보았다. 그리고 이 도를 깨달으면 부드러운 것이 강한 것을 이기는 법을 배울 수 있다고 했다. 그렇기에 과거 왕들은 자신을 부르는 명칭으로 과인寡人과 같이 과부나 고아 등 낮은 자들을 부르는 이름을 사용했다. 높은 자일수록 자기를 낮추고 강한 자일수록 힘을 쓰지 않는 노자의 가르침을 실천하기 위함이었다.

나는 김승호 회장의 인터뷰 영상을 보며 그가 진정으로 『도덕경』의 원리를 이해하고 있음을 알 수 있었다. 그가 경영하는 세계 최대의 도시락 회사의 이름은 스노우폭스Snow Fox다. 이 이름은 성이 백씨였던 김승호 회장 아내의 어렸을 때의 별명인 '백여우'에서 착안했다고 한다. 아내는 어릴 적에 '백여우', '백여시'라고 놀림을 당한 기억이 있었던 것 같다. 아내의 과거에 대한 부정적인 기억도 지우고, 부정에서 긍정을 끌어내는 『도덕경』적인 원리를 회사 브랜드 메이킹에 적용한 것이다.

『도덕경』은 성경 다음으로 전 세계에서 가장 많이 번역된 경전이라고 한다. 추상적이고 관념적인 것처럼 보이는 문장 속에서는 인생과 세상의 본질을 꿰뚫는 통찰이 있다.

예를 들어 위에 소개한 김승호 회장의 『생각의 비밀』에서 인용한 『도덕경』 17장은 이런 내용이다.

> 가장 훌륭한 군주는 백성들이 다만 임금이 있다는 것만을 알 뿐이다.
> 그다음의 군주는 백성들이 친근감을 가지며 그를 칭찬한다.

그다음의 군주는 백성들이 그를 두려워한다.
그다음의 군주는 백성들이 그를 업신여긴다.

이 말은 지금의 회사나 학교, 가정에 적용을 해 봐도 큰 울림을 주는 명언이다. 최고의 사장이나 선생님, 부모는 아랫사람을 힘과 권위로 누르는 것이 아니라, 자발성을 갖고 자신이 해야 할 일을 스스로 하도록 이끄는 사람들이다. 계란을 바깥에서 깨면 프라이 밖에 되지 않지만, 안에서 껍질을 깨고 나오면 병아리가 되는 원리다.

흔히 『도덕경』에서 말하는 무위無爲를 '아무것도 하지 않음non-action'으로 착각하기 쉽지만, 정확한 의미는 억지로 인위적으로 하지 않고無 人爲, '자연스럽게 일을 제대로 하는 것'이다. 현대적인 용어로 말하면 자발적으로 즐겁게 일을 하는 것이다. 이에 반대말은 억지로 하고, 수많은 규칙으로 남을 억압하고, 어떤 기준을 절대시하고, 그 기준으로 사람을 비교하고 평가하는 것이다.

무위의 마음으로 공부하는 학생들은 스스로 몰입해서 공부하고, 무위의 마음으로 기업을 운영하는 사업가는 스스로 열심히 일해서 좋은 제품과 서비스를 제공하고, 무위의 마음으로 정치를 하는 지도자는 국민들의 자율성을 극대화하는 법과 제도를 만들어 세상을 좀 더 나은 곳으로 만든다. 그렇기 때문에 노자는 도를 알고, 무위의 가르침을 잘 실천하면 천하를 얻을 수 있다고 했다. 『도덕경』어디에도 번잡한 세상을 떠나 산속으로 들어가라는 이야기는 없다.

최근 이러한 노자 사상이 중앙 집권적 제도의 한계와 과잉 생산,

과잉 소비로 인한 여러 가지 문제에 직면한 현대 산업 사회의 대안으로 주목받고 있다. 도올 선생이 진행한 『도덕경』 강의 제목이 〈노자와 21세기〉였고, 최진석 교수가 진행한 EBS 강의도 〈현대철학자 노자〉였다. 특히 포스트 코로나 시대에 인류의 지향점 중 하나로 노자 사상을 주목할 필요가 있다. 지나친 생산과 소비로 인한 자연 파괴와 통제 불가능한 전염병의 확산이라는 대가를 치르고 있는 인류는 노자가 말한 대로 자연의 순리를 따르며, 최소한의 노력과 희생으로 최적의 결과물을 만들 수 있는 방법을 찾아야 한다.

또 다른 고전과는 달리 ==『도덕경』은 배경지식이 없어도 읽고 바로 우리 생활에 적용해 볼 수 있는 장점이 있다.== 『논어』만 하더라도 공자의 제자가 누구고, 공자가 노魯나라 사람이고, 당시가 여러 나라가 서로 싸우던 전국시대戰國時代라는 역사적 배경을 알아야 이해되는 대목이 많다. 하지만 『도덕경』에는 고유명사나 사람 이름이 거의 나오지 않는다. 얼핏 보면 어려워 보이지만, 오히려 아무런 배경지식 없이 바로 읽을 수 있는 가장 좋은 고전이기도 하다.

『도덕경』을 어떻게 공부할 것인가?

하지만 노자 『도덕경』을 1장부터 순서대로 읽으면 너무 어려울 수 있다. 인생에 대해 많은 고민을 한 사람들이라면 1장 구절인 "도道라고 말할 수 있는 것은 진정한 도가 아니고, 이름이라고 말할 수 있는 것은 진정한 이름이 아니다 道可道 非常道, 名可名 非常名"를 읽고도 많은 깨달음을 얻을 수 있지만, 보통 사람들은 난해해 할 수 있다. 좋은 선생님의 설명과 안내가 필요하다.

그래서 한 가지 방법이 『도덕경』에 나오는 내용 가운데, 마음에 다가오는 내용부터 발췌해서 읽는 것이다. 지혜의 말을 읽고 묵상한다는 마음으로 마음에 다가오는 부분부터 아이들과 함께 읽어 본다. 각 장이 독립적이므로 앞 내용을 읽지 않아도 뒤 내용을 이해하는 데 큰 어려움이 없다. 바로 이런 이유로 인문학 소양이 부족한 사람들에게 첫 지혜 독서 텍스트로 『도덕경』을 추천하는 것이기도 하다.

또한 『도덕경』은 모든 장章이 한 편의 시와 같다. 실제 원어인 중국어로 읽으면 시를 읽는 느낌이 제대로 난다. 1장 첫 구절을 중국어로 읽으면, '따오 커 따오, 페이 창 따오/밍 커 밍, 페이 창 밍'으로 발음된다.

중국어 자체가 성조가 있는 데다가 같은 단어들이 대구를 이루며 아름다운 리듬감을 준다. 중국어까지는 아니더라도 한글 해석본을 시를 낭송한다는 느낌으로 같이 읽고 마음에 다가오는 내용을 아이들과 함께 나눠 봐도 좋다.

도움이 되는 강의와 책

좀 더 깊은 이해와 생각 나눔을 하기 위해서는 공부가 필요하다.

하지만 어려운 고전을 혼자 공부하기는 쉽지 않다. 『도덕경』의 의미를 쉽게 설명해 줄 선생님이 필요한데, 우리에게는 우선 유튜브가 있다. 유튜브에서 쉽게 찾을 수 있는 가장 유명한 강의는 도올 김용옥 선생이 EBS에서 진행한 〈노자와 21세기〉 강의와 최진석 교수의 〈현대철학자 노자〉가 있다. 강의에 대한 호불호와 여러 가지 비평이 있지만, 이렇게 전 국민을 대상으로 노자를 현대적으로 풀어낸 선생님이 그리 많진 않다. 두 분의 강의를 기본으로 하고 부족한 부분이 있다면 다른 강의나 책을 통해서 보충한다. 도올 선생의 강의는 1990년대에 제작되어 영상 질이 좋지 않은 점은 감안을 해야 한다. 그리고 최진석 교수의 강의는 1~4강은 노자를 이해하기 위한 역사와 문화적 배경이 주를 이루므로, 『도덕경』 원전에 대한 해설과 현대 사회적 맥락에 대한 적용을 들으려면 5강부터 듣는 것이 좋다.

도올 선생의 EBS 〈노자와 21세기〉 강의 영상
www.youtube.com/watch?v=wqVcrZqtRuc&list=PLjDZxIip9Wbb9BciJkqJq7cp8Rcse6EhH

최진석 교수의 EBS 〈현대철학자 노자〉 강의 영상
www.youtube.com/watch?v=4dq0A3zB2tY&t

책은 최근에 『도덕경』에 대한 관심이 늘면서 좋은 해설본이 많이 나왔다. 서점에서 여러 책 가운데 본인이 가장 이해하기 쉬운 책을 고르면 된다. 어린이용 서적은 그리 많지 않은데 오른쪽 페이지에 소개된 우쮜라이 具作来의 책을 비롯해 역시 인터넷 서점에서 구입 가능한 도서 몇 권을 검토해 보고 아이 수준에 맞는 책을 고른다. 부모의 원문에 대한 이해가 부족한 경우, 우선 어린이 서적으로 같이 출발하여 점점 원전에 도전해 보는 것도 좋다.

『도덕경』

노자 저/소준섭 역 | 현대지성 | 2019년

『초역 노자의 말 도덕경』

노자 저/야스토미 아유미 편/김현영 역 | 삼호미디어 | 2020년

⇒ 원래 초역抄訳은 원문 전체가 아닌 필요한 부분만 발췌 번역한 것을 말한다. 그런데 일본에서 초역超訳이라는 말을 제목에 써서 아예 고전을 현대적인 의미로 풀어쓴 책들이 베스트셀러가 되는 경우가 간혹 있다. 예를 들어 『초역 니체의 말』과 같은 식으로 니체 철학을 완전히 현대적인 의미로 풀어쓰는 경우다. 우리나라 학문적 분위기에서는 '저자가 철학자의 개념을 너무 자의적으로 해석하고 오역했다'라는 비난을 받기 쉽기에 이런 시도를 못하는데, 이는 일본 출판계에서 보이는 특수한 경향인 것 같다. 하여간 『초역 노자의 말』은 도덕경 번역서가 아니라, 저자가 풀어쓴 도덕경이라고 생각하면 된다. 첫 출발은 이런 책으로 하고, 나중에 원문을 곱씹어 보는 것도 나쁘지 않다.

『생각하는 힘, 노자 인문학』

최진석 저 | 위즈덤하우스 | 2015년

『노자강의』

야오간밍 저/손성하 역 | 김영사 | 2010년

⇒ 중국의 노자 전문가가 중국인을 대상으로 한 노자 철학 강의 모음집이다.

『노자 도덕경』

노자 저/김원중 역 | 휴머니스트 | 2018년

『노자님, 도(道)는 어디에 있나요?』

우쭤라이 저, 고상희 역 | 봄나무 | 2015년

⇒ 중국 고전의 어린이용 해설서를 많이 쓴 우쭤라이 책의 번역서다. 『도덕경』 원문보다 『도덕경』에서 말하는 가치와 내용을 공자와의 대화 형식으로 풀어냈다.

지혜 독서 사례

부모: 자, 오늘부터는 노자의 『도덕경』을 같이 읽으면서 지혜 독서를 해 보자.

아이: 『도덕경』이 뭐예요? 무슨 도를 닦는 수양법이에요?

부모: 그래, 요즘 '도道'라는 말이 오염돼서 무슨 이상한 종교의 가르침이나 세상을 등지고 사는 도인道人들의 가르침인가라는 오해도 있지만, 원래 도는 세상과 우주의 이치, 진리라는 뜻이고 아주 좋은 말이지. 그리고 그런 이치를 깨우치면 우리

가 훨씬 현명하게 이 세상을 살아갈 수 있고.

아이: 그러면 어떻게 공부해요?

부모: 공부한다기보다 편안한 마음으로 『도덕경』 내용을 같이 읽고, 가장 좋은 구절 하나를 고른 다음, 거기서 키워드 하나를 정해서 나눔을 해 보려고 해.

아이: 그럼 오늘은 어디를 읽어요?

부모: 1장부터 읽으면 좋은데, 1장 내용이 좀 어려우니까 우선 제일 마음에 와닿는 구절부터 읽어 나가보도록 하자. 내가 읽으면서 제일 좋았던 부분은 8장인데, 8장을 한번 같이 읽고 생각 나눔 해 볼까?

(8장의 내용을 같이 읽는다)

『도덕경』 8장.

물처럼 사는 것이 가장 좋다.
물은 온 세상을 이롭게 하면서도 다투지 않는다.

모두가 싫어하는 곳에 자리를 두니
물은 도道와 같다.

옳은 곳에 거하고
깊은 곳을 느끼며

관대하게 나눈다.
진실함으로 말하고
깔끔하게 다스린다.

능력으로 일처리하고
때에 맞게 움직인다.

다투지 않으므로
비난받을 이유가 없다.

부모: 자, 그러면 이제 제일 좋은 구절을 노트에 적어보고, 가장 마음에 와닿는 단어 하나를 정해볼까?

(1~2분 정도 구절과 키워드를 적는 시간을 갖는다.)

부모: 다 했니?

아이: 네, 저는 '물은 온 세상을 이롭게 하면서도 다투지 않는다'를 옮겨 적었고, 키워드는 '다투지'로 할게요.

부모: 그래, 나는 '물처럼 사는 것이 가장 좋다'를 옮겨 적었고, 키워드는 '물처럼'이라고 했는데, 너는 왜 '다투지'를 키워드로 정했니?

아이: 이상하게 요즘 자꾸 엄마랑 다투는 것 같고, 동생이랑도 많이 다투는 것 같아서요.

부모: 아, 그렇구나! 그럼 왜 자주 가족이랑 다투는 것 같니?

아이: 그냥, 이상하게 짜증이 많이 나는 것 같아요. 엄마가 뭐라고 하는 것도 싫고, 동생 때문에 내가 하고 싶은 것도 못 하게 되는 것 같고요. 내 마음대로 되지 않을 때 자꾸 마음속에서 화가 올라오는 것 같아요.

부모: 아, 그래. 아무래도 요즘 너의 자아가 자라면서 하고 싶은 것들이 많이 생기는 시기인데, 원하는 게 뜻대로 되지 않아서 화가 많이 나는 것 같구나. 그러면 다투지 않고 평안하게 지내기 위해서는 어떻게 해야 할 것 같니?

아이: 글쎄요. 오늘 읽은 내용을 보면 자기를 낮춰야 한다는 것 같은데요. 모두가 싫어하는 곳에 자리를 두고, 관대하게 나누라고 하는 것 같아요.

부모: 그래, 그게 물의 신비함이지. 물은 우선 높은 곳보다 낮은 곳에 위치하잖아. 전에 탈무드를 공부했는데 이런 내용이 있더라고. "화를 줄이려면 내가 화를 내려는 상대가 중요한 사람이라고 생각하라"고. 만약 나를 짜증 나게 하는 사람이 대통령이나 교장 선생님처럼 중요하고 높은 분이라면 우리가 쉽게 짜증을 내고 화를 낼 수 있을까?

아이: 아니요. 그러지는 않을 것 같아요. 정말 저도 아빠보다 엄마한테 짜증을 더 내는 것 같아요. 아무래도 아빠는 좀 어렵고, 무서운 점도 있으니까 화가 나도 좀 참을 때가 있는 것 같아요.

부모: 그래, 결국 화를 낸다는 것은 내가 상대를 무시하고 낮춰 본

다는 또 다른 증거라고도 해. 그런데 아예 내가 낮은 자리에 내려가고, 나를 화나게 하는 사람들을 나보다 높은 사람이나 내가 배워야 할 사람이라고 생각하면 화낼 일도 훨씬 줄어들겠지.

아이: 음, 그럴 것도 같은데, 나를 화나게 하는 사람한테도 배울 것이 있나요?

부모: 우선 나에게는 그런 모습이 없나를 먼저 돌아보게 하는 거울이 될 수 있지 않을까? 흔히 우리는 내 잘못은 못 보면서 남의 잘못만 잘 본다고 하잖아.

아이: 아, 그럴 수도 있겠네요.

부모: 그리고 물의 위대한 점은 걸림돌을 만나면 정면으로 부딪치지 않고 돌아간다는 점이지. 그리고 담는 그릇에 따라서 유연하게 형태를 변화시키기도 하고.

아이: 그럼 너무 줏대 없고 타협을 많이 하는 거 아니에요?

부모: 글쎄, 그럴까? 물은 약한 것 같고 부딪치지 않는 것 같지만, 많은 물이 모여 홍수로 변하면 사정없이 모든 것을 무너뜨리고 쓸어버리기도 하지. ==힘을 쓸 때와 쓰지 않을 때를 알고, 상황에 맞게 상대와 조화를 이루는 모습이 이런 게 아닐까?==

아이: 그럼 저는 우선 싸울만한 일을 만나면 부딪치지 말고 가능한 피해야 하나요?

부모: 그래, 우선은 그것도 한 방법이야. 예를 들어 엄마나 동생이랑 싸우면 너의 하루가 어떻게 되니?

아이: 다른 일 신경도 못 쓰고 하루 종일 불편해요. 그리고 스트레스를 더 많이 받게 돼요.

부모: 그래, 여기서 하나 배울 수 있는 게 있어. 아직 너의 역량이나 마음의 그릇이 그다지 크지 않은 상황에서 한번 화를 내거나 다투고 나면 그 감정의 찌꺼기가 오래 남거든. 그러니까 지금은 될 수 있으면 부딪치지 말고 돌아가는 게 나을 수 있어. 엄마와도 그렇고, 동생과도 그렇고 계속 반복해서 부딪히는 부분은 가능한 피해 가고, 피할 수 없다면 그냥 흡수해 버리는 거야.

아이: 흡수한다고 하시니까 갑자기 '부부 싸움은 칼로 물 베기'라는 말이 생각나요.ㅎㅎ

부모: 그래, 딱 좋은 비유네. 비단 부부 사이뿐 아니라 가족 간의 다툼은 다 물 베기가 아닐까? 물은 잘라도 다시 모이잖아. 아직은 쉽지 않겠지만, 한두 번 정도는 그런 일이 있을 때마다 심호흡을 크게 하고 물처럼 흘려보낸다고 생각해 보는 거야. 그러면 점점 짜증을 줄이고, 화를 통제할 수 있는 마음의 근육이 더 길러지지 않을까?

아이: 네, 그럴 수도 있을 것 같아요. 그런데 아빠는 왜 첫 번째 구절이 좋다고 했어요?

부모: 이 구절의 원문은 상선약수 上善若水인데, 직역하면 '가장 좋은 것은 물과 같다'는 뜻이지. 멋진 말 아니니? 그리고 물처럼 모두가 싫어하는 곳에 자리를 두면서도 부딪치지 않고, 포용

하며, 강하지만 가장 낮은 자리에 거하는 것. 이런 삶이 진리를 깨달은 삶이 아닐까 싶어.

아이: 음, 그렇게 사는 사람이 있어요?

부모: 완벽하지는 않더라고 거의 비슷하게 사신 분들이 있지. 예를 들어 보통 성인聖人이라고 하는 분들이 그런 경지에 이르셨을 거야. 그런 분들은 높은 사람이든 낮은 사람이든 누구든지 다 포용하고, 약한 자들에게는 자애롭고, 강한 자들 앞에서도 비굴하지 않으셨지. 그렇지만 당시 왕이나 어떤 권력자들보다 큰 영향력을 인류 전체에 미치셨지 않니?

아이: 그럼 이제 우리 집 가훈은 '물처럼 살자'가 되는 건가요?ㅎㅎ

부모: 그래, 그것도 좋은데, '흐르는 강물처럼, 넓은 바다처럼 살아보자'는 어때? 조금 마음에 안 들고 짜증 나는 일이 있어도 흐르는 강물처럼 흘려보내고, 넓은 바다와 같이 많은 사람들을 품어주고, 그 안에서 수많은 생명체가 살 수 있도록 하는 삶을 살 수 있다면 정말 최고의 삶이 아니겠니?

아이: 와, 그럴 수만 있다면 정말 멋진 삶일 것 같아요.

부모: 그래, 앞으로 『도덕경』을 천천히 공부해 보면서, 이런 삶을 살기 위해서는 어떤 마음을 갖고, 어떤 실천을 해야 하는지 알아보자.

아이: 네, 알겠어요.

『명심보감』으로 시작하는 지혜 독서

　신앙이 없는 가정에서 지혜 독서를 시작하기에 가장 무난한 장르가 유교 경전이다. 『명심보감』이나 『격몽요결』로 시작하는 것이 가장 좋고, 점점 수준이 높아진다면 『논어』나 『중용』 같은 경전으로 점차 발전해 나간다. 또 이보다 더 쉬운 교재로는 『사자소학』이 있다. '부모님이 부르면 대답을 하고, 부모님 앞에서는 자세를 바르게 해야 한다'와 같이 올바른 삶을 실천하기 위한 가르침을 짧고도 구체적으로 적은 책이다. 네 글자씩 되어 있어 독해력이 약한 어린아이들에게도 좋다는 장점이 있다. 하지만 내용이 너무 유교적이고 시대에 뒤처진 게 아니냐는 논란도 있어서, 위의 기초 유교 텍스트 가운데 자신의 가정에 가장 잘 맞는 교재를 선택하는 게 좋다.

도움이 되는 강의와 책

최근에 쉬운 우리말로 번역되고 자세한 배경 설명이 더해진 좋은 책이 많이 나왔다. 대표적인 두 책은 다음과 같다.

『명심보감』
추적 편/백선혜 역 | 홍익출판사 | 2005년

『명심보감 자기 성찰의 고전』
범립본 저/김원중 역 | 휴머니스트 | 2017년

그리고 어린이용 『명심보감』도 여러 권 나왔고, 쓰기 교재도 있으나, 우선은 쓰기보다 반복해서 읽기를 하며, 실천하는 데 초점을 두고, 아이 수준에 맞는 교재를 고르는 것이 좋다.

『어린이 명심보감』
김종상 엮음 | 한국독서지도회 | 2005년

『처음 만나는 명심보감』
표성흠 저 | 미래주니어 | 2013년

그리고 『격몽요결』과 『사자소학』을 번역한 여러 종류의 책이 있다. 역시 인터넷 서점의 미리보기 기능이나 큰 서점에서 직접 책을 보고 우리 가정 수준에 맞는 책을 고른다.

『격몽요결』

율곡 이이 저/김학주 역주 | 연암서가 | 2013년

『격몽요결』

율곡 이이 저/김원중 역 | 민음사 | 2015년

『어린이 격몽요결』

이이 글 / 한문희 편 | 연암서가 | 2014년

『어린이 사자소학』

엄기원 엮음 | 한국독서지도회 | 2005년

사실 『명심보감』이나 『격몽요결』은 원래 어린 학생들이 본격적인 유교 경전을 접하기 전에 읽는 입문서이고, 내용 자체가 어렵지 않아, 강의를 듣고 자세한 해설을 듣지 않아도 쉽게 이해할 수 있는 내용이 많다. 그래도 좀 더 깊이 있게 공부를 해 보고 싶다면, 다음 쪽에 있는 유튜브 강의를 참조하는 것도 좋다.

먼저 〈전통문화연구회〉 유튜브 채널에 가면 『명심보감』, 『사자소학』, 『격몽요결』, 『동몽선습』 등 다양한 기초 유교 서적에 대한 강의가 올라와 있다.

다음은 원주용 선생님의 강의 영상인데, 한자어 풀이와 내용 해석까지 꼼꼼하게 잘 되어 있으므로 초보자들에게는 큰 도움이 될 수 있다.

원주용 선생의 『명심보감』 강의 영상

https://www.youtube.com/watch?v=l_O-Tw025tA

원주용 선생의 『사자소학』 강의 영상

https://www.youtube.com/watch?v=bMX3TXJG3ls

또 아래는 박재희 교수가 케이블 방송에서 진행한 〈TV명심보감〉 이다. 명심보감 내용뿐 아니라 현대에 맞게 어떻게 고전을 해석해야 할지에 대한 자세한 설명이 더해졌다.

박재희 교수의 〈TV명심보감〉 강의 영상

https://www.youtube.com/watch?v=70pL9R1aopE&t

지혜 독서 사례

부모: 자, 오늘부터 일 년 정도 주말마다 우리 가족 모두 『명심보감』을 한 장씩 읽고 생각 나눔을 해 보려고 하는데, 어떠니?

아이: 『명심보감』이 뭐예요?

부모: 저자가 누군지는 명확하지 않은데, 보통 고려 시대에 추적秋適이라는 분이 엮은 것으로 알려진 책이란다. 중국 여러 고전에서 좋은 경구나 말씀을 모은 지혜서라고 할 수 있지. 명심보감明心寶鑑의 뜻은 '보배를 거울삼아 마음을 밝게 하라'라고 해. 첫 장이 계선편인데 '계'는 이을 계繼, '선'은 착할 선善으로, 이를 직역하면 '선을 잇는다'라는 뜻인데, 풀어서 말하면

'하루하루 계속 선하게 살라'라는 의미라고 볼 수 있지. 그럼 같이 한번 소리 내어서 한글 부분을 읽어 볼까?

(소리 내어 같이 읽는다.)

명심보감 선행에 대한 글 繼善篇

1. 공자孔子가 말했다. "착한 일을 하는 사람에게는 하늘이 복으로 갚아주고, 착하지 않은 일을 하는 사람에게는 하늘이 재앙으로 갚는다."

2. 소열황제가 죽을 때 이렇게 말했다. "선행이 작다고 해서 하지 않으면 안 되고, 악이 작다고 해서 행해서는 안 된다."

3. 장자莊子가 말했다. "하루라도 선善을 생각하지 않으면 모든 악惡이 저절로 일어난다."

4. 태공太公이 말했다. "선을 보기를 목마른 듯하고, 악한 말을 듣거든 귀머거리처럼 하라" 또 "착한 일이란 모름지기 탐내야 하며, 악한 일은 즐기지 말라."

5. 마원馬援이 말했다. "몸을 다하여 선善을 행하더라도 선은 여전히 부족하고, 단 하루 악惡을 행하여도 악은 저절로 남는다."

6. 사마온공司馬溫公이 말하였다. "돈을 모아 자손에게 남겨준다고 하여도 자손이 반드시 다 지킬 수 없고, 책을 모아 자손에게 남겨 준다고 하여도 자손이 반드시 다 읽을 수 없다. 남모르게 덕德을 쌓아서 자손에게 전해 주는 것이 가장 좋다."

7. 『경행록景行錄』에 이런 말이 있다. "널리 은혜와 정의를 베풀어라.

사람이 어느 곳에 살든 서로 만나지 않을 수 있겠는가? 원수와 원한을 맺지 마라. 길가다 좁은 곳에서 만나면 피하기 어렵다."

8. 장자가 말했다. "나에게 선하게 대하는 사람에게는 나도 역시 선하게 대하고, 나에게 악하게 대하는 자라도 나는 선으로 대하리라. 내가 이미 남에게 악하게 하지 않으면, 남도 나에게 악하게 할 수 없다."

9. 『동악성제수훈東嶽聖帝垂訓』에 이런 말이 있다. "하루 선한 일을 행하면 비록 복이 이르지 않더라도 화[재앙]는 저절로 멀어진다. 하루 악한 일을 행하면 화는 비록 이르지 아니하나 복은 저절로 멀어진다. 선한 일을 행하는 사람은 봄 동산의 풀 같아서 그 자라는 것이 보이진 않으나 날로 더해지고, 악을 행하는 사람은 칼을 가는 숫돌과 같아 닳아 없어지는 것이 보이지 않아도 날로 줄어든다."

10. 공자가 말했다. "선함을 보거든 아직도 부족하다고 여기고 선하지 않음을 보거든 끓는 물을 만지는 것과 같이 하라."

부모: 여기서 제일 기억에 남는 한 구절을 적어보고, 그중에 가장 기억에 남는 한 단어를 골라보자.

(충분한 시간을 갖고 자기만의 구절과 키워드를 찾는다.)

아이: 음, 저는 1절에 "착한 일을 하면 하늘이 복을 주고, 착하지 않은 일을 하면 하늘이 재앙을 준다"는 내용이요. 키워드는 '하늘'로 할게요. 그런데 하늘이 어떤 식으로 복을 주거나 재앙을 줘요?

부모: 글쎄, 하늘이 복을 준다는 것은 어떤 의미일까? 구체적으로 예를 들어 볼 수 있을까?

아이: 그러니까요. 제가 물어보는 게 그거라니까요. 잘하면 하늘이 '참 잘했어요!' 스티커를 붙여주거나, 아니면 무슨 돈을 주나요?

부모: 그러게. 하늘이 직접적으로 사람처럼 말이나 물건으로 보상을 해 주지는 않겠지. 하지만 우리가 살면서 '아, 이건 하늘이 보상해 주는 것이 아닐까?'라는 생각을 하게 되는 때가 있는 것 같아. 예를 들어서 아빠가 대학 다닐 때, 생각지도 않은 곳에서 장학금을 줘서 학비 부담을 던 적이 있었는데, 그때 내가 뭐 잘한 것도 없는데 왜 이곳에서 장학금을 줄까 하고 생각하고 아주 고마워했던 적이 있거든.

아이: 그러면 그때 아빠가 무슨 착한 일을 해서 장학금을 받은 거예요?

부모: 물론 장학금을 준 곳에서 내가 착하게 살았는지를 조사해서 장학금을 준 건 아니지. 그러니까 사람이 아닌 어떤 우주적인 힘이 나의 선행을 기억했다가 상을 준 것이 아닐까 생각해 보는 거야. 어려서 조금씩 착한 일을 한 대가로 받은 것일 수도 있고. 우리 할아버지와 할머니께서 착한 일을 하셔서 그 은덕을 내가 받은 것일 수도 있고. 6절의 사마온공 이야기에서 '남모르게 쌓은 덕'이라는 말이 있잖니? 이런 것을 음덕陰德이라고 하는데, 예부터 중국이나 우리나라 사람들은

이렇게 음덕을 쌓아 두면 나중에 자손들이 복을 받는다는 생각을 했었단다.

아이: 아! 그래서 착한 일을 해서 지금 당장 보상을 받지 않더라도 나중에, 아니면 우리 후손들이 복을 받을 수 있다고 보는 거네요.

부모: 그래, 그래서 여기 하늘이라는 의미는 어떻게 보면 우주의 법칙이나 우주적인 힘이라고 할 수 있겠지. 종교적으로는 우주를 주관하는 신(神)일 수도 있고.

아이: 아, 그렇군요. 아직 정확히는 모르겠지만 무슨 말인지는 알 것 같아요.

부모: 그래, 너도 좀 크고 인생의 여러 가지 일을 겪어보면 점점 이 말이 무슨 뜻인지 깨달을 수 있을 거야. 그리고 나는 3절의 장자의 이야기를 나누고 싶은데, "하루라도 선을 생각하지 않으면 모든 악이 저절로 일어난다"는 말을. 말이야. 이 말은 9절과도 비슷한 것 같아. 악은 노력하지 않아도 저절로 생기지만, 선은 노력하지 않으면 이뤄질 수 없는 것이고, 적극적으로 선을 행하지 않으면 결국 악에 동참하는 것과 마찬가지라는 의미로 받아들여지는구나.

아이: 그래요? 선을 행하지 않는 것도 결국 악에 동참하는 것과 마찬가지라고요? 구체적으로 그런 예가 있어요?

부모: 예를 들어, 너희 학교에서 아이들이 한 아이를 심하게 놀리고 왕따를 시켰는데, 네가 그런 모습을 그냥 보고만 있고, 아

무엇도 하지 않으면 이 역시 악에 동참하는 거라고 할 수 있지. 네가 왕따 시키기에 동참하지 않더라도, 적극적으로 그런 일을 주변에 알리거나 그런 일이 없어지게 노력을 하지 않는다면 결국은 그런 악한 일이 더 커지는 데 도움을 준거나 마찬가지이니까.

아이: 그럴 수도 있겠네요. 그런데 그런 것을 선생님께 말하면 고자질하는 것 아닌가요? 또 저도 다른 아이들한테 놀림을 당할 수도 있고요.

부모: 그래, 그래서 ==때로는 선을 행하기 위해서는 용기가 필요하고 분별력도 필요하지.== 고자질은 나쁜 의도를 가지고 다른 사람의 잘못을 알리는 것인데, 네가 그런 사실을 선생님께 알리는 의도는 왕따 당하는 친구를 보호하고, 또 궁극적으로 왕따 시키는 친구들이 더 이상 나쁜 짓을 하지 못하게 막는 것이기도 하니까 고자질이라고 볼 수 없지.

아이: 그런데 실제로 매 순간 그런 판단을 내리기가 쉽지는 않은 것 같아요.

부모: 그래서 이렇게 주말마다 시간을 내서 지혜서를 읽으며 우리가 어떻게 살아야 하는지, 실제 이런 상황에 부딪히면 어떤 행동을 해야 하는지를 생각할 수 있는 판단력을 키우는 게 필요한 거지.

아이: 아, 알겠어요.

『채근담』으로 시작하는 지혜 독서

『채근담菜根譚』은 중국 명나라 말기 문인 홍자성洪自誠이 쓴 책으로 유교, 불교, 도교의 가르침을 격언식으로 모은 것이다. 일본을 통해 서양에도 많이 알려졌으며, 영어권에서는 중국어 발음대로 카이겐탄Caigentan으로 불린다. 서양에서는 이와 비슷한 주제의 고전이 마르쿠스 아우렐리우스의 명상록Marcus Aurelius' Meditations이어서 '동양판 명상록'이라고 소개되기도 한다. 주로 전편은 인간관계와 처세, 후편은 자연에 대한 내용이 주를 이루는데, 한문 자체는 어렵지만, 한글 번역본을 같이 읽으며 그 의미를 되새기면 많은 가르침을 얻을 수 있다.

『채근담』의 가장 큰 장점은 다른 동양 고전과 달리 문화 배경이나 등장인물에 대한 지식 없이 바로 읽고 이해할 수 있다는 점이다. 그리고 짧은 경구들 중에 인생의 진리를 꿰뚫는 말들이 많다. 소극적인 개인 처세에 관한 내용이 아니냐는 비판도 있지만, 자신을 돌아보고 좀 더 나은 인간관계나 인격 수양의 길을 찾는 데 이보다 좋은 인문학 텍스트는 찾기 어려울 것이다.

가정 상황에 따라 분량을 조절하고, 처음엔 한두 장 정도 진도를 나가는 것으로 시작한다. 내용이 각각 독립적이므로, 굳이 처음부터 읽을 필요도 없고, 마음에 다가오는 내용 순으로 읽고, 전체를 다 본 후 다시 여러 번 반복해서 읽는다. 그리고 읽을 때마다 상황에 맞게 적용과 생각 나눔을 해본다.

도움이 되는 책과 강의

최근에 쉬운 우리말로 번역되고 자세한 해설이 곁들여진 좋은 책이 많이 나와 있다. 다음 책들 가운데 가정의 수준에 맞는 책을 골라 보기 바란다.

『채근담』
홍자성 저/김원중 역 | 휴머니스트 | 2017년

『채근담』
홍자성 저/김성중 역 | 홍익출판사 | 2005년

『청소년 채근담』
홍자성 저/박정수 편역 | 매월당 | 2006년

⇒ 청소년 버전으로 한자 풀이와 친절한 해설, 또 연관된 이야기가 잘 정리되어 있다. 어른용으로도 손색이 없으니 처음 시작하는 가정에게는 좋은 교재가 될 수 있다.

『열 살, 채근담을 만나다』

한영희 저/소소림 그림 | 어린이나무생각 | 2019년

⇒ 어린이들의 일상 속에서 『채근담』의 구절을 적용할 수 있는 에피소드 형식으로 되어 있다. 원문과 병행 교재로 아이가 보는 것도 좋다.

채근담 강의

『채근담』도 『명심보감』과 같이 그렇게 어렵지 않은 내용이어서 내용을 하나하나 설명해 주는 강의는 그리 많지 않다. 유튜브에 『채근담』 내용을 오디오 북 형태로 만들어 놓은 내용이 있으니 필요하면 들어 볼 수 있다.

지혜 독서 사례

부모: 자, 오늘부터는 주말마다 『채근담』이라는 책을 같이 읽으면서 이야기를 함께 나눠 보려고 하는데, 혹시 『채근담』이라는 책에 대해서 들어봤니?

아이: 아니요. 『채근담』이 뭐에요? 어떤 일을 계속하라고 독촉하는 것을 '채근하다'라고 하지 않아요? 뭘 자꾸 하라는 이야기를

담은 책인가요?

부모: 아니, '채근하다'는 네가 말한 대로 '재촉하다'라는 의미의 순 우리말이고, 여기서 채근菜根은 한자인데 야채 채菜자에 뿌리 근根, 이야기 담譚으로 즉, 채소와 뿌리의 이야기라고 할 수 있어. 채소 뿌리는 우리가 주로 먹는 부분이 아니기 때문에 하찮은 것이라고 볼 수도 있지. 중국 속담에 '야채의 뿌리를 먹을 수 있는 사람은 어떤 것도 해낼 수 있다嚼得菜根, 百事可做'라는 말이 있다고 해. 다시 말해 야채 뿌리가 어떤 어려움을 말하기도 하는데, 한편으로는 가장 기본이 되는 것이라고 할 수 있지. 그러니까 『채근담』은 사람이 살아가는 데 있어 알아야 하는 가장 기본적인 가르침에 대한 이야기라고 할 수 있을 것 같아.

아이: 아, 그렇군요. 그럼 얼마나 읽어요?

부모: 오늘은 첫날이니까 좀 쉽게 읽을 수 있는 4장과 5장을 읽어보고, 우선 지금 우리가 사는 데 도움이 될 내용 중심으로 발췌해서 조금씩 읽어나가고, 전체 내용을 어느 정도 대강 이해하면 내용을 늘려서 처음부터 정식으로 다시 한 번 읽어보자꾸나.

(함께 4, 5장을 소리 내어 읽는다.)

4장

세력과 이익, 사치와 부귀를 가까이하지 않는 자를 청렴하다고 하

지만

이것들을 가까이하고도 물들지 않는 사람이 더욱 청렴한 사람이고

잔재주와 속임수를 모르는 사람이 고상하다고 하지만

이를 알면서도 쓰지 않는 사람이 더욱 고상한 사람이다.

5장

귀에 항상 거슬리는 말을 듣고, 마음속에 항상 꺼리는 일을 지니면 비로소 이것이 덕을 닦는 숫돌이 되고,

만약에 말마다 귀를 기쁘게 해 주고, 일마다 마음을 즐겁게 한다면 그야말로 생명을 짐새의 독에 빠뜨리는 일이 된다.

부모: 자, 그럼 오늘 읽은 내용 중 가장 기억에 남는 구절과 키워드를 하나 골라 볼까?

(1~2분 동안 구절과 키워드를 고른다.)

아이: 저는 5장 앞부분에 "귀에 항상 거슬리는 말을 듣고, 마음속에 항상 꺼리는 일을 지니면 비로소 이것이 덕을 닦는 숫돌이 된다"고 하는 부분을 고르고 싶고요, 키워드는 '덕을 닦는 숫돌'로 할래요. 이 내용이 와닿긴 한데 궁금한 점도 있어요.

부모: 그게 뭐지?

아이: 그럼 덕을 쌓고 인격을 수양하기 위해서는 듣기 싫은 이야기를 듣고, 하기 싫은 일을 해야 한다는 건가요? 듣기 싫은 이야

기는 될 수 있으면 덜 들고, 하기 싫은 일은 피해야 스트레스를 덜 받고 행복하게 살 수 있지 않나요?

부모: 그래, 충분히 제기할 수 있는 문제인데, 그럼 구체적으로 네가 듣기 싫은 이야기나 하기 싫은 일은 뭐가 있니?

아이: 음, 숙제나 공부하려고 하는데 자꾸 공부했냐고 잔소리를 듣거나, 밥 먹을 때 자꾸 야채 먹으라는 말을 듣는 거요.

부모: 그래, 공부는 좀 복잡한 문제니까 별도 문제로 하고, 우선 야채 먹는 것은 좋은 거니 나쁜 거니?

아이: 몸에는 좋은데, 맛이 없어서 먹기 싫어요.

부모: 그래, 바로 여기서 말하는 듣기 싫은 이야기는 객관적으로는 좋은 것인데, 개인적으로 실천하기 싫거나 힘든 것을 말하는 것 같아. 예를 들어 '일찍 일어나라, 운동해라, 게임하는 시간을 줄여라, 패스트푸드나 과자 같은 걸 될 수 있으면 먹지 마라…' 이런 말들은 실천하면 좋은 건데, 사람이 게으르거나 귀찮아서 하지 못하거나 나쁜 줄 알면서 쉽게 끊지 못하는 것이 아닐까? 즉, 나쁜 습관에 관한 지적을 너무 기분 나쁘게 듣지 말고, 좋은 태도로 받아들여라라는 의미가 아닐까?

아이: 그런데 아무리 좋은 이야기라고 해도, 듣기만 한다고 바로 실천되는 거는 아니잖아요.

부모: 그래, 그게 문제지. 그럼 나쁜 습관에 대해서 아무 말도 안 하고 그냥 계속 방치하는 것과 바로 실천하진 못하지만 그래도 계속 말을 하면서 고치려는 노력을 하는 것, 이 둘 중에 하나

를 선택해야 한다면 어떤 것을 선택해야 할까?

아이: 그렇게 둘 중 하나를 선택하라고 하면 당연히 계속 말을 하면서 고치는 게 좋을 것 같은데, 좋은 말도 계속 들으면 오히려 짜증 나는 것 같아요.

부모: 그럼 짜증을 줄일 수 있는 방법은 없을까?

아이: 글쎄요.

부모: 한번 해 보면 어떨까? 한번 야채를 먹어 보고, 몸에 안 좋은 것은 안 먹어 보고, 한번 운동도 해 보고…. 그게 얼마나 자신에게 좋은지를 경험하면 다음에는 잔소리 안 듣고도 알아서 할 수 있게 되지 않을까?

아이: 글쎄요. 맞는 말 같은데, 아직은 잘 모르겠어요.

부모: 그래, 알았다. 나는 요즘 점점 느끼는 게, 이런 ==지혜의 말은 그 말이 옳다고 생각하면 한번 실천을 해 봐야 의미가 있지, 그렇지 않으면 그냥 좋은 말이 이쪽 귀에 들어왔다가 반대쪽으로 나가는 것 같아==. 하여간 나는 오늘 읽은 부분 중에서 4장이 마음에 와닿는데, 나는 키워드를 '더욱 고상한 사람'으로 할게.

아이: 왜 그 단어를 고르셨어요?

부모: 이 내용을 읽으며 '그래. 이 말이 정말 맞는 말이구나!'라는 생각이 들더라고. 진정한 청렴함은 지저분해지면서도 더럽혀지지 않는 청렴함이고, 진정한 고상함은 속일 수 있는 능력은 있지만 남을 속이지 않는다. 우리는 대개 정치가 썩었고, 부당하게 돈 버는 사람들이 많다고 불평하잖아. 그런데 대부분 이

런 불평을 하는 사람들이 권력을 얻고, 돈을 벌었을 때 과연 그들은 잘할 수 있는가를 생각해 보면 그건 또 다른 문제가 되는 것 같아.

아이: 아, 그러니까 내가 가지지 않았을 땐 욕하기 쉽지만, 가지고 나선 잘하기가 쉽지 않다는 건가요?

부모: 그렇지. 그러니까 누군가가 정말로 청렴하고 고상한지는 더러움 속에 한 번 던져지고, 힘과 권력을 맘대로 쓸 수 있는 환경에 가봐야 제대로 확인해 볼 수 있는 것 같아.

아이: 그건 그런 것 같아요. 그래서 진짜냐 가짜냐는 어려운 환경 속에 처해 봐야 알 수 있다고 하는 것 아닌가요?

부모: 맞아. 그전에 자수성가로 성공한 유명한 한 사업가가 쓴 글에 이런 내용이 있더라고. 교통 신호 위반을 했을 때 지금 당장 정당하게 위반 딱지를 끊을 용기가 없는 사람은 이후에 더 큰 불법을 저지를 가능성이 많다고. 그래서 평소에 작은 규칙도 지키고, 작은 거래에서도 신용을 지키는 연습을 해야 돈이 많아지고, 권력이 많아져도 큰 실수하지 않고 잘할 수 있다고 하시더라고.

아이: 네, 맞는 말씀 같아요.

부모: 그래, 그래서 우리는 끊임없이 우리 자신을 돌아보고 나의 청렴은 진짜인가, 나의 신념은 진짜인가를 돌아볼 필요가 있는 것 같아. 또 아무런 문제가 없을 때 잘하고 있는 것을 진짜 잘하고 있는 것으로 착각해서도 안 되고, 때로는 어려움과 시련

의 환경에 처해 보는 연습을 해 볼 필요도 있는 것 같아.

아이: 그런데 어려움이 없는데 어떻게 일부러 어려움에 처하는 연습을 해 볼 수 있어요?

부모: 그런 것을 자발적 고난이라고 하지. 굳이 내가 어려움에 처할 필요가 없는데 나의 성장을 위해 기꺼이 어려움 속에 들어가 보는 거야.

아이: 극기훈련하는 것처럼요?

부모: 그래, 그것도 좋은 예라고 할 수 있지. 그리고 손해 보거나 희생하는 일도 기꺼이 한번 해 보는 거지. 그러면서 나의 참모습을 보게 되지 않을까 싶어.

아이: 알겠습니다. 내용이 짧은데도 생각해 볼 내용이 많네요. 앞으로 계속 읽어보면서 내 삶에 적용해 볼 점을 찾아보면 좋을 것 같아요.

부모: 그래, 『채근담』은 다른 고전과 달리 배경지식이나 등장인물에 대해 이해할 필요가 없고, 바로 삶에 적용할 수 있는 내용도 참 많은 것 같아. 앞으로 꾸준히 읽어나가면서 우리 삶을 좀 더 의미 있게 만들어 보자꾸나.

아이: 네, 알겠어요.

『논어』로 시작하는 지혜 독서

동양 최고의 베스트셀러, 『논어』

동양 문화권에서 한 권의 책에 가장 많은 해석과 주석이 달린 책은 『논어』일 것이다. 중국의 주희 같은 대학자들뿐 아니라 우리나라에서도 퇴계 이황, 율곡 이이 등 수천 명의 문인 학자들이 논어를 읽고 자기만의 해석과 삶으로의 적용을 이끌어냈다.

공자의 가르침은 수천 년 동안 정치사상뿐 아니라 동양의 삶과 언어에 영향을 미쳤다. 나는 논어를 읽다가 충고라는 말이 『논어』에 나온 것을 보고 깜짝 놀란 적이 있다.

안연顔淵편에서 자공이 벗에 대해 묻자, 공자는 "진실한 마음으로 조언을 해주고 잘 인도하되, 그래도 할 수 없다면 그만두고 스스로

욕보지 말라子貢問友. 子曰, "忠告而善道之, 不可則止, 毋自辱焉"고 말한다. 충고는 원래 '진실한 마음으로 알려준다'라는 뜻이었다. 지금처럼 '남의 결함이나 잘못을 지적하고 고치려고 하는 말'이 아니었다. 그러므로 공자의 가르침에 따르면 친구를 위해 진실한 말은 해주되, 듣지 않으면 계속 말하지 말고 지켜보는 식으로 우정을 이어나가야 한다.

고전을 공부하는 한 가지 좋은 점은 이렇게 우리가 흔히 쓰는 단어나 개념의 근원을 알 수 있다는 것이다. 유튜브에 올라와 있는 전호근 교수의 『논어』 강의 중에 언어言語의 차이를 설명하는 대목이 있다. 언言은 '입으로 하는 말'이라는 뜻이다. 언론言論, 감언이설甘言利說 등에서 쓰인다. 이에 비해 어語는 대체로 '글로 쓰인 말'에 해당한다. 어학語学, 국어国語로 쓰인다.

강의를 듣다 보면 갑골문까지 거슬러 올라가는 글자 풀이를 들을 수 있다. 언은 입口이 아래에 위치해 있다. 아래 사람들이 하는 말이다. 그러므로 언론의 본래 기능은 '백성들의 말을 사회의 리더나 통치자에게 전달하는 것'이다. 그런데 지금의 언론이 그런 기능을 하고 있는가? 이런 기준을 가지고 보면 참 언론과 거짓 언론을 쉽게 구분할 수 있다. 사회의 낮은 자들과 약자들의 목소리를 대변하는 곳이 참 언론이고, 돈과 권력을 가진 자들의 목소리와 이익을 대변하고 있는 곳은 언론의 탈을 쓴 이익 단체인 것이다. 이를 분별할 수 있는 것이 바로 고전의 힘이다. 지금 우리가 쓰고 있는 단어의 근원이 무엇인지를 살피고 어디서부터 틀어지고 원래 의도와 멀어졌는지를 추적하면 지금의 복잡한 문제가 명확하게 해결된다.

지혜 독서를 위해 유교와 불교의 인문고전을 공부하다 보니 『논어』와 같은 고전을 읽지 않으면 우리의 전통문화나 조상들의 생각, 현대를 사는 우리에게 암묵적으로 영향을 미치는 전통문화에 대해 하나도 모르고 사는 것이라는 생각이 들었다. 한국인이자 동양인으로 이 세상을 살아가려면 반드시 『논어』나 불경 한 권 정도는 읽어야 할 것이다.

종교가 없는 사람도 쉽게 접근할 수 있는 텍스트

유교 경전은 지극히 현실적이다. 죽음 이후의 세계나 볼 수 없는 세계를 말하지 않는다. 한 번은 공자의 제자가 귀신을 섬기는 법과 사후 세계에 대해 묻자 공자는 "사람도 제대로 섬기지 못하는데 귀신을 섬길 수 있겠느냐?", "삶도 제대로 알지 못하는데 어찌 죽음을 알겠느냐?"季路問事鬼神. 子曰, "未能事人, 焉能事鬼?" 曰, "敢問死" 曰, "未知生, 焉知死?"고 답했다.

종교가 없는 가정에서는 가장 부담 없이 시작할 수 있는 인문고전 텍스트가 유교 경전인데, 그 뿌리가 바로 『논어』다.

문제는 다른 인문고전 텍스트와 마찬가지로 『논어』가 쓰인 시대적 배경과 당시의 풍습이나 문화를 모르면 도대체 무슨 뜻인지 알기 힘들다는 점이다. 『논어』를 제대로 이해하기 위해서는 사마천의 『사기史記』를 같이 공부하며 공자가 활동했던 춘추전국시대에 대한 이해와

『논어』에 등장하는 공자 제자들의 이야기를 알고 있어야 한다.

그래서 가장 이상적인 『논어』 선생님은 한자의 어원적 풀이를 해 줄 수 있고, 역사 배경도 깊이 있게 아는 가운데 『논어』의 사상을 현대적으로 적용할 수 있게 이끌어 줄 수 있는 분이다. 다행히 그런 분들이 지금 이 시대에 많다. 책을 통해서도 만날 수 있고, 유튜브 영상으로도 만날 수 있다.

그런데 아무래도 『논어』를 배경지식 없이 바로 읽기는 쉽지 않으므로, 아이들과 같이 볼 때는 우선 『명심보감』이나 『격몽요결』처럼 배경지식이 적어도 금방 이해할 수 있는 책으로 먼저 시작하고 어느 정도 공부가 된 후에 『논어』를 펼치는 것도 좋은 방법이다.

도움이 되는 강의와 책

한국인 입장에서 동서양 고전을 위에서 말한 대로 원전 언어를 완벽하게 구사하며, 올바른 번역을 제공하고 현대적인 의미까지 제시해 줄 수 있는 제대로 된 인문고전 선생님을 찾을 수 있는 분야가 유교 쪽이다. 기독교만 해도 한국 사람 중에 성경의 원어인 히브리어, 그리스어를 원어민같이 구사하며, 당시 시대상과 역사를 우리말로 풀이하고, 여기에 현대적 의미를 더해 성경을 해석해 줄 수 있는 선생님이 얼마나 되겠는가? 불교도 마찬가지로 원어인 산스크리트어나 팔리어를 원어민처럼 구사하거나 불교 철학을 우리 상황에 맞게 풀어낼 수 있는 학자가 얼마나 되겠는가? 이에 비해 유교 경전을 연구하는 쪽에서는 이런 수준에 도달한 학자가 상당히 많다.

먼저 유튜브에서 쉽게 찾을 수 있는 질 좋은 강의로는 전호근 교수의 『논어』 강좌가 있다. 몇몇 강의의 음성 상태가 좋지 않은 아쉬움이 있지만, 제대로 된 해석과 역사적 배경에 대한 설명, 현대 사회에의 적용을 재미있게 들을 수 있다. 또한 갑골문 분석까지 곁들인 원어의 의미까지 배울 수 있는 아주 훌륭한 강의다.

전호근 논어 강좌(책 읽는 사회문화재단 영상, 총 20강)
https://www.youtube.com/watch?v=Im4LkG_CDdg&t=6006s

이런 강의 외에도 현대적인 해석뿐 아니라 상황에 맞는 해설까지 추가된 좋은 책도 많다. '어린이 논어'로 검색하면 아이 수준에 맞는 다양한 책을 찾을 수 있고, 한자 공부를 같이 할 수 있는 책도 찾을 수 있다. 서점에 가서 부모와 아이 수준에 맞는 해설서를 구입하고, 원문을 같이 공부하면서 지혜 독서를 시작해 볼 수 있다.

『논어』
공자 저/김원중 역 | 휴머니스트 | 2019년

『논어』
황희경 저 | 메멘토 | 2018년

『식탁 위의 논어』

송용근 저 | 페이퍼로드 | 2012년

『어린이와 청소년을 위한 논어』

공자 저/박지숙 편 | 보물창고 | 2016년

『논어 이야기』

박민호 글 / 신명환 그림 | 대일출판사 | 2012년

『공자님, 나를 알면 뭐가 바뀌나요?』

우쭤라이 글 / 우잉잉 그림 / 고상희 역 | 봄나무 | 2014년

심화교재

『마흔, 논어를 읽어야 할 시간』

신정근 저 | 21세기북스 | 2019년

⇒ 『논어』의 여러 가지 주제를 현대인의 인생 처세 교훈식으로 정리한 책이다.

지혜 독서 사례

부모: 자, 오늘부터 논어를 가지고 지혜 독서를 계속해 보자꾸나.

아이: 드디어 『논어』를 읽는 건가요? 그동안 『명심보감』에서 계속 자왈子曰로 나왔던 분에 관한 책이죠.

부모: 그래, 중국에서는 큰 선생님을 부를 때 자子자를 붙이는데, 맹

자, 노자, 장자, 손자처럼 성이 붙지 않고, 자왈이라고 하면 공자님을 말하는 것이지. 그리고 『논어』는 공자님이 말씀하신 내용을 제자들이 모은 책인데, 한마디로 공자님은 스승의 스승이라고 할 수 있어.

아이: 그런데 『논어』는 너무 어렵지 않나요?

부모: 맞아, 낯선 지명과 인물 등 고유명사가 많이 나와서 배경지식이 없으면 이해하기 힘들고, 또 각각 이야기가 논리적으로 연관되지도 않아서 쉽게 접근할 수 없지. 하지만 우선은 마음에 다가오는 구절 중심으로 읽어나가고, 좋은 강의도 들으면서 전체 완독을 목표로 한번 도전해보자꾸나.

아이: 네, 알겠어요. 그럼 오늘은 어디를 읽어요?

부모: 좀 중간 부분이기는 한데, 8편 태백泰伯의 다섯 번째 내용만 우선 오늘 읽어보자.

(다음 내용을 같이 소리 내어 읽는다.)

증자가 말했다. "능력이 있으면서도 능력 없는 사람에게 묻고, 많이 알면서도 적게 아는 사람에게 물었으며, 있으면서도 없는 듯하고, 꽉 차 있으면서도 텅 빈 듯하고, 남이 자기에게 잘못을 범해도 잘잘못을 따지며 다투지 않았다. 예전에 나의 친구가 이를 실천하며 살았다."

曾子曰, "以能問於不能, 以多問於寡, 有若無, 實若虛, 犯而不校, 昔者吾友嘗從事於斯矣."

부모: 자, 그럼 가장 좋다고 생각한 구절과 키워드를 적어보자.

(1~2분 동안 구절과 키워드를 적는다.)

부모: 다 했니?

아이: 네, 저는 "예전에 나의 친구가 이를 실천하며 살았다"로 적었어요. 키워드는 '친구'요. 그런데 이 친구가 누구예요?

부모: 그래, 궁금하지? 증자는 공자의 제자 중 한 사람이고, 『논어』 앞부분에 하루에 세 번씩 반성하며 열심히 수양했던 인물로 나온단다. 많은 학자들이 증자와 그의 제자들이 『논어』를 편찬한 게 아닌가 생각하고 있지. 그리고 여기서 증자가 말하는 친구는 공자의 수제자라고 할 수 있는 안회顔回를 말한단다. 이름이 회回이고, 자字는 자연子淵이어서 안연顔淵이라고도 해.

아이: 그런데 이름이 있는데 왜 중국 사람들은 자字가 또 있어요?

부모: 글쎄. 동양 전통에서는 사람의 이름을 직접 부르는 것이 예의에 어긋난다고 생각해서 따로 쉽게 부를 이름으로 자字를 짓거나 별명인 호號를 지어서 불렀단다. 원래 공자님 이름도 공구孔丘인데 자가 중니仲尼였다지.

아이: 그렇군요. 그런데 안회가 그렇게 대단한 사람이었어요? 이 내용만 보면 거의 성인급의 인격을 갖춘 사람인데요?

부모: 그래, 거의 그렇다고 볼 수 있어. 공자님보다 30살 어린 제자였는데 공자님도 인정한 제자였고, 공자님이 가장 사랑한 제자였다고 하지. 어떤 사람이 공자님에게 당신의 제자 중 누가 배우기를 가장 좋아하냐고 물으니 "안회라는 제자가 있

는데, 화가 났다고 해서 그 노여움을 남에게 옮기지 않으며 같은 잘못을 두 번 되풀이하지 않았다. 불행히도 일찍 죽었는데, 지금은 그와 같이 배우기를 좋아하는 제자는 없다"라고 했다고 해.

아이: 그러면 안회는 어떻게 그런 인격의 완성을 이룰 수 있었을까요?

부모: 오늘 읽은 내용에서도 알 수 있듯이 안회는 가르침을 머릿속 지식으로 알 뿐만 아니라 몸과 마음으로 겸손하게 실천을 많이 한 사람 같아. 『논어』의 다른 내용을 보면 공자님이 처음에는 안회가 질문도 없고 조용해서 좀 이해력이 부족한 게 아닌가 생각했는데, 나중에 안회의 행동을 살펴보면서 자신이 말한 대부분의 내용을 몸소 실천하는 것을 보곤 그가 참으로 훌륭한 제자임을 알았다는 내용도 나온단다.

아이: 흠, 아는 것을 실천하는 게 정말 쉬운 건 아닌데요.

부모: 맞아. 그리고 안회는 어느 정도 이 세상의 물질이나 권력에 대한 욕심을 초월했던 사람 같아. 안회는 굉장히 가난했다고 하거든. 그런데 공자님은 "한 그릇 밥과 한 바가지 물밖에 없고, 누추한 거리에 살게 되면 사람들은 근심에서 벗어나지 못하지만 안회는 즐거움을 놓치지 않았다"라고 말씀하셨단다.

아이: 그렇군요. 그런데 부자도 되면서 인격의 완성을 이루면 안 되나요? 안회의 인격이 부럽기는 하지만 그렇다고 안회처럼 밥 한 그릇과 물 한 모금만 먹고살고 싶지는 않아요.ㅎㅎ

부모: 그래 부와 인격을 함께 이루는 게 좋아 보이는데 현실적으로나 역사적으로는 그게 잘 안 되는 것 같아. 특히 인격의 완성이나 정신의 영역에서 최고 수준에 오르기 위해서는 물질적인 풍요로움은 포기해야 하는 것 같아. 돈과 권력을 누리면서 인격을 완성하는 게 가능하다면 왜 부처님은 왕위를 버리고 출가해서 수행을 하셨을까? 그리고 예수님은 왜 신의 아들로 자신이 가지고 있는 능력을 이용해서 이 세상의 권력과 부귀를 차지하지 않으셨을까?

아이: 그러면 인격의 완성을 이루기 위해서는 무조건 가난해져야 하는 건가요?

부모: 꼭 그럴까? 그럼 가난한 사람들은 다 인격의 완성을 이루니? 어떤 경우는 너무 가난하면 사람들이 범죄를 저지를 가능성이 더 높아지지 않니?

아이: 아, 그렇네요….

부모: 그리고 그 가난도 조금 생각해 보면 여러 종류의 가난이 있을 거야. 옛날 우리나라 지금의 아프리카, 혹은 아시아의 많은 나라처럼 뼈 빠지게 일해도 가난에서 벗어나기 힘든 경우도 있고, 어떤 경우는 게으르거나 능력이 없어서 가난해지기도 하겠지. 그런데 여기 안회나 부처님이 선택한 가난은 뭔가 차원이 다른 것 같아.

아이: 어떤 점이요?

부모: 바로 누릴 수 있는데 누리지 않았다는 것이지. 사실 공자님

도 자기를 알아주는 군주를 만나 자신의 정치 이념을 펼치기 위해 여러 곳을 다녔지만, 능력이 없어서 등용되지 못했다기보다 자신의 원칙을 타협하지 않아서 등용되지 못했단다. 이는 부처님의 경우도 마찬가지 아닐까, 충분히 부와 권력을 누릴 수 있었지만 더 큰 깨달음을 위해 포기하고 나온 것이지. 안회도 마찬가지라고 할 수 있을 것 같아. 여러 가지로 능력은 있었지만, 그 능력을 출세하고 돈 버는 데 쓰지 않았던 것 같아.

아이: 그럼 그렇게 볼 수 있는 증거가 있나요?

부모: 공자의 제자 중에 노나라와 위나라 재상을 지냈고 엄청난 부자였던 자공子貢이란 분은 자기는 하나를 배우면 둘을 알지만, 안회는 하나를 배우면 열을 깨우쳤다고 해. 그리고 공자님도 "등용되면 자신의 뜻을 실천하고 버려지면 은둔해서 자신의 뜻을 감추는 것은 오직 나와 안회만이 할 수 있다"고 하셨다고 하고. 이런 이야기를 종합해 볼 때 안회도 마음만 먹으면 출세도 하고 돈도 벌 수 있었지만, 그는 그보다 더 높은 가치를 추구했고, 그러다 결국 안타깝게도 젊은 나이에 죽어서 뜻을 이루지 못한 거 같아.

아이: 아, 그렇군요. 단순히 가난한 것이 아니라, 어떻게 보면 자발적으로 가난한 삶을 선택해야 하는 거네요. 그럼 우리는 어떻게 살아야 해요? 적당히 부유하고, 적당히 인격적으로 훌륭하면 안 돼요? 우리가 다 성인이 될 필요는 없잖아요.

부모: 그래, 그렇게도 생각할 수 있는데, 역시 현실은 그렇지 않은 것 같아. ==성인을 목표로 해도 군자가 되기 힘들고, 군자를 목표로 해도 소인에 머무르기 쉬운데, 군자와 소인 사이를 목표로 하면 소인이 되거나 그 바닥에 떨어지는 것은 당연하지 않겠니?==

아이: 네, 그럼 할 말이 없네요. 그래도 안회 같은 수준은 너무 부담스러운데요.

부모: 그래, 그게 각자가 자신의 그릇에 맞게 선택해야 할 문제인 것 같아. 하지만 분명한 것은 먹고사는 문제를 해결하고 나서 더 많은 돈과 권력을 추구하면서 인격적으로 훌륭해지기는 쉽지 않을 것 같아. 어느 정도 먹고사는 문제가 해결되었다면, 그다음은 근검절약하면서 최대한 시간을 내어 이런 지혜 공부를 하고, 배운 내용을 실천하는 삶을 살아야 인격적으로 성숙해질 수 있을 것 같아.

아이: 아! 어렵지만 어떻게 해 볼 수도 있지 않을까 싶은데요. 그럼 우리가 이런 공부를 하는 게 굉장히 중요한 거네요?

부모: 그렇지. 그리고 안회처럼 배우는 데 그치는 게 아니라, 그 배운 바를 실천해서 주변 사람들을 편하게 할 수 있다면 인격적으로 성장하는 게 아닐까?

아이: 알겠어요. 저도 우선 안회가 한 것처럼 많이 배우고, 많이 가져도 겸손한 태도를 갖도록 실천해 볼게요.

부모: 그래, 나도 안회 이야기를 하면서 나부터 먼저 가족들에게 그

런 본을 보여야겠다는 생각이 드는구나.

아이: 그런데 전 공자의 제자 이야기가 아주 재미있네요. 좀 더 공부하려면 어떤 책을 봐야 해요?

부모: 사마천이 쓴 『사기』 중에 『중니제자열전仲尼弟子列伝』이라는 책을 한번 봐봐. 요즘 인터넷 자료로도 잘 정리된 것이 많으니 관심 있는 제자들은 하나씩 찾아보면 좋을 것 같아.

아이: 네, 알겠습니다. 저는 아까 말씀하신 자공이 맘에 들어요. 자공에 대해 좀 더 알아봐야겠어요.

성경으로 시작하는 지혜 독서
1. 〈마태복음〉

　성경은 두말할 것 없는 서양 최고의 베스트셀러이다. 그리고 성경을 모르고 서양세계를 이해할 수 없다. 우리는 동양에 살고 있고, 유교와 불교, 도교의 영향을 받으며 지난 2천 년간 한반도에서 살았지만, 지금 우리를 지배하고 있는 대부분의 제도와 사상은 서양 것들이다. 자본주의와 민주주의, 과학 중심의 세계관까지. 종교가 없다고 하더라도, 산업 혁명 이후 세계를 지배하는 서구 사회를 이해하고, 그들의 세계관과 가치관을 이해하려면 성경을—최소한 신약만이라도—한 번은 다 읽어 봐야 할 것이다.

　그리고 만약 기독교 신앙이 있는 가정이라면 성경만큼 좋은 인문학 텍스트가 없다. 구약의 레위기나 예언서같이 어려운 내용도 있지만 기본적으로 성경은 스토리다. 그리고 신약은 쉬운 번역본으로 읽으면 쓰인 지 2000년이 지난 지금도 무슨 뜻인지 바로 알 수 있을 정도로 쉽게 읽힌다. 설령 성경이 어렵다 해도 불교나 유교 경전에 비하면 어렵다고 말할 수 없다.

성경에서 예수님의 비유나 구체적인 사건이 많이 나오는 복음서는 지혜 독서를 하기에 안성맞춤인 텍스트다. 마태, 마가, 누가, 요한 이 네 개 복음서를 차례로 읽거나 복음서 하나를 골라 반복해서 읽으며 지혜 독서를 해 볼 수 있다.

도움이 되는 강연과 책

우선 예수님의 생애나 복음서 내용을 바탕으로 한 영화도 많다. 아래는 유튜브에서 쉽게 찾을 수 있는 예수님의 생애와 관련한 영화로 한글 자막까지 달려 있다.

〈요한복음(The Gospel of John, 2003)〉(한글 자막과 우리말 더빙)
https://www.youtube.com/watch?v=iDk419qulf0
〈예수 영화(Jesus Film, 1979)〉(우리말 더빙)
https://www.youtube.com/watch?v=B4RwDTrSC1k
〈나사렛 예수(Jesus of Nazareth, 1977)〉(한글 자막)
https://www.youtube.com/watch?v=pftX3mQm5nU

또 마태복음을 비롯한 복음서 강해 설교도 유튜브를 통해 쉽게 찾아볼 수 있다. 주로 개신교 자료가 많은데, 자신의 신앙적인 성향에 맞는 자료를 찾아 들으면서 성경에 대해 보다 깊은 이해를 할 수 있다.

다음은 대표적인 강해 설교자인 삼일교회의 송태근 목사의 마태복음 강해 설교 영상이다.

송태근 목사 삼일 교회 마태복음 강해 영상

https://www.youtube.com/watch?v=8lqmyy3jZ-o&list=PL3pUtc33amhSu7CXdYIFNdDv5bVPBF2TB

비종교인도 쉽게 접할 수 있는 대중 강의로는 도올 김용옥 선생의 마가복음 강의도 있다. 하지만 나는 기본적으로 종교 텍스트는 그 종교를 신실하게 믿는 사람에게 우선 배우고, 다른 시각의 가르침은 그 다음에 듣는 것이 더 좋다고 생각한다. 우선은 정통 신앙적인 입장에서 접근하고, 이후에 학문적으로 공부해 보는 것이 좋다.

책으로는 다양한 주석과 해설서를 참조할 수 있다. 자신의 신앙 계통을 따라 좋은 주석서를 참조해 꾸준히 공부하면 성경에 대해 더 깊이 이해할 수 있다.

『마태복음 주석 (상)』
강대훈 저 | 부흥과개혁사 | 2019년

『NICNT 마태복음』
R. T. 프랜스 저/권대영, 황의무 역 | 부흥과개혁사 | 2019년

그리고 아이용으로 〈예수님이 좋아요〉와 같은 QT 잡지를 활용해 볼 수 있다. 1년 구독분 가운데 복음서 부분을 모아 두었다가 사용해도 좋을 것이다.

〈예수님이 좋아요 : 저학년용〉 (격월간)
두란노 편집부 | 두란노 | 2020년
(두란노 정기 구독 센터: https://www.duranno.com/subscribe/)

단, 지혜 독서 콘텐츠로써 만화나 유아어로 심하게 풀어쓴 어린이 성경은 권하지 않는다. 지혜 독서의 기본 개념이 어른과 아이가 같이 보는 텍스트이다. 반복해서 같이 읽고 암송할 만한 내용이어야 한다. 어려운 부분은 부모가 자세히 설명해 주면 된다.

유대인들은 토라나 탈무드를 쉬운 내용으로 풀어쓰는 어린이용 교재를 만들지 않는다. 동화나 그림책도 유대인의 삶이나 실천에 관한 이야기이지 성경 자체를 풀어서 재구성하지 않는다. 우리 조상들의 유교나 불교 경전 공부도 마찬가지였다. 입문 과정에서는 『사자소학』이나 『천자문』 같은 별도의 텍스트를 교육용으로 만들어도 경전 자체를 어린이용으로 만들지는 않았다. 어른과 자녀가 평생 같이 볼 텍스트가 좋은 지혜 독서 텍스트라고 할 수 있다.

지혜 독서 사례

부모: 오늘은 어제에 이어서 계속 마태복음 8장을 읽어 보도록 하자. 오늘은 어디까지 읽어 보고 싶니?

아이: 오늘은 23절까지 하면 안 돼요? 오늘은 빨리 끝내고 뭐 할 게 있어요.

부모: 그래, 그럼 18절에서 23절까지 읽고 키워드 나눔을 한번 해 보자.

(함께 마태복음 8장 18~23절을 읽는다.)

18. 예수님이 주변에 많은 사람들이 모이는 것을 보시고, 호수를 건너 맞은편으로 가라고 하셨다.

19. 그때 한 율법학자가 그에게 와서 말했다. "선생님 저는 선생님이 어디를 가시든 따라가겠습니다."

20. 그러자 예수님께서는, "여우들도 굴이 있고 새들도 둥지가 있지만, 사람의 아들(人子-예수님이 자기를 별명처럼 부르던 말)은 자기 머리 둘 곳도 없구나."라고 말씀하셨다.

21. 다른 제자가 예수님께 말했다. "선생님 저는 먼저 가서 제 아버지를 장사 지내도록 하겠습니다."

22. 그러나 예수님은 그에게 말씀하셨다. "나를 따라라, 그리고 죽은 사람들이 죽은 사람을 장사하게 하라."

23. 그리고 예수님은 배에 오르셨고, 제자들이 뒤를 따랐다.

(1~2분 정도 좋은 구절과 키워드를 고르는 시간을 갖는다.)

아이: 저는 오늘 키워드를 '장사'로 할게요. 여기서 장사가 물건 파는 것이 아니라 죽은 사람 장례를 하고 시신을 매장하는 것을 말하지요?

부모: 그래 '장사하다'라는 말은 '이익을 얻으려고 물건을 사고파는 일'을 뜻하는 순우리말이고 장사葬事는 '죽은 사람을 땅에 묻거나 화장하는 일'을 말하는 한자어지.

아이: '장사'가 순우리말이었어요? 저는 한자어인 줄 알았는데요. 하여간 저는 오늘 성경 읽으면서 뭔가 이상하다고 생각했는데요. 왜 예수님은 아버지가 돌아가셔서 장사를 지내겠다고 하는 제자에게 매몰차게 장례에 가지 말고 자신을 따르라고 했어요? 평소에 예수님은 굉장히 사랑이 많고 인정이 많으신 분으로 알고 있었는데, 여기서는 왠지 다른 분처럼 느껴져요.

부모: 그래, 아주 좋은 질문이구나. 그럼 하나하나 전체 문맥을 보면서 같이 살펴보도록 할까? 우선 오늘 읽은 단락 중에서 이 제자 말고 다른 사람이 예수님께 비슷한 질문을 했더니 예수님이 다른 답을 해주신 이야기도 있었는데, 그게 뭘까?

아이: 아, 앞에서 어떤 율법학자가 자기는 예수님을 따르겠다고 하는데 예수님이 약간 이상한 말로 돌려서 말한 거죠?

부모: 그래, 어떻게 보면 오늘 단락에서는 예수님의 제자 됨에 대

한두 가지 상반된 상황이 나오는 것 같은데, 그 차이가 느껴지니?

아이: 음, 율법학자는 자기가 예수님을 따르겠다고 했는데, 예수님이 확답을 주는 대신 여우는 굴이 있고 새도 둥지가 있는데 예수님은 머리 둘 곳도 없다고 했고, 다른 제자는 먼저 집에 가겠다고 하니까 예수님이 가지 말고 나를 따르라고 한 것 같아요. 어떻게 보면 율법학자는 제자가 되고 싶다고 하는데 예수님이 받아 주지 않은 거고, 다른 제자는 제자가 되기보다 집안일을 먼저 하고 오겠다고 하는데 예수님이 바로 나를 따르라고 한 건가요?

부모: 그런 거 아닐까? 자, 이렇게 생각해 보자. 예수님은 약 3년 정도만 이스라엘 전역을 다니며 가르침을 주셨지. 이 기간을 공생애公生涯라고 하는데, 공적인 삶을 산 기간이라는 뜻이야. 어떻게 보면 3년만 존재하는 예수 대학이 열린 거지. 그런데 어떤 사람은 자격이 안 되는데 입학하고 싶다고 하고, 어떤 사람은 자격은 되지만 자기는 다른 일을 먼저 하고 나중에 입학을 하겠다고 하는 거야. 이런 상황에서 예수님은 각자의 상황에 맞게 다른 답을 주셔야 하지 않았겠니?

아이: 그래도 두 번째 제자는 아예 학교에 안 오겠다고 한 게 아니라 잠깐 학업을 중단하고 아버지 장례를 치르겠다고 한 거잖아요.

부모: 그래, 그래서 여기서 많은 열린 질문을 하고, 상황을 추론해

봐야 할 것 같아. 먼저 네가 처음에 말한 대로 예수님은 다른 부분에서 보면 굉장히 인자하고 사랑이 많은 분 같은데, 왜 여기서는 이렇게 매몰차게 이야기했을까? 지금까지 우리가 읽은 부분에도 예수님의 원래 모습을 보여주는 몇 가지 사례가 있지 않니?

아이: 바로 앞부분에서 제자인 베드로의 장모님 병도 고쳐 주시고, 로마 백부장 하인도 고쳐 주시고 했던 것 같은데요.

부모: 맞아, 베드로의 경우가 좋은 비교 사례가 될 것 같구나. 같은 제자인데 예수님은 베드로에게 자신을 따르고 장모님은 다른 사람에게 맡기라고 하시지 않았지. 베드로 집에 가서 그의 장모님이 아프다는 것을 알았을 때 직접 손을 만져 주시고 병을 고쳐 주셨어. 이런 모습을 보면 평소에 제자들에게 가족보다 예수님을 따르는 삶을 더 살라고 가르치지는 않으셨던 것 같아.

아이: 그럼, 사람에 따라 다른 거네요.

부모: 어떻게 보면 그렇지. 예수님께서는 그 사람 형편에 맞는 맞춤형 답을 주신 것 같고, 어떤 때는 다른 사람들이 보기에 극단적으로 보일 수 있는 답을 내주신 것도 같아.

아이: 그럼 두 번째 제자는 예수님을 따르는 것을 중단하고 집에 갔다 오면 더 이상 예수님을 따르지 않을 사람이었나요?

부모: 글쎄, 어땠을까? 본문에는 그 제자에 대한 더 자세한 설명은 없으니까 이 부분부터는 우리의 추론과 상상력을 동원해 봐

야 할 것 같아. 이 제자는 무언가 의지력이 좀 약하고 예수님을 조금 따라다녀 보니까 여러 가지 힘든 점이 있었던 게 아닐까? 마침 아버지가 돌아가셨다는 소식을 듣고 '아! 이때 제자들 무리에서 빠져나와 집으로 돌아가야겠다'고 생각했을 수도 있었겠지. 그런데 예수님께서는 이런 제자가 안타깝고 아끼는 마음이 있었기 때문에 단호하게 "장례는 친척이나 다른 사람에게 맡기고, 너는 내가 이 땅에 머무는 3년 동안 부지런히 나에게 배워라"라는 의도에서 그렇게 말씀하셨을 수도 있지 않을까?

아이: 음, 그럴 수도 있을 것 같은데요. 그리고 그렇게 보면 왜 죽은 자는 죽은 자들이 장사하게 하라고 했는지도 조금 알 것 같아요.

부모: 그래? 이 부분은 좀 어려운 부분인데, 너는 어떻게 이해했니?

아이: 저도 처음에는 '죽은 자들이 누구지? 제자의 아버지를 장사지낼 가족이나 친척들, 마을 사람들 아닐까? 그런데 왜 그 사람들을 죽은 사람이라고 그러지?'라고 생각했는데, 예수님은 본인이 전하는 천국의 복음을 알지 못하는 사람들은 살아도 산 게 아니고 죽은 거나 마찬가지라고 생각하신 게 아닐까요?

부모: 그래, 그것도 아주 좋은 해석이야. 어떻게 그렇게까지 생각을 했니? '살아도 사는 게 아니다'라는 말은 상당히 어려운 말인데, 너도 살면서 그런 느낌이 든 적 있니?

아이: 저는 아직 그런 적은 없는데, 어른들이 그런 이야기를 자주 하잖아요. 자신을 힘들게 하는 사람이 있으면 '아휴, 내가 살아도 사는 게 아니지…'라고요. ㅎㅎ

부모: 그래 그럴 때가 있지. 그리고 그렇게 사는 게 힘들고 어려울 때 '우리 마음이 가난해진다'라고 하는 것 같아. 앞에 마태복음 5장에서 "마음이 가난한 사람은 복이 있으니, 그들이 천국을 볼 것이요"라는 구절이 있었잖아. 사람은 아무래도 건강하고 성공했을 때보다 아프고 실패했을 때 자기 인생의 의미와 영적인 존재로서의 자기를 생각하게 되는 것 같아.

아이: 아, 그렇군요. 저는 아직 그렇게 힘든 적은 없는 것 같아요.

부모: 그래, 하지만 나도 세상을 살아 보니까 세상이 다 내 마음대로 되는 게 아니고, 살면서 좋은 날보다 힘든 날이 더 많은 것 같더라고. 하여간 오늘 너의 질문의 핵심은 이해할 수 없는 예수님의 말이나 행동을 어떻게 받아 들어야 할까인데, 넌 어떻게 답을 찾은 것 같니?

아이: 네, ==우선 그 사람이 처한 상황과 예수님이 그렇게 말씀하시는 의도가 무엇인지에 대해 좀 더 깊이 생각해 봐야 할 것 같아요.==

부모: 그래, 지금 네가 말한 것을 좀 어려운 말로 표현하면 '겉으로 드러난 모습만 보지 말고 그 안에 있는 본질적인 모습을 봐야 한다'고도 하는데, 예수님은 각각의 사람이 처한 상황에 맞게 최선의 답을 주시려 했던 것 같아. 간혹 어떤 처방이나

대답이 상식을 벗어나는 경우도 있는데, 그럴 때는 예수님이 진짜 말씀하시고자 한 의도가 무엇인지 좀 더 깊이 생각해 봐야 할 것 같아.

아이: 네, 알겠어요.

부모: 오늘은 짧게 하려고 했는데 조금 길어졌네. 어떻게 시간 괜찮니? 오늘 나는 '나를 따르라'라는 키워드로 최근에 읽었던 본회퍼Bonhoeffer라는 독일 목사님에 대해 이야기를 나눠보려고 했는데, 아무래도 내일 해야 할 것 같구나.

아이: 아, 전에 말씀하신 히틀러 암살 작전에 참여했다고 하는 독일 목사님이요?

부모: 그래, 이 부분도 오늘 네가 말한 부분과 연결될 수 있을 것 같아. 사람을 죽이는 것은 나쁜 것인데, 왜 이 목사님은 히틀러 암살 작전을 인정하고 암살단을 후원해 주었을까? 지금도 그렇지 않니? 어떤 때는 교회에 나가서 예배를 드리는 것이 신앙의 표현이지만, 지금처럼 코로나가 터진 상황에서는 교회에 나가지 않고, 집에서 온라인으로나 가족들끼리 예배 보는 것이 신앙의 표현일 수 있지. 똑같은 행위인데 어떤 때는 인정되고, 어떤 때는 인정될 수 없는 것이 있단다.

아이: 그런데 그렇게 매번 어떻게 해야 할지를 생각하면 너무 어려울 것 같아요.

부모: 그래, 모든 일을 그렇게 생각할 수는 없지만, 평소에 그런 연습을 많이 해 두어야 정말 중요한 결정을 내릴 때 올바른 판

단을 할 수 있단다. 그리고 이런 훈련이 되지 않은 상태에서 생각 없이 했던 많은 말과 행동이 이 세상에 얼마나 큰 재앙을 불러왔는지도 우리는 역사를 통해서 많이 봤지 않았니? 히틀러를 무비판적으로 수용하고, 마치 독일을 다시 살릴 구세주처럼 떠받들었던 독일 교회는 국민들을 전쟁터로 내몰고, 수많은 사람을 죽게 했었지. 또 지금도 바이러스가 확산되는데 무조건 같이 모여서 예배를 보는 것만이 하나님의 뜻이라고 생각하는 사람들 때문에 코로나가 좀처럼 사그라지지 않고 많은 사람들이 피해를 받고 있잖아. 그래서 힘들어도 이렇게 깊이 생각하는 훈련을 해 두어야 나중에 정말 중요한 결정을 해야 할 때 올바른 판단을 할 수 있겠지. 마무리하려고 했는데 또 말이 길어졌구나. 그럼 이 부분은 내일 또 이야기 나누도록 하자.

아이: 네, 알겠어요. 감사합니다.

성경으로 시작하는
지혜 독서
2. 〈잠언〉

앞서 말한 대로 성경으로 지혜 독서를 할 때 시작하기 좋은 챕터는 스토리가 있는 복음서다. 구약에서는 창세기가 좋다. 창세기에서 11장 이전까지의 인류 보편사는 좀 어려울 수 있지만, 12장부터 50장까지는 아브라함에서 이삭, 야곱, 요셉으로 이어지는 개인과 가족의 신앙 이야기다. 출애굽기 이후 펼쳐지는 민족의 역사에 비해 단순하다. 또 개별 사건의 구체적인 맥락이나 등장인물의 감정 묘사가 자세하기 때문에 읽는 사람이 쉽게 공감하고 받아들일 수 있다.

그런데 막상 성경으로 지혜 독서를 하는 가정의 피드백을 받아 보니, 초등 저학년이나 고학년 가운데서도 독해력이 부족한 아이들한테 잠언서가 의외로 좋다는 반응이 있었다. 우선 한 문장 단위로 끊어지니까 무슨 말인지 알아듣기 쉽다고 한다. 특히 잠언서 11장에서

15장은 짧은 문장들이 대구법으로 이루어져 있어 많은 생각거리를 주고 암송하기도 좋다.

예를 들어 잠언서 13장 7절―부자인 체하여도 아무것도 없는 사람이 있고, 가난한 척하여도 큰 부를 갖고 있는 사람이 있다―은 부자와 가난한 자가 대구로 되어 있고, 짧으면서도 많은 의미를 함축하면서 생각할 거리를 준다. 바로 격언과 경구가 주는 효과이기도 하다. 그래서 긴 글을 읽기가 부담스럽고, 정말 하루에 한두 줄 읽기부터 시작해야겠다고 하는 가정에게는 잠언을 많이 추천하는 편이다.

그런데 문제는 잠언이 주제별로 되어 있지 않고, 약간 일관성이 떨어진다는 점이다. 지혜와 어리석음, 신에 대한 경외敬畏와 경배, 선과 악, 생명과 죽음, 근면과 게으름, 부와 가난, 겸손과 교만, 성공과 실패 등 여러 주제가 혼재되어 있다.

그래서 이 책의 마지막 장에서는 잠언서 11~15장의 내용 중 몇 가지 같은 주제를 묶고 한 주제를 5~6구절로 정리한 자료를 만들어 보았다. 번역은 〈NIV 영어 성경〉에 기초해서 쉬운 우리말로 해보았다. 초등 저학년부터 시작해 하루에 한 주제나 일주일에 한 주제씩 아이와 같이 읽고, 가장 마음에 다가오는 구절이나 키워드를 갖고 나눔을 해 볼 수 있다.

도움이 되는 책과 강의

온라인 서점이나 기독교 서점에서 잠언에 관한 좋은 책을 많이 구할 수 있다. 또 단행본으로 매일 묵상을 할 수 있는 좋은 교재도 많다.

『팀 켈러, 오늘을 사는 잠언 하나님의 지혜로 인생을 항해하다』
팀 켈러 (티머시 켈러), 캐시 켈러 저/윤종석 역 | 두란노 | 2018년
⇒ 잠언을 매일 묵상할 수 있게 각 구절에 대한 해설과 하루 기도를 정리한 책이다.

『잠언 100일 큐티』
오대희 저 | 생명의말씀사 | 2014년

시중에 어린이용 잠언 필사 교재도 많이 나와 있는데, 지혜 독서를 할 때 독서나 생각 나눔이 숙제 같은 부담이 되어서는 안 되기 때문에 굳이 쓰기까지는 권하지 않는다. 아이가 원한다면 괜찮지만 지혜 독서도 하면서 맞춤법이나 쓰기 공부도 시켜야 하겠다는 두 가지 목표를 갖는 것은 그리 바람직하지 않다. 우선 내용을 잘 이해하고 암송하고 싶다는 마음을 갖는 것만으로 충분하다. 쓰기는 아이의 선택에 맡기는 게 좋다.

유튜브를 통해 잠언에 관한 좋은 강해 설교도 쉽게 구할 수 있으니, 다음 영상을 비롯해 좋은 자료를 통해 도움을 받아 본다.

CBS 성서학당, 김기석 목사의 잠언 강해

https://www.youtube.com/watch?v=IMJW4Bvzwfc&list=PLAiUZEq3wYgjOlIAaW7t8tw0F-EahqoW9&index=1

노우호 목사의 잠언 설교

https://www.youtube.com/watch?v=t4_ga1rN4FI&t=1876s

지혜 독서 사례

부모: 오늘부터는 잠언서에 있는 내용을 한 주제씩 읽어보면서 나눔을 해볼까?

아이: 잠언이 뭐예요?

부모: 잠언은 가르쳐서 경계가 되는 말로, '잠箴'자는 경계, 곧 바늘이라는 뜻인데, 바늘로 콕콕 찌르는 인생의 진리라고도 보면 될 것 같아. 요즘 표현으로 하면 '뼈 때리는 말'같이 인생의 진리나 본질을 꿰뚫는 말이라고 할 수 있지.

아이: 영어로는 'Proverbs'라고 되어 있는데, Proverb는 속담 아니에요?

부모: 우리나라 속담도 이런 경구나 격언 같은 내용이 많잖아. 예를 들어 '가는 말이 고와야 오는 말이 곱다.' 이런 속담은 인생의 진리나 격언적인 성격이 있으니까. 히브리어 원어로는 미쉴레משלי, Mishlê라고 하는데, 원래 영어권의 속담보다는 더

넓은 뜻이라고 해. 이 단어가 그리스어나 라틴어로 속담이라고 말로 번역되어서 영어로 Proverbs라고 번역이 된 건데, 우리말로는 속담보다는 격언, 경구, 지혜의 말이라고 번역하는 게 더 나을 것 같아.

아이: 성경을 보니까 전체가 31장인데 앞으로 어떻게 읽어요?

부모: 우선은 11장에서 15장까지의 내용이 대구법으로 되어 있어서 낭독하기도 쉽고, 이해하기도 쉬우니까 우선 이 부분을 반복해서 여러 번 읽어 보고, 어느 정도 익숙해지면 잠언 1장부터 전체를 읽어 보는 식으로 해 보자.

아이: 그럼 오늘은 어디를 읽어요?

부모: 오늘은 이 책 마지막 장에 있는 10가지 주제 중 첫 번째 주제를 읽어 보자.

(함께 첫 번째 주제를 소리 내어 읽는다.)

진정한 부와 돈에 대한 올바른 태도

◎ 부자인 체하여도 아무것도 없는 사람이 있고, 가난한 척하여도 큰 부를 갖고 있는 사람이 있다. (13:7)

◎ 의로운 사람의 집은 많은 재물을 담을 수 있어도, 악한 자들의 소득은 그들에게 골칫거리를 가져다준다. (15:6)

◎ 하늘을 두려워하고 적게 갖는 것이 많은 번뇌 가운데 큰 부를 갖

고 있는 것보다 낫다.(15:16)

◎ 채소만 먹을지라도 사랑이 있는 곳이 고기를 먹더라도 미움이 가득한 곳보다 낫다. (15:17)

◎ 재산은 심판의 날에 무의미하지만, 의로움은 죽음에서 건져준다. (11:4)

◎ 대단해 보이지 않아도 사람을 부려 사업을 하는 사람이 대단한 것처럼 보여도 생계를 유지하지 못하는 사람보다 낫다. (12:9)

◎ 가난한 사람들은 이웃들에게 미움을 받게 되나, 부자는 친구가 많다. (14:20)

부모: 제일 마음에 다가온 구절과 키워드를 하나씩 정해 볼까?
　　 (한 구절을 노트에 적고, 키워드를 고를 시간을 갖는다.)
아이: 저는 "가난한 사람들은 이웃들에게 미움을 받게 되나, 부자는 친구가 많다"요. 키워드는 '부자'로 할게요.
부모: 왜 이 구절을 골랐지?
아이: 이 말이 진짜 맞는 것 같아서요. 집안이 부자인 아이들은 집에 친구들을 초대해서 게임도 같이하고 먹을 것도 잘 사주고 해서, 그래서 주변에 친구가 많은 것 같아요.
부모: 그럼 가난한 친구들은 다른 사람들에게 미움을 받니?
아이: 음, 미움을 받지는 않는데, 친구들이 별로 없는 것 같아요.
부모: 왜? 친구들이 잘 안 놀아주니?
아이: 아니요. 왠지 모르게 가난하면 자신감이 없는 것 같아요. 가

난한 아이는 친구들 사이에서 인기도 없고, 적극적으로 나서지도 못하는 것 같아요.

부모: 그럼 집이 부자인 아이들은 그렇게 하니?

아이: 꼭 그런 것은 아니지만, 왠지 모르게 자신감이 있는 것 같아요.

부모: 아, 그렇구나. 가정 형편이 아이들의 자신감과도 연관이 있구나. 그런데 아빠는 어렸을 때 굉장히 어렵게 살았는데, 그렇게 자신감이 없지는 않았거든?

아이: 왜요?

부모: 글쎄…. 왜 그럴까 생각해 봤는데, 전에 이요셉 소장님이 진행하는 〈머니패턴〉이라는 심리 상담 프로그램에 참가하면서 약간 힌트를 얻을 수 있었지.

아이: 그게 뭔데요?

부모: 그 프로그램에서 '돈이 없으면 _____ 한다'라는 빈칸 채우기 문제가 있었어. 나는 '돈이 없으면 조금 불편하다'라고 썼는데, 다른 분은 '돈이 없으면 다른 사람이 나를 무시한다'라고 적으셨더라고. 그러면서 어릴 적 학교 다닐 때 돈이 없어서 학교 선생님이나 친구들에게 무시당했던 경험을 말씀하시더라고. 그래서 나도 어릴 때 집이 가난했는데 왜 나는 그런 생각이 안 들었을까 생각을 해 봤지.

아이: 그래서요?

부모: 글쎄, 좀 자랑 같아서 쑥스럽지만, '나는 공부를 잘하기 때문

에 돈이 없어도 다른 사람이 나를 무시하지 않는다'라는 생각을 했던 것 같아. 아빠 때는 초등학교 때도 시험을 쳤고, 매번 등수를 내어 등수가 적힌 성적표를 집에 가져가서 부모님 도장을 받아오게 했단다. 그래서 내가 반에서 몇 등인지 잘 알고 있었는데, 그러면서 선생님이나 아이들이 다 나를 인정해 준다고 생각했던 것 같아.

아이: 그랬군요.

부모: 그리고 이후에도 공부만 열심히 하면 장학금을 받을 기회도 많았고, 대학에 가서도 과외 지도를 하면서 필요한 용돈도 직접 마련하곤 했기 때문에 돈 걱정을 별로 해 보지 않았던 것 같아. 그러다가 막상 대학원에 가고, 유학 갈 생각을 해 보니까 우리 집이 그 정도 형편이 아니라는 것을 깨닫고, 나도 부지런히 돈 벌어야 한다고 생각하게 되었지. 그리고 아빠가 군대를 마치고 IMF 구제금융 여파로 취직도 안 되어서, 아주 힘들게 사회생활을 시작하면서 돈의 중요성을 더욱 깨닫게 되었어.

아이: 저도 지금은 우리 집이 돈이 없어서 다른 사람이 나를 무시한다고 생각하지는 않아요.

부모: 그거야 우선 우리 집이 그래도 먹고사는 문제는 해결됐고 돈 걱정을 크게 하지 않고 사니까 그렇지 않을까?

아이: 그런데 엄마, 아빠는 제가 뭐 필요하다고 하면 바로 안 사주시고, 꼭 필요한지 생각해 보고, 정말 사고 싶으면 제가 어느

정도 돈을 모으면 사 주시겠다고 하잖아요.

부모: 그건 네가 돈에 대한 올바른 개념을 갖고, 앞으로 경제적으로 독립할 수 있도록 도우려고 하는 거지. 그런데 사실 이런 게 좋은 거야. 정말 없어서 못 먹고 못 사는 가난은 비참한 것이지만, 있는데도 쓰지 않고 절약하면서 사는 것은 정말 감사한 거지. 그리고 이렇게 절약한 돈을 좋은 곳으로 보내서 투자를 하면, 돈이 돈을 데리고 온단다.

아이: 그래요? 그런데 돈을 많이 벌려면 어떻게 해야 해요?

부모: 너는 어떻게 해야 한다고 생각하니?

아이: 장사를 해야 하는 것 같아요. 대부분 돈 많은 사람들은 장사하는 사람들이잖아요. 큰 식당을 운영하거나, 인터넷으로 물건을 팔거나… 사실 대기업도 다 장사하는 사람들 아니에요?

부모: 그렇지. 그런데 장사한다고 다 돈을 버는 건 아닌 것 같아. 장사하다 망하는 사람도 굉장히 많지. 전에 작은 아버지께서 식당을 하셨는데, 3년 만에 빚만 안고 그만두셨어. 건물 임대료에 종업원 인건비에 들어가는 비용이 하나둘이 아니란다.

아이: 그러면 장사를 하려고 해도 그런 걸 다 공부를 해야 해요?

부모: 이론적으로 공부할 수도 있고, 몸으로 직접 부딪치면서 공부할 수도 있지. 아빠가 아는 한 아저씨는 서울, 수도권에서 식당을 4개 운영하는데, 학교 다닐 때 성적은 거의 꼴찌였다고 하시더라고. 사회에 나와서 식당 아르바이트부터 시작해서 서빙하고, 주방일 배우고, 가게 운영하는 법까지 배워서 지

금은 아주 잘하고 계시지.

아이: 그러면 학교 공부보다 바로 사회에 나와서 몸으로 부딪치며 배우는 게 제일 좋겠네요?

부모: 그래, 그럴 수도 있는데, 또 몸으로 배운다고 다 돈 버는 것은 아니고, 하여간 돈을 버는데도 어느 정도 운이 따라 줘야 하는 것 같아.

아이: 그럼 돈 버는 운이 없으면 돈을 잘 못 버는 거예요?

부모: 요즘 많이 드는 생각은 사람이 다 자기의 그릇을 가지고 태어나는 것 같아. 돈을 많이 벌 수 있는 그릇이 있는 사람이 있고, 그렇지 못한 사람들이 있고…. 그런데 그렇다고 돈을 버는 그릇이 크지 않은 사람은 다 불행할까? 그리고 돈이 많으면 다 행복할까?

아이: 돈이 많으면 행복하지 않아요?

부모: 그럼 우리나라에서 돈 많은 사업가들은 다 행복할까? 어떤 분이 조사해 보니 우리나라 재벌들의 평균 수명이 평범한 사람들의 수명에 미치지 못한다고 하더라고. 돈이 많은 대신 그만큼 많은 스트레스 받는 거고, ==본인이 감당할 만큼의 돈을 번 사람은 돈의 노예가 되지 않고 돈을 부리며 살 수 있는 거 같아.==

아이: 그러면 돈 버는 그릇이 작은 사람은 어떻게 해야 해요?

부모: 근검절약하면서 분수에 맞게 사는 거지. 아빠는 이런 비유를 자주 이야기하는데, 수입차를 타고 다니면서도 맨날 싸우는

가정에서 살 수도 있고, 경차를 타고 다니면서도 화목한 가정을 이루면서 여유롭고 행복하게 살 수도 있다고. 오늘 읽은 구절에서도 이런 부분이 나오지 않았니?

아이: 아! "채소만 먹을지라도 사랑이 있는 곳이 고기를 먹더라도 미움이 가득한 곳보다 낫다"는 말이요?

부모: 그래, 바로 그 구절이야. 물론 채소조차 먹을 수 없는 아주 가난한 상황은 문제지. 그런 극한 가난을 벗어나기 위해서는 어떻게든 열심히 일하고 돈을 모아서 가족들을 부양해야 하니까. 하지만 어느 정도 먹고사는 문제가 해결된다면, 앞으로 어느 정도의 부를 이루고 얼마나 일을 해서 돈을 더 벌지에 대한 자신의 그릇과 분수를 알아야 하는 것 같아. 종종 그 분수를 모르고 너무 과로해서 일하거나, 무리하게 욕심부려 투자하다가 망하거나 건강을 잃고, 가족 간의 사이도 안 좋아지는 경우가 많은 것 같아.

아이: 그럼 자기 돈 그릇은 어떻게 알 수 있어요?

부모: 그건, 네가 사회에 나와서 한번 돈을 벌어 보면서 점점 깨닫게 될 거야. 아빠도 보면 돈 버는 그릇이 그리 크지 않은 것 같았는데, 30대에 운 좋게 일이 잘 풀려서 수년간 몇 억을 벌었단다. 그런데 또 그 많은 돈이 순식간에 사라지기도 하고. 그러면서 아, '내 그릇은 이 정도 되는구나'라는 감이 오더라고….

아이: 그럼 저도 빨리 커봐야 알겠네요. 하여간 지금 어려서의 돈

복은 있는 것 같아요. 지금 돈이 없어서 걱정하거나 힘든 적은 없었으니까요.

부모: 그건 돈복보다 부모 잘 만난 복이 아닐까?

아이: 아, 그런가요?

부모: 한번 잘 생각해 보렴. 하여튼 나도 너 때문에 지금까지 큰돈이 들어가지는 않았으니까 자식 복은 있는 것 같아. 오늘 아빠는 "부자인 체하여도 아무것도 없는 사람이 있고, 가난한 척하여도 큰 부를 갖고 있는 사람이 있다"에 대해서 나눠 보려고 했는데, 오늘 벌써 시간이 이렇게 돼서 이 이야기는 다음에 하도록 하자.

아이: 아빠 주위에 그런 사람이 있어요?

부모: 그럼. 그리고 살다 보니까 '진짜 이 말씀이 맞구나'라는 생각이 여러 번 들더라고. 정말 20대 때와 30, 40대 때 생각이 달라지는데, 시간이 지날수록 이런 지혜의 말씀이 정말 맞구나라는 생각이 많이 들어.

아이: 궁금한데 오늘 바로 이야기해주면 안 돼요?

부모: 그래, 그런데 오늘은 아빠가 해야 할 일이 있어서. 그럼 내일 아침에 밥 먹으면서 조금이라도 이야기해줄게. 오늘은 이만하고, 너도 잘 준비하렴.

아이: 네, 알았어요. 그럼 내일 꼭 이야기해주세요.

불경으로 시작하는
지혜 독서
1. 『반야심경』

　불교는 인간과 우주의 본질에 대한 깊은 가르침을 전하고 있지만, 어린이가 받아들이기에는 어려울 수 있다. 그래도 아이와 같이 공부한다는 마음으로 조금씩 같은 내용을 가지고 지혜 독서를 시작해 볼 수 있다. 대승불교의 대표적인 경전인 『반야심경般若心經』은 『반야경』의 핵심을 요약한 신앙 고백문이라고도 할 수 있다. 많은 전문가들이 『반야경』이나 『금강경』의 내용을 이해한 다음에 『반야심경』을 읽으면 이해하기가 더 쉽다고도 한다. 하지만 아무래도 길이에 대한 부담이 있으므로 『반야심경』부터 시작하는 게 한 가지 방법일 수 있다. 우선 좋은 강의를 듣고 『반야심경』을 자주 읽고 나서 그 의미를 하나하나 생각해 봄으로써 지혜 독서를 시작해 볼 수 있다.

불교가 어려운 이유

불교는 기원전 6세기경 인도 동북부에서 부처님이 전한 가르침을 토대로 만들어져 중국을 거쳐 우리나라에 들어왔다. 구전으로 전승되던 경전이 문자로 기록된 것은 기원 전후인데, 원래 인도어로 된 경전이 한문으로 번역되었고, 시대적·문화적 차이까지 더해져 일반인이 접근하기 쉽지 않게 되었다. 원래 부처님은 대중들을 대상으로 쉬운 일상의 언어로 깨달음을 전했지만, 이후 출가한 스님들을 중심으로 불교의 경전이 편찬되면서 철학적이고 종교적인 부분이 경전의 중심이 되었다고 한다.

예를 들어 『반야심경』의 경우 전반부의 한문 원문은 다음과 같다.

観自在菩薩 行深般若波羅蜜多時 照見 五蘊皆空 度 一切苦厄
(관자재보살 행심반야바라밀다시 조견 오온개공 도 일체고액)
舍利子 色不異空 空不異色 色即是空 空即是色 受想行識 亦復如是
(사리자 색불이공 공불이색 색즉시공 공즉시색 수상행식 역부여시)

당시 한문을 주된 언어로 사용하던 동아시아의 고대 엘리트들은 이 내용을 쉽게 알아들을 수 있었으나, 고대 일반 대중이나 지금의 대다수 사람에게는 너무 어려운 내용이다. 한글 번역본을 보아도 쉽지 않은 것은 마찬가지이다. 아래는 조계종의 공식 한글 번역본이다.

관자재보살이 깊은 반야 바라밀다를 행할 때, 오온五蘊이 공한 것을 비추어 보고 온갖 고통을 건너느니라.

사리자여! 색이 공과 다르지 않고, 공이 색과 다르지 않으며, 색이 곧 공이고 공이 곧 색이니, 감각, 생각, 행동, 의식도 그러하니라.

한글로 봐도 역시 쉽지 않다. 그런데 오히려 영문으로 번역된 글을 보면, 불교에 대한 이해가 없어도 이해하기 쉬운 면이 있다.

『반야심경』을 영어로 하면 Heart of Wisdom Suntra(지혜의 핵심 경전)이다. 인도 원어는 쁘라갸빠라미따 흐리다야 수뜨라Prajñāpāramitā Hṛdaya Sutra인데 '쁘라갸'는 지혜이고, '빠라미따'는 궁극의 상태(ultimate status, 바라밀波羅蜜) '흐리다야'는 마음, 정수精髓, 핵심이며, '수뜨라'는 경전 혹은 경구집이라는 뜻이다.

『반야심경』의 영어 번역본은 다음과 같다.

"Avalokita, the Holy Lord and Bodhisattva, was moving in the deep course of the Wisdom which has gone beyond.

He looked down from on high, He beheld but five heaps, and He saw that in their own-being they were empty.

Here, O Sariputra, form is emptiness and the very emptiness is form ;

emptiness does not differ from form, form does not differ from emptiness, whatever is emptiness, that is form, the same is true of feelings, perceptions, impulses, and consciousness."

"거룩한 주시고 보히사트바(보살)이신 아발로키타(관자재)께서 초월한 세상에서 지혜의 깊은 곳에서 움직이고 계셨다. 그는 높은 곳에서 내려 보시고, 다섯 무더기를 보셨으며 그 실체가 공허임을 보셨다.

사리푸트라(사리불)여 들어라. 형태는 빈 것이고, 완전히 빈 것이 형태다. 빈 것은 형태와 다르지 않고, 형태는 빈 것과 다르지 않다. 비어있는 모든 것이 형태다. 감정과 인식, 자극과 의식도 그러하다."

다섯 가지 무더기 혹은 다섯 쌓음으로 번역된 오온五蘊은 나와 세상을 구성하는 다섯 가지를 말하는 것으로, 한문으로는 색色, 수受, 상想, 행行, 식識으로 번역되고, 영어로 번역하면 형태, 감정, 의지, 인식, 의식(form (rūpa), feeling (vedanā), volitions (saṅkhāra), perceptions (saṃjñā), and consciousness (vijñāna))이다.

쉬운 우리말로 설명하면, 우리가 실체로 인식하는 사물의 형태나 인간의 감정, 의지, 인식, 의식은 고정된 실체가 있는 것이 아니다. 모든 것이 변하는 것이고, 모든 것이 서로 의존하고 있다. 그러므로 이런 변하는 세계에 집착하지 말고, 이 세계를 넘어서야 모든 고통에서 벗어날 수 있다는 메시지다.

도움이 되는 책과 강의

　이렇게 다소 어려워 보이는 불경이지만, 방법을 찾으면 좋은 지혜 독서의 텍스트가 될 수 있다. 우선 불경 원전을 기본으로 현대적인 의미와 해석을 가미한 여러 책이 있는데, 대표적으로 법상 스님의 『부처님 말씀과 마음공부』, 『반야심경과 마음공부』, 『불교경전과 마음공부』, 『365일 눈부신 하루를 시작하는 한마디』, 『마음공부 이야기』와 같은 책이 있다. 하루 한 장씩 같이 읽고 좋은 구절은 암송한다는 마음으로 시작해 보기에 딱 좋은 책들이다.

　좀 더 쉽게 접근하려면 혜민 스님의 『멈추면 비로소 보이는 것들』과 같은 에세이를 봐도 좋다. 그리고 이와 비슷한 에세이로 전 세계적으로 유명한 저자는 티베트의 달라이 라마와 베트남 출신의 틱낫한 스님 등이 있다. 한국에는 달라이 라마의 『달라이 라마의 행복』, 『10대를 위한 인생수업 달라이 라마에게 묻다』, 틱낫한 스님의 『화해』, 『틱낫한 명상』 같은 책이 번역되어 있다. 이런 책을 인터넷 서점이나 대형 서점에서 훑어본 다음에 쉽게 읽을 수 있는 책부터 시작해 볼 수도 있다. 하지만 '계속 반복해서 읽고, 낭독하고 암송할 만한 가치 있는 글'이라는 지혜 독서 텍스트 선정 기준으로 보면 아무래도 원 경전에 가까운 책이 더 좋기는 하다. 이를 대표할 수 있는 서적은 다음과 같다.

『반야심경과 마음공부』

법상 저 | 무한 | 2017년

『반야심경과 선 공부』

법상 저 | 무한 | 2017년

『반야심경 이야기』

법륜 저 | 정토출판 | 1995년

『스무살, 반야심경에 미치다』

김용옥 저 | 통나무 | 2019년

그리고 강의로는 법륜 스님이나 법상 스님의 반야심경 강의를 추천한다. 두 분 모두 많은 대중 강의를 통해 강의력이 검증된 분들로, 현대인들이 알아듣기 쉬운 언어로 어려운 불교의 가르침을 잘 전달해 주고 있고, 유튜브에서 쉽게 강의를 찾아볼 수 있다. 이외에도 다른 많은 스님이나 학자들의 강의도 있으니, 몇 개 영상을 듣고 본인과 제일 호흡이 맞는 스승의 강의를 들어보면 좋겠다.

법륜 스님 반야심경 강의

https://www.youtube.com/watch?v=FZp6muJoy_U&list=PL9O_DAnSPnfo6ZJBfiwdHjCN9ZzYtk34l

법상 스님 반야심경 강의

https://www.youtube.com/watch?v=nmjqfNLsqsw&list=PLso1uGCkpGUnIqOt6bb3o7mvX3ckv8fCg&index=32

지혜 독서 사례

부모: 오늘부터 『반야심경』을 같이 읽으면서 이해되는 부분을 중심으로 생각 나눔 해볼까? 『반야심경』이라고 들어본 적 있니?

아이: 네, 절에 가서 스님들이 독송하는 건 많이 들어 봤어요. 뭔가 경건하고 신비한 느낌은 나는데 무슨 이야기인지 하나도 못 알아듣겠던데요?

부모: 그렇지. 그래서 요즘은 한글 번역본으로 낭독하는 것도 있는데, 한번 유튜브에서 화암 스님 한글 독송본을 찾아 들어볼까?

(유튜브에서 한글 독송본을 함께 찾아 들어본다.)

부모: 어때? 이제 좀 알아듣겠지?

아이: 네, 한자로 된 것보다는 훨씬 쉽고 무슨 말인지 알아듣겠네요.

부모: 그리고 자료를 찾다 보니까 산스크리트어와 영어, 중국어, 일본어 번역본에다가 최근엔 힙합 버전으로 나오기까지 여러 종류가 있더라고. 우선 원어라고 할 수 있는 산스크리트어 버전을 한번 들어보자.

(유튜브에서 산스크리트어 『반야심경』을 들어본다. https://www.youtube.com/watch?v=QUzzivYjvRA)

부모: 어떠니?

아이: 아, 이 버전은 아이들 목소리로 동요처럼 불러서 그런지 훨

씬 편하게 들려요. 사실 목탁치고 독송하는 소리를 들으면 경건한 느낌은 있는데, 약간 무서운 느낌도 들었거든요.

부모: 바로 이런 부분이 불교 공부를 하는 데 큰 걸림이 되는 것 같아. 원래 부처님께서 깨닫고 나신 후에 일반 대중들에게 가르침을 전하셨을 때는 누구나 다 알아들을 수 있는 쉬운 말을 쓰셨을 거야. 그런데 이후에 제자들과 학자들이 구전되던 부처님 말씀을 기록하는 과정에서 내용이 복잡해졌고, 또 우리가 중국을 통해서 불교를 접하다 보니 한문으로 번역되는 과정에서 오역이 생겼기도 하고 더 어려워졌지. 여기에 여러 가지 주술적 성격과 종교적인 의식이 덧붙여지면서 여러 가지 왜곡이 생겨난 것 같아.

아이: 그런데 그런 어려운 내용을 제가 공부할 수 있을까요?

부모: 그래서 나도 공부해 가면서 같이 배워보려고 하는 거야. 우리가 이걸 공부해서 무슨 시험을 치르거나 돈을 벌려고 하는 건 아니니까, 그저 편안한 마음으로 우리는 왜 살고, 어떻게 살아야 하는지에 대해 생각해 보고 같이 답을 찾아보면 좋을 것 같아. 나는 나의 이야기를, 너는 네가 이해하고 받아들이고, 적용할 수 있는 것을 나눠 보면서 같이 한번 성장해 보려고 하는 거지.

아이: 알았어요. 그럼 어떻게 해요?

부모: 우선 오늘은 앞부분만 같이 한번 읽어 보고, 생각 나눔을 해보자. 아래 한문과 한글 해석 부분을 소리 내서 읽어 볼까?

觀自在菩薩 行深般若波羅蜜多時 照見 五蘊皆空 度 一切苦厄
(관자재보살 행심반야바라밀다시 조견 오온개공 도 일체고액)
舍利子 色不異空 空不異色 色卽是空 空卽是色 受想行識 亦復如是
(사리자 색불이공 공불이색 색즉시공 공즉시색 수상행식 역부여시)

관자재보살이 깊은 반야바라밀다를 행할 때, 오온五蘊이 공한 것을 비추어 보고 온갖 고통을 건너느니라.
사리자여! 색이 공과 다르지 않고, 공이 색과 다르지 않으며, 색이 곧 공이고 공이 곧 색이니, 감각, 생각, 행동, 의식도 그러하니라.

아이: 이 내용을 암송해야 해요?
부모: 계속 읽으면서 의미를 생각해 보고, 암송해보는 것도 좋아. 나는 우선 한글부터 암송 도전해 보고, 능력이 되면 한문이랑 산스크리트어 암송도 도전해 보려고 해.

관재자보살은 누구인가?

아이: 그런데 관자재보살이 누구예요? 관세음보살 아니에요?
부모: 아빠도 자료를 찾아봤는데, 관자재보살은 관세음보살觀世音菩薩의 다른 이름이라고 하네. '관자재'나 '관세음'은 산스크리

트어 아발로키테스바라*अवलोकितेश्व,र, avalokiteśvara*를 한자로 의역한 것인데 아발로키테스바라는 '모든 것을 내려다보는 분'이라는 뜻이래. 그래서 영어 번역본에는 "위에서 내려보셨다 look down from on high"라는 해석이 있더라고. 너는 관세음보살을 어떻게 알고 있니?

아이: 보통 '나무아미타불 관세음보살'이라고 하지 않나요? 전에 한 번 설명 들은 것 같은데 아미타불은 극락세계에 계신 부처님이고, 관세음보살은 이 시대의 중생을 구제하는 보살님이라고 들은 기억이 나요. 그리고 나무南無는 '의지하다'라는 인도말에서 왔는데, 남무라고 읽으면 안 된다고 들은 것 같아요.

부모: 그래, 아주 잘 알고 있구나.

아이: 그런데 전부터 궁금했는데, 부처님과 보살님은 어떻게 달라요?

부모: 음, 네가 생각하기에는 어떻게 다른 것 같니?

아이: 부처님은 깨달음을 얻고 열반 하신 분이고, 보살님은 깨달음을 얻기 위해 수행하는 사람들 아닌가요?

부모: 거의 정확해. 어떤 자료에는 부처님은 깨달음을 얻은 신적인 존재이고, 보살은 부처님의 경지에 이르렀지만 사람들과 함께하는 수행자라고 정의하더구나. 불교 역사에 관한 책을 보니까 보살은 나중에 개인적인 깨달음보다 중생의 구제를 강조하는 대승불교적인 전통이 생기면서 생긴 개념이라고 해. 그리고 절에 가서 보면 부처님과 보살님이 확연히 다른 모

습으로 형상화되어 있지. 부처님은 보통 남성으로 곱슬머리를 하고 가부좌를 틀고 앉아 있는 모습이고, 보살님은 주로 남성이지만 어떤 때는 여성적 이미지로 묘사되고, 또 머리에 관을 쓰고 서 있는 모습으로 많이 형상화되어 있지.

그리고 보살의 원래 인도 산스크리트어인 '보디사트바 बोधिसत्त्व, ब, bodhisattva'를 음에 따라 번역한 것인데, '보디bodhi'는 '깨닫다'라는 뜻이고, '사트바sattva'는 존재라는 뜻이라고 해. 한마디로 하면 '깨달은 존재' 혹은 '깨달은 분'이라고 할 수 있지. 또 보살의 원래 한문 번역은 보리살타菩提薩埵인데 보통 보살이라고 줄여서 부르지.

아이: 그런데 왜 절에 가면 일반 신도들도 보살님이라고 불러요? 절에 다니는 모든 사람들이 이미 다 깨달은 사람이에요?

부모: 아주 중요한 질문이야. 원래 불교에서 처음 깨달은 분은 석가모니 부처님 한 분이었고, 이후에 부처님처럼 출가해서 수행을 해야만 부처가 될 수 있다고 생각했는데, 기원 전후에 출가하지 않아도 모든 사람이 부처가 될 수 있다는 사상이 생기면서 일반 사람들을 보살로 부르게 된 거지.

아이: 그럼 마치 나는 아직 하버드대학에 가지 못 했어도, 그곳에 가야겠다고 마음만 먹으면 예비 하버드 생으로 불러준다는 건가요?

부모: 참 기막힌 비유구나. 그래, 내가 깨달음을 얻겠다고 마음먹고 수행을 시작하면 예비 보살이 된 것으로 보고, 예비 '자学'를

빼고 보살로 불러주는 거지.

왜 불상과 보살상을 섬기는가?

아이: 그렇군요. 그리고 또 궁금한 게 있는데요. 불교에는 왜 이렇게 불상이나 보살상 같은 형상이 많아요? 교회 다니는 친구들은 그거 다 사람이 만든 거고, 거기에 우상 숭배하면 안 된다고 그러던데요.

부모: 그럼 교회에는 사람의 형상으로 만들어진 조형물이 없니?

아이: 참, 그러고 보니 성당에는 성모 마리아상이 있고, 십자가에 못 박힌 예수님상이 있네요. 그리고 교회에 다니는 친구들도 수련회 때 예수님 모습이 그려진 티셔츠를 입는 것 같아요.

부모: 그렇지. 사실 이렇게 부처님상을 만드는 전통은 그리스 문화에서 유래된 거란다. 불교가 생겨나고 처음 500년 동안에는 불상이 없었다고 해. 기원전 4세기 알렉산더 대왕이 이집트와 중동, 페르시아, 인도까지 진출하면서 그리스 문화를 전 세계에 전파하고 고유의 토착 문화와 결합하려는 시도를 했지. 잘 알겠지만 원래 그리스에는 제우스, 아테네처럼 인간과 비슷하게 행동하는 신들의 신상을 만들어서 숭배하는 전통이 있었지. 이런 전통이 불교를 믿고 있던 지역에 퍼지면서 불상이 만들어지게 된 거야. 부처님께서 입적하시고 500

년간은 주로 부처님의 가르침에 조점을 두었고, 눈에 보이는 숭배의 대상은 부처님의 유적지(깨달음을 얻은 곳, 입적하신 곳)나 사리를 모신 사리탑 정도였지. 그런데 이런 유적지나 사리탑이 없는 곳을 중심으로 부처님상을 만들어서 자신들의 신앙의 정통성을 주장하고 싶은 욕구와 그리스 문화의 영향력이 결합해서 불상이 만들어지고, 이후에 이런 문화가 보편화된 것이라고 볼 수 있어.

아이: 그럼 기독교에서 여러 가지 조형물을 만든 것도 다 그리스 문화의 영향으로 봐야 하나요?

부모: 그렇게 볼 수 있지 않을까? 기독교의 뿌리라고 할 수 있는 유대교에서는 우상 숭배를 철저히 금지했어. 유대인들이 살았던 이집트나 가나안 땅이라고 하는 지금의 팔레스타인 지역은 원래 다신교적 전통이 강한 곳이었단다. 지역마다 사람들이 숭배하는 신들이 있었지. 그리고 그 신의 신상을 만들고, 전쟁에서 이기면 상대의 신상을 파괴하고, 자신들의 신상을 세우곤 했지. 그리고 유대인들도 유일신뿐 아니라 바알Baal과 아세라Asherah라고 하는 가나안 토속신의 우상을 만들어 같이 섬기곤 했어. 그러다 유대인들은 기원전 586년에 바벨론에 의해 완전히 망했고, 70년간 바벨론 포로 생활을 하고 난 후 유일신만을 섬기자는 사람들이 사회의 주류가 되면서, 유일신 숭배 전통이 확고히 자리를 잡은 것이지. 이후 유대인들은 신의 형상을 만드는데 극히 민감하게 되고, 이러한

전통은 이후 이슬람교에도 큰 영향을 미치지.

아이: 아, 그렇구나, 그런데 기독교에는 형상이 왜 그렇게 많아요?

부모: 유대교에서 갈라져 나온 초기 기독교에서도 이런 형상에 대해 금기시하는 전통이 있었던 것 같은데, 313년에 기독교가 로마 제국에서 공인되면서 예수님, 마리아, 성인, 천사들에 대한 교회 장식이나 그림들이 만들어지기 시작했다고 해. 그리고 점점 이런 조각이나 그림이 숭배의 대상이 되고, 여기에 기도하면 병이 낫고 복을 받는다는 믿음이 더해지면서 점점 심각한 문제가 되었지.

아이: 그래서 예수님상, 성모마리아상 등이 만들어진 거군요. 그런데 개신교에서 십자가는 교회에 거는데 왜 예수님상, 성모마리아상은 안 만드는 거예요?

부모: 그건 16세기 유럽에서 로마 가톨릭교회에 반대하는 종교개혁 운동이 시작되면서 종교개혁자들이 성상을 우상으로 여기고, 성상을 교회 내에서 받아들이지 않게 되어 그런 거라고 볼 수 있지. 그리고 그 이전인 8세기에도 레온 3세라는 로마 황제가 미신화되는 기독교 신앙을 막고 교회와 수도원의 영향력을 줄이기 위해 성상 파괴령을 내리기도 했다고 해. 그런데 이 과정에서 재미있는 주장이 하나 나오는데, 로마 황제가 성상 파괴령을 내리자 반대파인 다마스쿠스Damascenus의 요하네스Johannes, 675-749가 "예수님이 오기 전에는 신을 묘사할 수 없었는데 예수님이 오심으로 신이 육신의 모습으로

보여졌기 때문에 눈에 보이는 신으로 예수님을 묘사할 수 있다"는 논리를 펼치면서 예수님상이나 종교 그림을 그리는 것이 우상 숭배가 아니라고 했다고 하네. 재미있는 논리 아니니? 하여간 이런 주장이 힘을 얻었는지 유럽 기독교에서는 16세기 종교개혁 때까지 성상의 제작과 숭배가 계속 이어졌던 것 같아.

아이: 그런데 사람들은 왜 어떤 이미지를 만들고, 그것을 숭배하고 싶어 할까요?

부모: 글쎄, 불경에서도 "나는 이렇게 들었다如是我聞"로 시작하는 대목이 많고, 유대교의 쉐마Shema라고 하는 중요한 기도 문구도 "들으라, 이스라엘"로 시작하는 것처럼 고대 종교는 기본적으로 들음과 암송이 중심이 되는데, 왜 사람들은 듣는 것보다 보는 것에 집착할까? 이 부분도 앞으로 같이 공부하면서 계속 생각해 봐야 할 주제인 것 같아. 그런데 한 가지 힌트는 고대에는 글을 읽을 수 있는 사람이 아주 적었다는 점이야. 소수의 엘리트들만 글을 쓰고 읽을 수 있었기 때문에 당시 문맹인 대중들을 위해 그림을 그리고 형상을 만들면서 종교적인 가르침을 전할 필요도 있었다고 봐.

역사를 알면 더 재미있는 불교 이야기

아이: 그런데 지금 우리는 불경을 읽고 있는데 마치 세계사를 공부하는 것 같아요. 이런 세계사 이야기를 다 알고 있어야 하나요?

부모: 그래도 재미있지 않니?

아이: 재미는 있는데 너무 공부해야 할 게 많아지는 것 같아서요.

부모: 걱정하지 않아도 돼. 계속 말한 대로 이런 지혜 공부는 시험을 보기 위해 억지로 하는 게 아니니까 그냥 재미있게 들어두면 되지. 아빠도 요즘 많이 느끼는 건데 종교를 제대로 이해하기 위해서는 종교사를 반드시 알고 있어야 하는 것 같아. 지금 내가 몸담고 있는 종교 교리나 전통이 어떤 배경에서 왔는지를 알아야 그 의미를 분명히 알고 계속해서 내가 그것을 따를지 말지를 결정할 수 있잖아? 쉬운 불교 역사책으론 『자현 스님이 들려주는 불교사 100장면』이라는 책이 괜찮고, 유튜브에 이 책의 강좌가 올라와 있는데 관심 있으면 앞으로 시간 내어서 들어보면 좋을 것 같아.

아이: 네, 알겠어요. 그런데 오늘은 관자재보살 하나 이야기하는데 거의 한 시간 걸린 것 같아요. 이렇게 해서 언제 『반야심경』을 다 읽어요?

부모: 괜찮아. 지혜 독서는 진도 나가는 게 중요한 게 아니란다. 텍스트를 전체적으로 한 번 읽어 보고, 그 내용을 잘게 썸어서

내 것으로 완전히 소화한다고 생각하면서 한 주 한 주 공부해 나가면 되지. 그럼 오늘은 여기까지 하고, 오늘 배운 내용 중 가장 기억에 남는 한 단어를 골라 볼까? 원래는 처음에 키워드 나눔을 했어야 했는데, 여러 질문에 답하다가 깜빡했네.

아이: 음, 저는 '보살'이요. 본인이 깨달음을 얻었음에도 열반을 해서 부처님이 되지 않고, 사람들 사이에 살면서 진리를 전하려고 하는 모습이 멋있는 것 같아요.

부모: 그래, 나는 '역사'를 골랐어. 오늘 다시 한 번 너에게 이런저런 개념을 설명하면서 역사의 중요성을 깨닫게 되었거든. ==모든 생각이나 행동이 다 뿌리가 있기 마련인데, 그 뿌리를 이해해야 지금 나의 생각과 행동도 제대로 이해하고 올바른 생각과 행동을 할 수 있는 것 같아.== 그럼 오늘은 여기까지 하고, 일주일 동안 오늘 우리가 같이 나눔 했던 내용을 생각해 보고, 필요한 자료가 있으면 더 찾아보고, 다음 주에 다시 해 보자.

아이: 네, 알겠어요.

불경으로 시작하는
지혜 독서
2.『금강경』

『금강경』은 대승불교의 대표 경전이다. 대승불교의 핵심은 출가한 승려들뿐 아니라 평범한 사람들과 일체 모든 중생이 부처님과 같은 깨달음의 경지에 오를 수 있다는 사상이다.

『금강경』은 원래 600권에 달하는『대반야경大般若經』 중 한 권이다. 산스크리트어로는 Vajracchedikā Prajñāpāramitā Sūtra(바즈라체디카 프라즈냐파라미타 수트라)인데, 직역하면 '벼락처럼 자르는 완벽한 지혜의 경전'이다. 벼락이 내려치듯, 나의 허상을 깨뜨리는 말씀이라는 뜻이다. 5세기 때 구마라집鳩摩羅什이『금강반야바라밀경金剛般若波羅蜜經』이라는 제목으로 번역하여 한자문화권 국가에서는 금강경으로 알려졌다.

앞에서 말한 대로 불경은 부처님의 말씀을 제자들이 기록하는 과정에서 어려워졌고, 다시 인도 경전이 한문으로 번역된 데다 여기에 시간과 문화적인 거리감까지 더해지면서 현대 한국인들이 이해하기에 너무 어려운 경전이 되었다. 우리말로 쉽게 번역된 내용도 한자어로 된 이전의 용어를—가령, 인상人相, 수자상壽者相 등—그대로 쓰는 경우가 많아 무슨 뜻인지 바로 알기 어렵다. 오히려 영어 번역본이 불교적 배경이 없는 영어권 독자들을 위해 번역된 것이어서인지 이해하기가 상대적으로 쉽다.

예를 들어 한 영어 번역본에서는 보통 한자로 보살이라고 번역되는 보디사트바bodhisattva를 제자disciples라고 번역됐다. 부처님의 가르침을 따르고자 하는, 출가하지 않은 재속 신도들을 현대어로 말하면 부처님의 제자들 아닌가? 우리말 번역도 이런 식으로 불교 신앙이 없는 일반인도 쉽게 알아들을 수 있는 용어로 번역되면 좋겠다.

도움받을 수 있는 강의와 책

이처럼 많은 장애 요소들이 있기 때문에 불교 경전은 특히 더 좋은 선생님이 하는 강의를 듣고, 배운 내용을 잘 새기고 실천해야 할 필요가 있다. 다행히 최근에는 법륜 스님이나 법상 스님같이 현대적인 언어로 경전의 내용을 쉽게 설명해 주고, 오늘날의 상황에 맞게끔 적용 사례를 제시해 주는 스승들이 많다. 또, 이분들의 강의는 유튜브에서 쉽게 찾아볼 수 있다.

법륜 스님의 금강경 강의

https://www.youtube.com/watch?v=uVEmFxNky6w&list=PL5gqAjI6pwOH6Y29oOryd9Jmpb35zd_I1

법상 스님의 금강경 강의

https://www.youtube.com/watch?v=5dua2BV5BOw&list=PLiAe0FYWJGKwTl9FVuLrWbeRp3h7LTmNc&index=2

도올 김용옥의 금강경 강의

https://www.youtube.com/watch?v=DTTz6pAjxYQ&list=PLsUG1qX40xNs_azuYNRm8QFJyQTFGwN85

시중에 나온 번역본들도 많아서 다양하게 고를 수 있다. 다음 책들 가운데 자신에게 맞는 책을 고르면 되겠고, 영어가 된다면 영어 번역본을 참조하면서 읽는 것도 불경에 좀 더 쉽게 접근하는 하나의 방법이 될 수 있겠다.

『법륜 스님의 금강경 강의』

법륜 저 | 정토출판 | 2012년

『금강경과 마음공부』

법상 저 | 무한 | 2018년

『금강경을 읽는 즐거움』

일감 저 | 민족사 | 2015년

『도올 김용옥의 금강경 강해』

김용옥 저 | 통나무 | 2019년

『무비 스님 신 금강경 강의』

무비 스님 저 | 불광출판사 | 2010년

지혜 독서 사례

부모: 오늘부터는『금강경』으로 지혜 독서를 해 보자.

아이:『금강경』은 너무 어렵지 않아요?

부모: 불교 경전 중에 어렵지 않은 게 어디 있겠니? 사실 그런 점이 안타까운 점인데, 좋은 선생님들의 강의를 듣고, 경전의 내용을 하나하나 잘 생각해 보면, 현재 우리가 고민하는 많은 문제의 답을 부처님 말씀에서 찾을 수 있는 것 같아.

아이: 그럼 앞으로 어떻게 공부를 해요?

부모: 우선『금강경』내용을 조금씩 같이 읽어 보고, 아빠가 공부한 내용을 너한테 조금씩 설명을 해 주려고 해. 그리고 우리가 살면서 적용할 수 있는 부분이 있는지 하나씩 찾아보도록 하자.

아이: 그럼 처음부터 읽어요?

부모:『금강경』앞부분은 부처님께서 어떤 배경에서 말씀하셨는지를 알 수 있는 도입 부분이라고 할 수 있어. 이 부분은 나중에 우리가 어느 정도 학습이 된 상태에서 다시 읽어보기로

하고, 오늘은 3장부터 읽어 보자.

(함께 『금강경』 3장을 같이 읽는다.)

『금강경』 3장

모든 존재하는 것, 그것이 알에서 낫든, 태胎에서 낫든, 습기에서 낫든(벌레들), 아니면 자생적으로 생겼든지, 또 그것이 형태가 있든 없든, 의식이 있든 없든, 혹은 의식이 있지도 않고, 없지도 않은 것이든 모든 존재하는 것이 나를 통해 마지막 열반에 이르게 될 것이고, 그곳은 삶과 죽음의 끊임없는 순환의 마지막이 될 것이다. 그리고 이러한 헤아릴 수 없는 무수한 존재가 자유를 얻게 되어도 진실로 하나의 존재도 자유로워진 것이 아니다.

왜 그러한가, 수부티Subhuti여? 만약 부처님의 제자(보살)가 자기나 남이나 무리나 영원히 존재한다고 생각하는 우주적인 실체a universal self existing eternally가 있다는 환상을 갖게 되면, 그 사람은 진정한 부처님의 제자가 아니기 때문이다.

(『금강경』 영어 번역본을 한글로 번역함, 영어 원문: https://diamond-sutra.com/)

부모: 어떠니? 좀 알아듣겠어?

아이: 좀 어려워요.

부모: 그래도 우선 가장 인상 깊은 구절 하나랑 키워드 하나를 정해서 적어 보자꾸나.

(1~2분 동안 각자 인상 깊은 구절과 키워드를 하나씩 적는다.)

부모: 너는 어떤 단어를 정했니?

아이: 저는 '자유'요.

부모: 왜?

아이: 제가 원하는 삶을 선택해서 살 수 있는 자유가 제일 좋은 것 같아서요.

부모: 그럼 너는 지금 자유롭지 못 하니?

아이: 대체로 자유로운 것 같긴 한데, 제 마음대로 할 수 없는 것도 많은 것 같아요.

부모: 그게 뭐지?

아이: 게임을 하고 싶은 만큼 못 하고 아이스크림도 먹고 싶은 만큼 못 먹고….

부모: 아, 게임도 마음대로 못하고, 아이스크림도 마음대로 먹지 못하는 게 자유를 억압당하는 거라고 생각하는구나. 그럼 이렇게 생각해 보자. 게임하는 걸 통제할 수 있는 사람과 통제할 수 없는 사람, 아이스크림 먹는 걸 통제할 수 있는 사람과 통제할 수 없는 사람. 이 중에 누가 더 자유로울까?

아이: 음, 글쎄요. 그런데 그게 자유와 무슨 상관이에요?

부모: 그럼, 자유의 반대말은 뭘까?

아이: 부자유요. 마음대로 못 하는 거요.

부모: 그래, 그렇게도 볼 수 있지만, 자유의 반대말은 노예적인 삶이라고 할 수도 있지. 누군가에게 종속되어 있고, 억압당하

고 있으면 내 마음대로 할 수 없는 게 많잖아. 미국에서는 1860년에 노예 해방이 있기 전에 백인들이 흑인을 노예로 마구 부렸단다. 우리나라도 19세기 말에 노비제가 폐지되기까진 노예가 있었고. 노예는 주인에게 소속되어 주인이 시키는 대로 해야 하고, 사고 팔리는 존재였지. 노예야말로 자유가 박탈당한 사람들이 아닐까?

아이: 그러면 진정한 자유인이란 어디에도 종속되지 않고, 주인의 삶을 사는 사람인 건가요?

부모: 그렇지 않을까? 사실 지금 우리가 나누는 이야기가 바로 부처님이 제일 강조했던 주제라고 할 수 있는데, 어떻게 하면 참 자유를 누리고, 참 주인의 삶을 살 수 있을까가 부처님께서 우리에게 전해주시려고 했던 말씀이기도 한 것 같아.

아이: 그런데 그게 게임하는 거랑 아이스크림 먹는 거랑 무슨 상관이에요?

부모: 네가 만약 진정한 자유인이고 네 삶의 주인이라면, 너는 너의 행복을 위해 게임하는 시간이나 아이스크림을 먹는 것을 조절할 수 있겠지. 그런데 그게 잘 되니? 게임 한 시간만 하자, 아이스크림 하나만 먹자라고 생각하면 그대로 되니?

아이: 아니요. 쉽지 않아요. 게임 한 시간만 하려고 해도, 계속 몇 시간을 더 하게 돼요.

부모: 그러면 게임을 하는데 시간 뺏겨서 숙제도 못 하게 되고, 숙제 안 해가면 선생님께 혼나고, 또 그게 들통 나면 엄마에게

도 혼나고… 이런 삶이 이어지면 행복할 수 있을까?

아이: 아니요. 오히려 그것 때문에 엄마 잔소리 들으면서 내 자유가 침해당할 것 같아요.

부모: 그리고 아이스크림을 많이 먹어서 몸이 차가워지고, 병나서 병원에 가게 되면 이게 행복한 삶이라고 할 수 있을까?

아이: 아니요.

부모: 그러면 결국 게임을 원 없이 하고, 아이스크림도 원 없이 먹는 게 진정한 자유의 삶이라고 할 수 있을까? 오히려 그런 삶을 계속하면 게임과 아이스크림의 노예가 되는 게 아닐까?

아이: 음, 그런 것 같아요. 그러면 어떻게 해야 자유를 얻고, 내 삶의 주인이 될 수 있어요?

부모: 바로 그 방법을 오늘 부처님께서 말씀하신 것 같아. 우선 그 첫걸음으로 이 세상에 고정된 실체는 없고 모든 것이 관계성에 의해 만들어지고, 그 관계성은 변한다는 것을 깨달아야 해. 무슨 뜻인지 알겠니?

아이: 너무 어려운데요.

부모: 그래, 아주 어려운 말이야. 하지만 아주 중요하지. 그리고 옛날보다 과학이 발달한 지금은 부처님이 말씀하신 개념을 더 쉽게 이해할 수 있는 과학적 발견이 많아졌어. 예를 들어 지금 여기 책상과 노트가 있잖아? 이게 무슨 색이니?

아이: 책상은 갈색이고, 노트는 베이지색이요.

부모: 그럼 우리가 갈색이라고 할 때 갈색이라는 고정된 실체가 있

는 것일까?

아이: 갈색이 있는 것 아니에요?

부모: 그래, 보통 그렇게 생각했는데, 최근에 뇌과학 연구에 의하면 갈색이라는 실체가 있어서 우리가 갈색으로 인식하는 것이 아니라, 우리 뇌가 눈에 들어온 빛의 조합을 갈색이라는 상을 만들어서 갈색으로 인식하기 때문에 갈색이라고 인식하는 거라고 해.

아이: 그럼 우리가 어떻게 받아들이냐에 따라 눈에 보이는 것들이 결정되는 건가요?

부모: 그렇다고 볼 수 있지.

아이: 그런데 그것은 색깔이나 그렇지, 실제 손으로 만질 수 있는 사물도 그리는 상에 따라 다르게 존재하는 건가요? 만약에 책상이 눈앞에 있는데, 책상이 없다고 생각한다고 해서 책상이 없어지는 것은 아니잖아요.

부모: 그래, 그거야 지금이 그렇지. 하지만 지금 눈앞에 보이는 공간에 시간을 더하고 줌아웃zoom-out하듯이 저 멀리 떨어진 시간에서 바라본다면, 지금 있는 책상이 계속 그 자리에 있다고 할 수 있을까? 예를 들어 우리가 2~3년 뒤에 이사를 하게 되면, 이 공간에 책상은 없을 거야, 그리고 새로 이사 온 사람이 다른 가구로 이 공간을 채우겠지.

아이: 그런데 지금 여기에서 책상이 있는 것은 분명한 사실이잖아요.

197

부모: 그래, 그래서 우선 완전한 자유를 얻는 첫 번째 방법은 지금 여기서 보고, 듣고, 느껴지는 것에만 묻히지 말고, 더 넓은 시야, 더 큰 시야를 갖는 것이라고 할 수 있지. 예를 들어, 우리 지구 안에서는 뉴턴의 물리 법칙이 적용되지 않니? 중력이 있고, 공기가 있는 이곳에서는 이 법칙이 틀림없이 맞아. 하지만 뉴턴의 물리 법칙은 우주 공간이나 아주 작은 원자 단위의 역학, 즉 양자 역학 관점에서 보면 맞지가 않아. 그럼 우주 전체적으로 봤을 때 뉴턴의 법칙이 보편적일까? 아니면 우주 공간에 적용되는 역학 법칙이나 양자 역학이 더 보편적일까?

아이: 우주 공간이나 양자 역학의 세계가 더 큰 거 아니에요?

부모: 그렇지, 양자 역학이 어려우면 우선 우주만 놓고 봐도 금방 이해가 돼. 태양계 안에서 지구는 정말 작은 행성인데, 우리 은하에서 보면 태양 역시 아주 작은 별이고, 나아가 우주 전체에서 보면 우리 은하와 같은 은하가 수없이 많다고 하지. 정말 우주에서 보면 우리 지구는 한 점도 되지 않는다고 할 수 있어. 이 한 점도 되지 않는 공간에서 적용되는 물리 법칙이 우주 전체의 물리 법칙이라고 말할 수는 없겠지.

아이: 그러니까 실체는 없는 것이고, 이 모든 것이 변하는 관계성 속에서 생긴다는 게 우주의 법칙이라는 건가요?

부모: 그래, 그렇다고 볼 수 있어.

아이: 그럼 그 법칙을 아는 것과 자유로워지는 것은 무슨 관계가

있어요?

부모: 그 법칙을 깨우치면 네가 게임을 하고 싶은 마음이나 아이스크림을 먹고 싶어 하는 마음 역시 실체가 있는 게 아니라, 네가 마음속으로 지어낸 하나의 환상이란 거야. 그리고 그 환상을 지어낸 주인인 네가 그 환상을 만들 수도 지울 수도 있다는 것을 깨달으면, 너는 게임이나 아이스크림의 노예가 되지 않고, 반대로 통제할 수 있는 주인이 된다는 뜻이지.

아이: 흠, 알쏭달쏭하네요….

부모: 지금은 아주 어려울 수 있어. 하지만 앞으로 너도 살면서 네 삶에서 일어나는 일 하나하나를 정말 제대로 바라보고, 지금껏 우리가 이야기 한 대로 눈앞에 보이고 귀에 들리는 것에만 집착하지 않고, 좀 더 떨어져서 우주적인 시각에서 보면 그런 어려움들을 다른 각도에서 볼 수 있단다. 그리고 좀 더 편안한 마음을 갖게 될 수 있을 거야.

아이: 그렇게 되려면 어떻게 해야 해요?

부모: 지금처럼 공부도 하고, 어느 순간 이런 우주의 법칙이 깨달아지는 경험도 필요하지. 그리고 그런 깨달음의 순간이 왔을 때 몸과 마음이 받아들일 수 있는 수양도 필요하겠지. 왜 유명한 이야기가 있잖아. 원효 대사가 의상 대사와 함께 당나라로 유학을 가던 길에 해골에 담긴 물을 마시고 세상 모든 것이 마음먹기에 달린 것임을 깨닫고, 유학을 포기하셨다고. 이후 신라에 돌아와 공부하고 수행하며 많은 대중들에게 부

처님의 가르침을 전했지. 그리고 의상 대사는 그분 나름대로 계속 유학을 해서 중국의 화엄종을 우리나라에 전하는 역할을 하셨고.

아이: 그럼 다 각자의 수양과 깨달음의 길이 있는 거네요?

부모: 그렇지. 그리고 비록 자기가 공부를 많이 하고, 깨달음이 있고, 많은 사람들을 가르쳤다고 할지라도 그것을 대단한 것으로 여기거나 무엇을 이루었다고 생각해서는 안 돼. 오늘 시간이 되면 내가 나누려고 한 이야기가 이 부분인데, 오늘 본문에 "헤아릴 수 없는 무수한 존재가 자유를 얻게 되어도 진실로 하나의 존재도 자유로워진 것이 아니다"라는 말이 있잖아? 이 부분이 내게는 이렇게 다가오더라고. 무언가 큰 깨달음을 얻고, 그것으로 많은 사람에게 가르쳤다고 해도, 무언가를 한 것처럼 착각해서는 안 된다고. 사실 이런 깨달음이 제대로 실천만 되었어도, 어떤 가르침이나 종교가 오히려 많은 사람들은 억압하고, 죽이는 결과를 낳지는 않았을 거야.

아이: 아, 그렇군요. 자세히 설명을 들으니까 정말 그런 것 같은데, 본문만 보면 무슨 뜻인지 모르겠고, 암호 같은 말만 수두룩한 거 같아요.

부모: 그래. 그래서 좋은 선생님들 강의도 듣고, 먼저 공부하신 분들의 책도 읽으면서 그 의미를 하나하나 잘 새겨봐야 해. 요즘은 유튜브에 좋은 강의가 많으니까 강의를 수십 번씩 반복해서 들어보면 좋을 것 같아. 강의 내용이 거의 외워질 정도

가 되면 어느 정도 깨달음이 들 수 있지. 그리고 앞으로 계속 몇 년 동안 우리는 『금강경』 내용을 반복해서 공부하고 의미를 생각해 보려고 하니까, 천천히 여유를 가지면서 공부해 보자.

아이: 네, 알겠어요. 그럼 다음 시간에도 이 부분을 해요?

부모: 그럼. 나는 오늘 말한 "많은 사람을 자유롭게 해도 한 사람도 자유롭게 한 게 아니다"라는 의미와 "일체 모든 중생을 열반에 이르게 한다"는 의미가 무엇인지 다음 시간에 좀 더 얘기를 나누고 싶구나.

아이: 네, 알겠어요. 저도 자유로운 삶을 산다는 게 어떤 의미인지 좀 더 생각해 볼게요.

시로 시작하는 지혜 독서

시 공부를 통해 얻을 수 있는 것

『논어』 양화편(陽貨篇)에는 공자가 시(詩) 공부를 강조하는 대목이 나온다.

"너희는 왜 시를 공부하지 않느냐? 시는 사람의 감흥을 일으키고, 사물을 바로 살필 수 있게 하고, 사람과 잘 어울리게 하고, 잘못을 원망할 수 있게 하고, 가까이는 아버지를 섬기고, 멀리는 임금을 섬기게 하고, 새와 짐승 그리고 풀과 나무의 이름을 많이 알게 해 준다."

(小子何莫学夫詩? 詩, 可以興, 可以観, 可以羣, 可以怨. 迩之事父, 遠之事君, 多識於鳥獸草木之名.")

또 공자는 "시를 제대로 공부하면 사악한 마음이 없어진다(詩三百, 一言以蔽之, 曰, '思無邪')"고 말했다. 산문이 논리와 스토리라면, 시는 마음을 담은 생각이다.

여러 편의 잠언 시집을 낸 류시화 작가는 『사랑하라 한 번도 상처받지 않은 것처럼』에서 이렇게 말한다.

"시는 인간 영혼의 목소리다. 그 목소리를 듣기 위해서는 잠시 멈추고 귀를 기울여야 한다. '삶을 멈추고 듣는 것'이 곧 시다… 좋은 시는 치유의 힘, 재생의 역할을 하며 읽는 이의 영혼의 심층부에 가닿는다. 인간의 가슴은 돌과 같으며, 그것은 다른 돌에 의해서만 깨어질 수 있다."

나는 좋은 인문학 텍스트는 외울만한 가치가 있다고 생각한다. 좋은 시야말로 이런 기준에 가장 부합하는 인문학 텍스트가 아닐까 싶다.

우선 시는 짧아서 좋다. 물론 아주 긴 시도 있지만, 우리에게 감동을 주는 시는 대부분 짧은 시다. 독서량이 짧거나 독해력이 부족한 부모나 아이도 같이 읽으면서 함께 느낄 수 있다.

그리고 시는 표현력을 기를 수 있어서 좋다. 우리는 살면서 우리 자신의 마음을 모를 때가 있고, 자신의 마음을 어떻게 표현해야 할지 몰라 속이 탈 때도 많다. 마음속에 어떤 감정이 있고 머릿속에 어떤 생각이 있는데, 어떻게 말해야 할지 어떻게 표현해야 할지 모르는 것이다. 그런데 시는 적절한 표현으로, 때로는 나의 수준을 넘어서는 아름다운 언어로 나의 감정과 생각을 표현하게 해준다.

공자가 "능히 원망할 수 있게 해 준다可以怨"라고 말한 바가 바로 이것이다. 나는 대학 시절에 김지하 시인의 〈타는 목마름으로〉를 읽고 전율을 느낀 적이 있다.

> 떨리는 손 떨리는 가슴
> 떨리는 치 떨리는 노여움으로 나무판자에
> 백묵으로 서툰 솜씨로 쓴다
>
> 숨죽여 흐느끼며
> 네 이름 남몰래 쓴다
>
> 타는 목마름으로
> 타는 목마름으로
>
> 민주주의여 만세

마지막 구절을 읽을 때는 눈물이 왈칵 쏟아질 뻔했다. 1975년 유신치하. 자유민주주의 국가인 대한민국에서 '자유'와 '민주주의'를 말하면 잡혀가고 고문당하고 죽던 시절에 남몰래 숨죽이며, 서툰 솜

씨로 백묵으로 꾹꾹 눌러쓴 '민주주의여 만세'….

하지만 이후 김지하 시인의 예상 밖의 언행과 행보에 실망하게 되면서, 시가 좋다고 사람까지 완벽할 수는 없음을 깨달았지만, 그의 시가 20대의 내게 준 충격은 지금도 생생하다.

'아, 안타까움과 원망의 표현은 이렇게 하는 거구나. 많은 사람들이 '독재 타도', '자유 수호'라는 짧은 구호만 외칠 뿐 자신의 수많은 생각과 감정을 표현할 줄 모르지만, 시인은 이렇게 달리 표현을 하는구나!'

우리가 모두 시인처럼 시를 쓸 수는 없지만, 좋은 시를 낭송하고, 외울 수는 있다. 언어의 향연響宴을 누릴 권리는 모두에게 공평하게 주어졌다. 이 좋은 기회를 왜 교과서와 시험 문제 속에만 갇혀 잃어버리고, 아이들과 같이 누릴 수 없는지 그저 안타까울 따름이다.

그러면 어떻게 시작할 것인가?

시집으로 지혜 독서를 하려면, 먼저 부모가 자신이 감동을 받을 수 있는 시를 찾는 게 먼저다. 그런 다음에 아이들 눈높이에 맞게 지혜 독서를 시작해 본다. 부모와 아이가 같이 읽으면서 감동적인 부분과 이야기할 거리가 나온다면 좋은 시고, 좋은 지혜 독서 텍스트라고 할 수 있다. 읽었는데 할 이야기가 없다는 것은 감동이 없다는 것이다. 감동이 없으면 오래 하기도 힘들다. 성인 시가 너무 어려워서 아이들 수준으로 낮춰야 하는 게 아닐까 생각할 수도 있는데, 굳이 그러지 않아도 된다. 아이들이 스스로 찾아서 읽고, 감동받아서 나누고 싶다고 하는 시나 글귀가 생기기 전까지는 부모가 감동받은 내용을 나누는 것이 좋다. 그래야 같은 텍스트로 똑같은 감동을 느낄 수 있다.

어떤 시집으로 시작할까?

지혜 독서 텍스트로 가장 추천할 만한 시집은 류시화 작가의 잠언 시집이다.

『지금 알고 있는 걸 그때도 알았더라면』
류시화 저 | 열림원 | 2014년
『사랑하라 한 번도 상처받지 않은 것처럼』
류시화 편 | 오래된미래 | 2005년

동서양의 깨달음과 교훈을 주는 여러 시를 모은 시집이다. 쭉 읽으며, 감동을 느끼고, 읽고 싶은 시를 골라 보면 된다. 좀 긴 시는 한 번으로 끝내지 말고, 여러 번 아이와 같이 읽으며 다른 각도로 감상과 해석을 나누는 시간을 가져보면 좋겠다.

이런 시집을 쭉 읽었는데도 감동을 못 느꼈다면, 친절하게 시 해설이 붙어 있는 책으로 시작해 볼 수도 있다. 다음 두 책은 시의 감동을 내게 다시 알려준 책이다.

『시를 잊은 그대에게』
정재찬 저 | 휴머니스트 | 2020년

『시 읽는 CEO』
고두현 저 | 21세기북스 | 2007년

『시를 잊은 그대에게』는 한양대 명강의로 유명한 정재찬 교수의 시 강의 내용을 책으로 엮은 것이다. 『시 읽는 CEO』는 CEO뿐 아니라 바쁜 현대인들에게 시를 읽을 수 있는 마음의 여유를 갖게 한다. 더 많은 시를 읽게 하는 좋은 안내서다.

어떤 시를 읽어야 할지 모르겠다면, 좋은 시를 모아놓은 선집에서 시작해 볼 수 있다. 인터넷 서점에서 '한국 대표시'를 검색하면 여러 권의 명시 선집을 찾을 수 있다. 그중 몇 가지 추천도서를 소개하겠다.

『수요일, 읽기 좋은 시집』
윤동주, 김소월, 이상화, 김영랑, 이상, 백석 공저 | BOOKK(부크크) | 2019년

『어쩌면 별들이 너의 슬픔을 가져갈지도 몰라』
김용택 저 | 예담 | 2015년

기왕 시를 읽는 거 교과서에 나오고 시험에 나오는 시로 해 보자

는 마음이 들 수도 있다. 그것도 나쁘진 않다. 하지만 우리가 시를 읽는 이유는 시가 시험에 출제될 것 같아서가 아니라 시가 나에게 많은 감동을 주고, 또 그것을 통해 아이와 많은 이야기를 나눌 수 있기 때문임을 분명히 할 필요가 있다.

지혜 독서로서의 시 읽기가 그냥 혼자서 시를 읽는 것과 다른 점은 같은 텍스트를 가족과 공유하고, 감동을 나눈다는 것이다. 그리고 이런 나눔이 쌓여갈수록 힘든 세상을 이겨나갈 힘을 갖게 될 뿐 아니라 삶을 변화시킬 수 있는 에너지를 갖게 된다.

아이들과 함께 시를 지어보기

아이가 시가 주는 맛을 알고, 언어의 아름다움에 눈을 뜨게 된다면, 이제 한걸음 더 들어가 시를 지어보는 단계로 들어가 볼 수 있다. '우리가 어떻게 시를 짓지?'라는 두려움도 들겠지만, 시를 한 10편 이상 계속 낭송하고 나면 '나도 한번 지어볼까?' 하는 창작 욕구가 솟구치게 될 것이다. 사람은 무언가를 느끼면 표현하고 싶어지기 때문이다.

나는 2019년 겨울에 몇몇 가정과 필리핀 보홀Bohol에서 하브루타 연수와 짧은 공동체 생활을 하면서 시를 같이 지어 보는 실습을 해보았다. 아래는 당시 초등학생 자녀가 있던 한 가정과 함께 저녁 시간에 시를 지어보고 나눈 내용이다. 그날 하루에 있었던 내용 중 하나를 잡아서 시로 표현해 보았다.

풀pool장에서

아빠

쉬고 싶은 아빠를 아들이 부르네요.
감기 걸려 콜록콜록
풀장 물은 여전히 차갑네요.

두 번 쉬고 한번 놀고,
한 번 놀고 세 번 쉬고,
힘들어 누어버린 물 위에서
맑디맑은 하늘과 야자수를 보게 되네요.

후두둑 후두룩
풀pool장에 떨어지는 빗소리에

사사삭 사사삭
서둘러 사람들이 방으로 들어가네요.

베지테리안 파스타
                    엄마

내가 좋아하는 파스타
파스타면과 만난 여러 가지 채소들
채소들과 어우러져
맛있게 내 입으로 쏙~
그런데 이건 아니지…
내 입에 들어온 너
파스타 맞니?

채소랑 친하지 않은 파스타
토마토랑 고기랑 친하지

먹방
                    아이

나는 음식을 먹었다.
간식도 먹었다.

음식은

콩국수, 계란말이, 계란찜,
피자, 파스타, 파니니

간식은
초콜릿, 과자, 망고 쉐이크
C2음료수, 망고주스, 아이스크림

모두 다 맛있었다.

 이렇게 가족들이 하루나 한 주간에 있었던 일을 소재로 하나의 시를 적어보고, 이야기를 나눠보면 풍성한 대화를 나눌 수 있다. 그리고 어느 정도 문장력이 되는 부모라면 아이의 시를 조금씩 수정해 주며 똑같은 상황을 다르게 표현할 수 있음을 알려 줄 수 있다. 문장력이 없더라도 어떻게 하면 좀 더 표현을 구체적으로, 혹은 재미있게 할 수 있을지를 갖고 이야기를 나눌 수 있다.

 예를 들어 앞에서 아이가 쓴 시에 등장하는 소재를 어떻게 하면 좀 더 업그레이드시켜 볼지를 의논해 볼 수도 있다. 가장 쉬운 방법은 자주 쓰인 단어로 라임rhyme을 만드는 것이다.

 "아들, 오늘 쓴 시 주제를 보니까 주로 먹는 거네? 그럼 키워드가 음식과 간식일 테고. (인터넷에서 검색하면서) 찾아보니 먹는 거나 '식' 자로 끝나는 단어가 이런 게 더 있네? 이 단어들을 결합해서 한번 랩처럼 만들어 보거나 시를 좀 더 구체적으로 만들어 보면 어떨까?"

"와, 먹는 것만 해도 주식, 부식, 조식, 금식, 과식, 폭식, 잡식… 등등 엄청나게 많네요."

"그래, 우리 각자 10분 동안 '식'자로 끝나는 단어로 라임을 맞춰서 한번 시를 지어 보자. 혹시 아이디어가 잘 안 떠오르면 두세 문장만 만들어 봐도 괜찮아."

(10분 후에 각자가 만든 시를 서로 바꿔본다.)

여행 와서 잘 먹기

여행 와서 잘 먹는 건 상식
먹기 전에 기도하는 나만의 의식

나는 아무거나 잘 먹는 잡식
하지만 오늘은 최대한 절식
막 먹고 배탈 나는 참사는 종식
정말 먹고 싶은 것만 선택해서 취식

오늘도 나는 잘 먹고, 잘 사는 짜식!

라임을 맞춰 랩 가사를 만들어 보기

앞에서 본 대로 라임을 맞춰 단어와 의미를 찾아보고 말이 되게 연결하는 과정에서 재미있는 언어 놀이를 할 수 있다. 시를 부담스러워하는 아이라면 이렇게 재미있는 언어 놀이를 통해 어휘력과 표현력을 키울 수 있다. 또 라임을 맞춰 시를 지으면 리듬감이 자연스럽게 생길 뿐 아니라 연관되는 문장들을 만들기 위해 노력하다 보면 저절로 생각하는 힘을 기르게 된다.

아래는 인터넷에서 회자된 중학교 2학년생의 〈인생무상〉이라는 시인데, '상'자로 라임을 맞춰 랩 가사처럼 지은 것이다. 이런 몇 가지 시를 아이에게 보여주면 흥미를 갖게 할 수 있고, 아이가 자신도 한번 해보고 싶다는 욕구를 불러일으키게 된다.

인생무상

이번 시험 1등 하는 상상
전교 1등의 위상
하지만 그것은 몽상
(중략)

시험 문제는 진상
공부한 것도 기억나지 않는 신기한 현상

찍어놓고 맞출 거란 망상
1등만 기억하는 더러운 세상

결론은 인생무상

과거 조선 시대 시는 양반이나 글을 아는 학자들이 하는 지식인들의 놀이였다. 하지만 이제는 누구든지 할 수 있다. 동서양 그리고 옛날과 현대의 좋은 시들이 넘쳐나고, 누구도 우리가 시를 짓는다고 뭐라 하지 않는다. 우리 아이를 귀한 품성을 가진 아이로 키우는 데 시만큼 좋은 방법도 없다.

바로 함께 실천!
1. 아이들과 함께 오늘 하루나 이번 한 주를 정리할 수 있는 시를 지어보고 서로 발표한다.
2. 핵심이 되는 한두 단어를 선정하여 라임을 맞춰 랩 가사를 같이 지어보고, 리듬에 맞춰 읽어 본다.
3. 라임을 맞출 단어를—예를 들면 단어의 끝말을—인터넷에서 검색해 보고, 그 단어의 의미에 대해 이야기를 나눈다.

지혜 독서 사례

부모: 오늘부터는 좋은 시를 한 편씩 읽고, 생각을 나눠 보는 시간을 가져 보자꾸나.

아이: 왜 성경이나 논어 같은 인문고전 텍스트로 안 하고 시로 해요?

부모: 그런 텍스트도 좋지만, 시가 리듬감을 따라 낭독하기도 좋고. 무엇보다 길지 않으니까 쉽고 편하게 시작해 볼 수 있어서.

아이: 그럼 어떤 책으로 해요?

부모: 책 두 권을 골랐는데, 『시 읽는 CEO』라는 책과 『사랑하라 한 번도 상처받지 않은 것처럼』이라는 책이야. 재미있게도 이 두 책에 공통적으로 수록된 시가 있더라고.

아이: 그게 뭔데요?

부모: 〈나는 배웠다〉라는 영어 시인데 한 책에서는 작가가 오마르 워싱턴Omar Washington인데, 다른 책에서는 샤를르 드 푸코 Charles de Foucauld라고 나오네.

아이: 어떻게 그럴 수 있어요?

부모: 원저자가 명확하지 않은 경우 가끔 이런 일이 일어나기도 하지. 그럼 우선 한번 전체적으로 읽어 볼까?

아이: 그런데, 헉! 시가 왜 이렇게 길어요? 오늘 이걸 다 공부해야 해요?

부모: 오늘 다 끝낼 필요는 없어. 그리고 공부한다고 생각하지 말

고, 그냥 있는 그대로 느끼고, 느낀 바를 나눈다고 편히 생각하렴. 자, 그럼 한번 읽어 볼까?

(함께 시를 읽는다.)

나는 배웠다

오마르 워싱턴(번역: 심정섭)

나는 배웠다.
다른 사람이 나를 사랑하게 만들 수 없다는 것을

내가 할 수 있는 일은 사랑받는 사람이 되는 것이고,
나머지는 그들에게 달려 있다는 것을.

나는 배웠다.
내가 아무리 잘해 주어도
어떤 사람들은 그저 그것을 당연히 여긴다는 것을

나는 배웠다.
신뢰를 쌓는 데는 수년이 걸려도
그것을 무너뜨리는 것은 한순간이라는 것을

나는 배웠다

내가 가지고 있는 것이 중요한 것이 아니라
정작 인생에서는 내가 알고 있는 사람들이 중요하다는 것을

나는 배웠다
나는 나를 최고의 다른 사람들과 비교하지 말고
내가 할 수 있는 최고의 나와 비교해야 한다는 것을

나는 배웠다
무슨 일이 일어나는가가 중요한 것이 아니라
그때에 무엇을 하느냐가 중요하다는 것을

나는 배웠다
아무리 얇게 자른다고 해도
항상 모든 일에는 두 편이 있다는 것을

나는 배웠다.
이게 그들을 볼 수 있는 마지막 때일 수 있으므로
항상 사랑의 말로 사람들을 사랑했어야 함을

나는 배웠다
처음에는 오래갈 수 없으리라 생각했지만
사실은 더 오래갈 수 있을 때가 있음을

나는 배웠다

영웅들은 결과가 어떻든지 간에

해야 할 일이 있을 때 그 일을 해내는 사람들이라는 것을

나는 배웠다

어떤 사람들은 나를 진정으로 사랑하지만

그것을 어떻게 표현해야 할지 모른다는 것을

나는 배웠다

나는 때때로 화가 날 때 화를 낼 수 있는 권리가 있지만

내가 다른 사람에게 잔인할 권리는 없다는 것을

나는 배웠다

진정한 우정은 오랫동안 함께 성장하는 것이고

진정한 사랑도 그렇다는 것을

나는 배웠다

어떤 사람은 내가 원하는 방식으로 나를 사랑해 주지 않지만

그들은 나름의 방법으로 나를 사랑하고 있다는 것을

나는 배웠다

아무리 좋은 친구라도 때로는 나에게 상처를 줄 수 있고

나는 그들을 용서해야 한다는 것을

나는 배웠다
때로는 다른 사람에게 용서받는 것으로 충분하지 않고
내가 나 자신을 용서해야 한다는 것을

나는 배웠다
아무리 내 마음이 부서진다 해도
세상은 나의 슬픔 때문에 멈추지 않는다는 것을

나는 배웠다
나의 배경과 환경이 나를 만드는 데 영향을 미칠지라도
결국 나의 나됨에 대한 책임은 내가 져야 함을

나는 배웠다
두 사람이 다툰다고 해서,
그들이 서로를 사랑하지 않는 게 아니며
두 사람이 다투고 있지 않다고 해서,
그들이 서로를 사랑하는 게 아니라는 것을

나는 배웠다
때로는 사람의 행위보다

그 사람 자체를 봐야 한다는 것을

나는 배웠다
두 사람이 똑같은 것을 볼지라도
완전히 다른 것을 발견할 수 있다는 것을

나는 배웠다.
결과가 어떻든지
정직한 사람이 더 멀리 간다는 것을

나는 배웠다
나의 인생이 나를 전혀 모르던 사람에 의해
한순간 바뀔 수 있다는 것을

나는 배웠다.
내가 줄 수 있는 게 없다고 느낄 때도
친구가 간절히 도움을 요청하면,
그를 도울 수 있는 힘을 낼 수 있다는 것을

나는 배웠다.
말뿐 아니라 글이
마음의 고통을 줄여 준다는 것을

나는 배웠다.

내가 삶에서 가장 사랑하는 사람이

순식간에 나를 떠나갈 수도 있음을

나는 배웠다.

사람들의 감정을 해치지 않고 좋은 사람으로 남는 것과

내가 믿는 가치를 위해 목소리를 내는 것의

경계를 찾는 것이 얼마나 힘든지를

나는 배웠다

사랑하는 법과

사랑받는 법을

나는 배웠다

부모: 어떠니?

아이: 와, 참 좋은 내용이 많은데요?

부모: 자, 그러면 제일 좋은 구절 하나를 적고, 키워드 하나를 정해서 느낌을 나눠 볼까?

아이: 좋은 구절 적을 게 너무 많아요.

부모: 그래, 그럼 우선 다 적어 보고, 하나씩 나눠 보자.

(좋은 구절을 노트에 적고, 키워드를 고르는 시간을 갖는다.)

부모: 그럼 한번 나눠 볼까?

아이: 저는 "내가 아무리 잘해 주어도 어떤 사람들은 그저 그것을 당연히 여긴다", "다른 사람과 비교하지 말고, 내가 할 수 있는 최고와 나와 비교하라." 이 말이 제일 좋은 것 같아요. 키워드는 '당연히'로 할게요.

부모: 그래, 아주 좋네. 그럼 너는 지금까지 지내면서 그 구절과 같은 걸 경험해 본 적 있니?

아이: 많죠. 학교에서도 어떤 애들은 제가 굉장히 잘해 줘도 별로 고마워하지 않고, 그저 당연히 여기는 것 같아요.

부모: 그럴 때 어떤 생각이 드니?

아이: 참 싸가지없다는 생각이 들어요.

부모: 싸가지? 싸가지가 어떤 뜻인지 아니?

아이: 재수 없다는 것 아니에요?

부모: 그래? 어디 한번 인터넷에서 검색해 볼까? 음, 여기 보니까, '싹수'의 사투리라고 나오네, '어떤 일이나 사람이 잘 될 것 같은 낌새나 징조'라고. 그런데 현실에선 '예의 없다, 버릇없다'라는 의미로도 쓰이는 것 같아.

아이: 그럼 이럴 때는 어떻게 말해야 해요?

부모: 글쎄, 내가 잘해 주었는데도 고마워하지 않으니 '서운하다', '섭섭하다', '정이 떨어졌다', '잘해 주고 싶은 마음이 사라졌다' 정도로 표현할 수 있지 않을까?

아이: 아, 그렇군요. 하여간 이제 더 이상 잘해 줄 필요가 없겠다는

생각이 들었어요.

부모: 그래, 보통 그런 마음이 드는데, 여기 시인은 어떻게 하라고 하는 것 같으니?

아이: 그냥 그런 일이 일어날 수 있으니 너무 마음 상하지 말라고 하는 것 같아요.

부모: 그래, 그런 것 같아. '세상에는 내가 잘해 줘도 감사해하지 않고 당연히 여기는 사람이 있다. 그러니까 그걸 너무 이상하게 생각하지 말고 그럴 수 있다고 생각하자'라는 게 시인이 말하고자 하는 것 같아. 그리고 이게 이 시인의 세계관, 혹은 소통에 대한 자기 생각인 것도 같아. 이런 뉘앙스가 이 시인의 다른 시구에도 나타나는 것 같은데, 네가 보기에는 어떠니?

아이: "어떤 사람은 내가 원하는 방식으로 나를 사랑해 주지 않지만, 그들은 나름의 방법으로 나를 사랑하고 있다." 이 구절 말씀하시는 거예요?

부모: 그래, 그 부분하고 "어떤 사람들은 나를 진정으로 사랑하지만, 그것을 어떻게 표현해야 할지 모른다", "두 사람이 다투고 있다고 해서, 그들이 서로를 사랑하지 않은 것이 아니며…" 같은 부분도 그런 맥락에서 이해할 수 있을 것 같아. 요컨대 '사람들은 자기만의 방식으로 표현을 하고 있는데, 때로는 그 표현 방식이 서툴러서 오해를 불러일으킬 수 있다. 하지만 상대의 지적인, 정서적인 성숙도와 그의 의도를 파악하여, 그와 원만하게 소통하려고 노력하라'는 메시지 아

닐까?

아이: 흠, 좀 어렵네요.

부모: 그래, 나도 쉽게 설명하려 했는데, 말이 점점 어려워지는 것 같구나. 그럼 한번 예를 들어볼게. 네 친구가 친밀감을 표현하려고 너를 툭툭 친다고 해 보자. 너는 누가 널 건드리거나 만지는 걸 싫어하잖아? 그런데 그 친구는 그게 너와 친하다는 마음의 표현으로 하는 거라면 어떻겠니?

아이: 음, 저는 누가 날 건드리는 건 좋아하지 않으니까 그러지 말라고 할 것 같아요.

부모: 그래, 나중에는 그럴 수 있어도 최소한 처음에는 어느 정도 이 아이가 왜 그렇게 할까, 혹은 친밀감을 표현하는 방법이 아직 서툴러서 그런 게 아닐까라고 이해해 줄 수 있지 않을까?

아이: 글쎄요. 그럼 제가 너무 스트레스받지 않나요?

부모: 그래, 그래서 요즘 심리학에서는 '싫으면 참지 말고 적극적으로 나는 싫다, 그러고 싶지 않다'라고 말해서 스트레스를 줄이라고 하는 것 같더라고. 그리고 힘든 관계는 질질 끌지 말고, 어느 정도 미움받을 각오를 하고 끊으라고 하는 것 같고. '나만 잘해 주고 상처받지 말고, 너도 네 목소리를 내라'라고 말이지.

아이: 저도 그게 좋은 것 같아요. 좋으면 좋다, 싫으면 싫다고 말하고, 불편하지 않게 사는 게 좋은 것 아닌가요? 내가 잘해 주었는데도 감사해하지 않고 당연하게 생각하는 사람이 있다

면, 내 호의의 가치를 모르는 사람이니까 다음에는 잘해 주지 않는 게 공평한 게 아닌가요?

부모: 그래, 그렇게도 볼 수 있는데, 세상일이 그렇게 무 자르듯이 분명하고, 깨끗하게 모든 것을 주고받을 수 있는 관계가 될 순 없으니까 좀 더 깊은 생각을 할 필요가 있는 것 같아. 음, 이렇게 생각해 보자. 우리의 모습을 한번 바라보는 거야. 우리는 다른 사람들이 우리에게 베푸는 친절에 항상 그만큼 고마움을 표현할까? 우리도 그냥 당연하게 생각하고 있진 않을까? 나는 너희들을 키우면서 너희 할아버지 할머니가 나를 위해 얼마나 고생하셨는지 다시 한 번 깨닫게 되었거든. 네가 아주 어릴 때, 뭐가 불편해서인지 밤새도록 울고불고할 때, 처음에는 한두 번 좋은 마음으로 달래주다가 나중에 체력이 바닥나니까, 내 자식이지만 정말 집어던지고 싶다는 마음도 들더라고.

아이: 헐, 정말 그랬어요?

부모: 글쎄 말이야. 나도 그런 마음이 올라오는 걸 보고 깜짝 놀랐다니까…. 아무리 그래도 내 자식인데 어떻게 이런 마음이 생길까 하는 생각이 들면서, '아, 너희 할아버지, 할머니도 다 이런 힘든 과정을 거쳐서 나를 키우셨구나'라고 생각하니까 도리어 감사한 마음이 들더라고. 전에도 부모님 사랑에 대해 충분히 감사해하고 있다고 생각했었는데, 가만히 생각해 보니 그 고마움이 충분하지 않았고 제대로 내가 부모님께 표현

하지 못 했었다는 생각이 들었어.

아이: 음, 그렇게 보니까 또 그럴 수도 있겠네요. 저도 누가 '너는 그럼 항상 주변에서 너에게 잘해 주는 것을 당연히 여기지 않고 감사했냐?'고 물으면 자신 있게 '그렇다'라고 할 수는 없을 것 같아요.

부모: 그리고 이렇게도 생각해 보자. 네가 한번 잘해 주었는데, 그 애가 감사하지 않고, 당연히 생각해서 다시는 잘해 주지 않았어. 그리고 자연스럽게 그 애랑 관계도 소원해지고, 교류도 없게 되었지. 그런데 네가 나중에 커서 네가 정말 가고 싶은 회사에 들어가려고 면접을 보는데 그 애가 네 앞에 면접관으로 앉아 있다고 해 보자.

아이: 그럴 수가 있나요?

부모: 한번 가정을 해 보는 거야. 뭐, 불가능한 것도 아니지. 그 애가 사실은 굉장히 머리도 좋고 똑똑했는데, 마음의 상처가 있어서 감정 표현이 서툴렀던 거야. 그런데 나중에 좋은 선생님을 만나서 유학도 가고, 외국 회사에 들어가서 아주 큰 성공을 했다고 생각해 보자고. 최근에 기사를 보니 마이크로소프트 같은 회사는 능력만 있으면 나이 상관없이 승진이 되고, 처음에는 나보다 밑에 있었던 사람이 내 상사가 되어서 부임하는 경우도 많다고 하더라고. 하여간 여차여차해서 그런 중요한 자리에서 그 아이를 다시 만나면 넌 어떤 생각이 들 것 같니?

아이: 글쎄요. 솔직히 말하면, '내가 초등학교 다닐 때 그 애한테 좀 더 잘해 주었으면…' 이라는 생각이 들 것 같아요. 아무래도 그 애가 저를 보고 '전에 초등학교 다닐 때 나한테 쌀쌀맞게 대했던 애네'라고 생각하고 나를 떨어뜨릴 수도 있을 것 같아요.

부모: 그래, 그 아이가 공정한 임원이라면 그런 사적인 감정으로 될 사람을 떨어뜨리지는 않겠지만, 만약 네가 그 애가 한 몇 번의 무례함을 참고 계속 잘해 주었더라면 이야기는 완전히 달라지겠지. 그 친구는 '엇! 얘는 내가 초등학교 때 내가 짓궂게 대했는데도 나를 받아주고 계속 친절하게 대해준 친구네? 정말 잘 됐다. 이 친구를 꼭 뽑아서 우리 회사의 좋은 인재로 키워 줘야지'라고 생각하지 않을까?

아이: 그럴 수도 있을 것 같아요.

부모: 어찌 보면 이게 인생이란다. 인생은 아주 얕은 손익 계산서로만 계산하고 행동해서는 안 되는 아주 더 넓은 세상이란다. 요즘 나오는 자기계발서에서 '참지 말고 표현해! 너 자신에게 솔직해져! 싫으면 싫다고 해!'라는 얘기를 많이 하는 건, 지나치게 관계 중심적인 한국 사회 속에서 다른 사람 눈치만 보면서 힘들어하는 사람들에게 주는 임시 처방일 수 있어. 하지만 인생은, 그리고 인간관계는 그렇게 간단하지만은 않아. 좀 더 전체적으로 그리고 우주적으로 봐야 내 인생에서 일어나는 일을 좀 더 잘 해석하고 올바른 생각과 행동을

할 수 있지.

아이: 그럼 아빠는 내가 잘해 줘도 당연하게 생각하고 고마워하지 않는 사람한테 어떻게 하시겠어요?

부모: 나는 탈무드의 원리를 따를 것 같아. 우선은 내가 할 수 있는 몫은 다하고 그 사람의 감사나 보답을 기대하지 않으려고 노력하려고 해. 탈무드에서는 내가 행한 선행은 하늘에서 보상받고, 그 사람이 내게 감사해하지 않는 건 하늘에서 심판한다고 생각하라고 하니까. 그리고 바알 셈 토브Baal Shem Tov가 말한 대로 왜 신께서 이런 사람을 나에게 보내주셨나를 생각해 보고, 혹시 나에게는 그런 모습이 없었는지를 돌아볼 것 같아. 그리고 그런 일이 반복된다면, 그 사람이 남에게 해를 끼치지 않고 호의를 베풀 수 있게 이끌어 줄 순 없을까를 생각해 볼 것 같아.

아이: 그렇군요. 친절 하나 베푸는 것도 이렇게 쉬운 일이 아니네요.

부모: 그래, 그렇게도 볼 수 있지만, 우선 간단하게 나는 내가 할 몫은 다하고, 다른 사람의 반응이나 평가에는 신경 쓰지 않는다는 태도를 가지는 것부터 시작하는 게 좋겠어. 내가 할 수 있는 것에 최선을 다하고, 상대의 반응에 대해서는 기대를 안 갖는 거지. 기대를 하지 않으면 실망할 일도 없으니.

아이: 네, 무슨 말인지 알 것 같아요.

부모: 그래, 나는 "신뢰를 쌓는 데는 수년이 걸려도 그것을 무너뜨리는 것은 순식간이다"라는 말에 대해 얘기해보려 했는데,

오늘 벌써 시간이 많이 흐른 것 같구나. 이 부분은 다음 시간에 같이 얘기 나눠 볼까?

아이: 네, 알겠어요. 그런데 이 시는 외워야 해요?

부모: 외울 수 있으면 좋은데 처음부터 다 외운다고 생각하면 부담스러우니까, 네 마음에 드는 한두 구절 정도 반복해서 읽으면서 외운다고 생각하면 좋을 것 같아.

아이: 알겠어요. 좋은 구절 외워 두었다가 나중에 친구들한테 들려줘도 좋을 것 같아요.

부모: 그래, 그러면 아주 좋지.

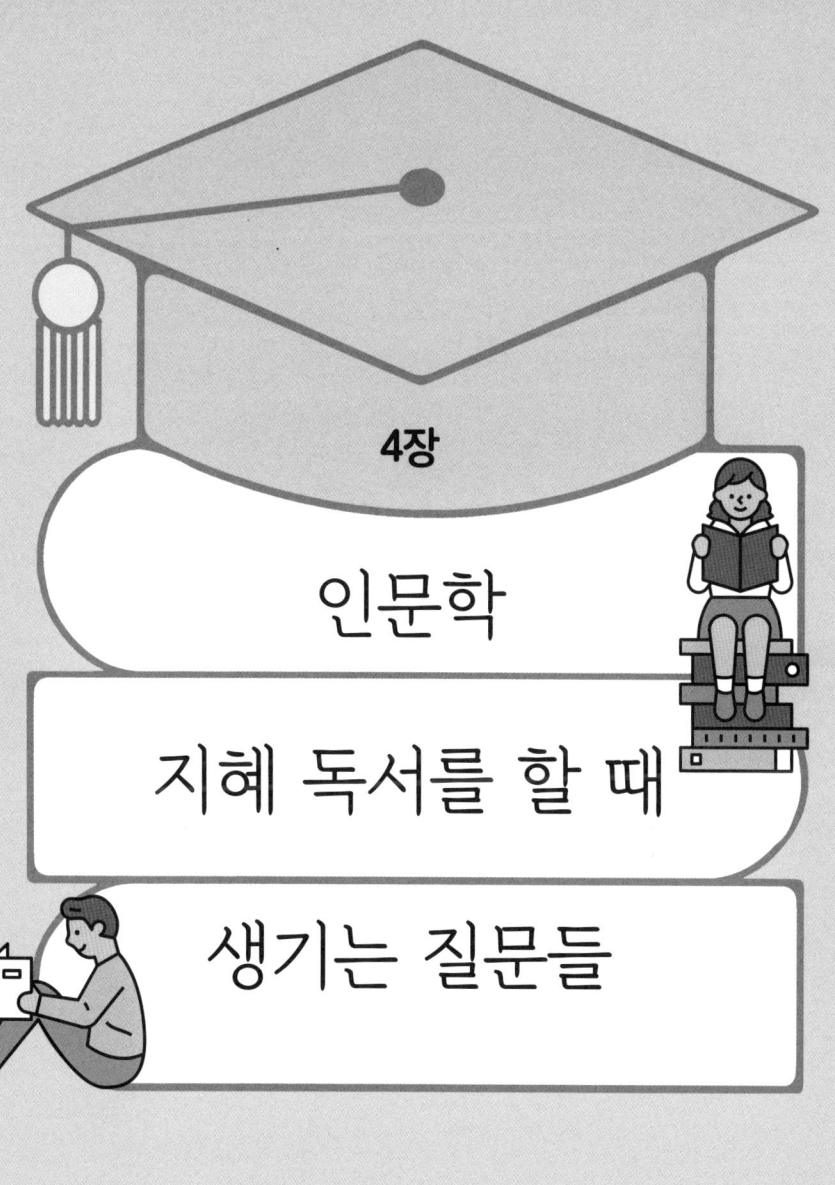

4장

인문학 지혜 독서를 할 때 생기는 질문들

형식적이고 낮은 수준의
생각 나눔에서 벗어나려면
어떻게 해야 하나요?

지속적인 지혜 독서 실천을 위해서는 공부가 필요하다

　가벼운 마음으로 매일 저녁 15분씩 아이와 같이 지혜 독서를 시작했는데, 어느 순간 과연 이렇게 하는 게 맞나라는 회의가 들 때가 있다. 특히 부모나 아이의 지식수준이 그만그만하면 책 읽고 나누는 게 형식적인 수준에 그치게 되고, 발전이 없다는 생각이 든다. 그래서 지혜 독서를 꾸준히 하기 위해서는 계속해서 공부를 해야 한다. 특히 고전 텍스트로 지혜 독서를 하는 경우 수천 년 동안의 시간·공간의 차이와 문화적인 차이를 극복해야 하는데, 이를 위해서는 언어와 역사, 문화에 대한 배경지식이 필요하다.
　이런 공부를 시작하는 가장 좋은 방법은 본인이 믿는 종교의 교육 프로그램을 활용하거나, 도서관이나 사설 기관의 인문학 강좌를 들어보는 것이다. 교회나 성당에는 성경 공부 프로그램이 있고, CBS나 CTS, 평화방송 등 개신교나 가톨릭 방송에도 성경 강해나 교육 프로그램이 있다. 불교도 마찬가지로 BTN이나 BBS와 같은 방송 채널에서 진행하는 불경에 관한 다양한 강의가 있다. 또 큰 절에서 운영하는 불교 교육 프로그램이나 디지털 불교대학 같은 온라인 교육 프로그램이 있다. 책을 읽는 것도 좋지만, 우선 좋은 강의를 들은 후에 책 읽기를 같이 하면 인문고전 공부를 훨씬 수월하게 할 수 있다.

그리고 어디서 무엇을 시작해야 할지 막연하다면 가장 간단하고 좋은 방법은 유튜브를 활용하는 것이다. 웬만한 신학교나 불교 대학이나 철학과 강의실에서 진행하는 수준의 좋은 강의를 유튜브에서도 쉽게 찾아볼 수 있다. 영어를 할 수 있다면 해외 영상을 보는 걸 추천한다. 영어권 자료가 우리말 자료보다 훨씬 쉽고 질이 높은 편이다. TED 강의는 한국어 자막 지원이 되기도 한다.

이 책에도 텍스트별로 도움이 되는 책과 강의를 정리해 두었다. 다음은 전반적으로 도움이 되는 자료들을 모은 목록이다. 본인이 시작하고 싶은 영역에 따라 자료를 찾아보면 좋은 강의와 선생님들을 비교적 적은 비용으로 만날 수 있다.

1. 개론서 및 입문 도서

❶ 성경 관련 도서

『만화 사도신경』, 『만화 주기도문』, 『만화 십계명』, 『만화 기독교 강요』

백금산 글 / 김종두 그림 | 부흥과 개혁사

『성경 2.0 쉬운 지도 성경통독을 위한 신개념 지도』

오광만 감수 | 씨엠크리에이티브(CMcreative) | 2016년

⇒ 성경의 주요 사건을 68장의 지도로 정리했다.

『어? 성경이 읽어지네!』

이애실 저 | 성경방 | 2018년

『구약읽기 내비게이션』

이애실 저 | 성경방 | 2015년

『문봉주 대사의 성경의 맥을 잡아라』

문봉주 저 | 두란노 | 2007년

❷ 불교 관련 도서

『자현 스님이 들려주는 불교사 100장면』

자현 저 | 불광출판사 | 2018년

『불교입문』

대한불교조계종 포교원 편 | 조계종출판사 | 2017년

❸ 동양고전 관련 도서

『인문학 명강 동양고전』

강신주, 고미숙, 박석무, 박웅현, 성백효 저 | 21세기북스 | 2013년

『신정근 교수의 동양고전이 뭐길래?』

신정근 저 | 동아시아 | 2012년

2. 온라인 자료

❶ 성경 관련

CBS 성서학당

https://www.youtube.com/watch?v=fu5xwji6Po8

⇒ CBS에서 진행한 성경 각 챕터와 주제별 강의가 정리된 곳이다.

김혜윤 수녀의 구약 노트

https://www.youtube.com/watch?v=KIxSBhqTdYE

⇒ 가톨릭 평화방송에서 진행한 구약 성경 강좌다.

바이블 프로젝트

https://www.youtube.com/watch?v=GQI72THyO5I&list=PLVpri7vfPPtKUOaqAAjEtZR4C-bO5Y_XQ

⇒ 영어권 성경 입문 프로그램이다. 창세기부터 성경 모든 챕터를 재미있는 애니메이션과 함께 소개한다. 화면 아래의 설정 기능 (톱니바퀴 모양)으로 들어가면 한국어 자막을 선택할 수 있다.

180초 바이블

https://www.youtube.com/watch?v=GZv402WT9YM

⇒ 우리말로 된 성경 입문 안내서이다. 창세기부터 챕터 별로 개요를 설명한다.

케리그마kerygma **신학연구원**

https://www.youtube.com/user/karlbarthkd

⇒ 독일에서 조직신학을 전공한 김재진 박사가 운영하는 신학 연구원이다. 칼 바르트Karl Barth, 본회퍼Bonhoeffer 등 독일의 대표적인 신학자들의 원전 강의 영상을 무료로 들을 수 있다. 약간 어려울 수 있지만, 강의를 수차례 반복해서 듣고 의미를 생각해 보면 어느새 내용을 이해하게 되면서 강의의 가르침을 몸소 실천하게 된다.

김동일 목사의 성경적 세계관과 성경 강해

https://www.youtube.com/watch?v=aQoDuqV7M7U

⇒ 대전 아둘람 교회의 김동일 목사가 운영하는 채널이다. 성경적 세계관에 관한 유익한 강의가 많고, 로마서 강해 등 많은 강해 설교 자료들이 올라와 있다.

❷ **불교 관련**

조계종 디지털 불교대학

http://www.edubuddha.net/

자현 스님의 붓다로드

https://www.youtube.com/watch?v=PcQVY_xCphQ&list=PL5WMTtfpXrfsHLmeQrNd0G4mezf1L1qtw&index=131&t

⇒ 중앙승가대학 교수이기도 한 자현 스님이 진행하는 불교사 강의이다. 불교의 태동과 발전뿐 아니라 동서양 사상을 넘나드는 방대한 문명사 내용을 들을 수 있다.

불교입문

https://www.youtube.com/watch?v=5-gsE02kRyI

⇒ 능인선원 지광 스님의 불교 입문 강의이다.

도올 김용옥의 불교 특강

https://www.youtube.com/watch?v=DTTz6pAjxYQ&list=PLM79DZYYdoYMNNXqjOq1Mug3m5YsQM5rk

⇒ EBS에서 진행한 도올 선생의 불교 특강이다.

최진석의 반야심경 강의

https://www.youtube.com/watch?v=cBOGl2b4Gzk

⇒ 서강대 철학과 최진석 교수의 『반야심경』 강의다.

❸ **유교 관련**

전호근 교수의 논어 특강

https://www.youtube.com/watch?v=3UI7dztQPds

⇒ 책읽는 사회 문화 재단에서 진행한 강의로, 이 사이트에는 전호근 교수의 맹자와 장자 강의도 올라와 있다.

교양명심보감(원주용 선생님)

https://youtu.be/UNV0VLyC8ZA

⇒ 전통문화 연구회에서 진행한 강좌이다. 이 사이트에는 『동몽선습』, 『격몽요결』, 『맹자』 등 다른 여러 강의 영상들도 찾아볼 수 있다.

❹ 기타 철학 관련

The School of Life

https://www.youtube.com/watch?v=csIW4W_DYX4

⇒ 주로 철학과 인문학을 소개하는 영어권 대표 사이트이다. 영어와 중국어 등의 자막은 제공되나 한글 자막은 아쉽게도 제공되지 않는다.

아이가 점점 잔소리꾼이 되는데 어떻게 해야 할까요?

지혜 독서의 부작용(?)

지혜 독서나 인성 중심의 교육을 할 때 나타나는 부작용(?)은 아이가 부모나 어른을 평가하거나 잔소리하는 모습을 보이기도 한다는 것이다. 『사자소학』 같은 유교 경전에서 구체적인 실천법을 배운 아이들이 종종 "그런데 엄마는 왜 그렇게 안 해?", "저 아저씨는 왜 똑바로 행동을 안 해?"라고 따지거나 비판하는 모습을 보이기도 한다.

한 번은 어느 가정에서 신약성경으로 지혜 독서를 한 적이 있었다.

아이: 저는 오늘의 구절로 '한 사람이 두 주인을 섬기지 못할 것이니 혹 이를 미워하고 저를 사랑하거나 혹 이를 중히 여기고

저를 경히 여김이라. 너희가 하나님과 재물을 겸하여 섬기지 못하느니라'로 하고 키워드는 '겸하여 섬김'으로 할게요.
부모: 그래, 그런데 왜 이 구절을 골랐니? 너는 하나님보다 돈을 더 섬긴 적이 있니?
아이: 아니요. 제가 그런 게 아니고요. 아빠가 요즘 신앙생활보다 주식 투자에 빠져서 하나님과 재물을 겸하여 섬기는 것 같아서요.

이런 아이의 말을 들은 부모는 적지 않게 당황했다. 부끄럽기도 했지만, 계속 이런 식으로 지혜 독서를 해나가면 아이가 오히려 다른 사람을 판단하는 마음만 기르지 않을까 염려되었다.

이 경우 이렇게 답변하면 좋다.

"그렇게 생각할 수도 있는데, **우리가 지혜 독서를 하는 목적은 그 내용을 가지고 다른 사람을 판단하고 정죄하려는 게 아니란다. 나를 돌아보고, 내가 이 말씀대로 살기 위해서는 어떻게 해야 하는가를 더 생각해 보려는 거야.** 앞으로는 구절이나 키워드를 고를 때, '아, 이 구절은 누구한테 해당하는 말이구나'라고 생각하지 말고, 나 자신에게 해당하는 내용이나 내가 고쳐야 할 부분에 대한 말씀과 키워드 중심으로 생각 나눔을 해 보렴."

또, 혹시라도 이런 부작용이 있으니 아예 지혜 독서를 포기하자는 엉뚱한 결론으로 가서는 안 된다. 어떤 것이든 새로운 것을 시도하다 보면 시행착오와 어려움이 있다. 이런 어려움을 극복하고 대안을 찾아야 좀 더 나은 삶으로 나아 갈 수 있다. 그래도 부모와 아이가 같이 지혜 독서를 하는 경우는 사정이 나은 편이다. 부모는 배우지 않으면서 아이만 인성 교육기관에 보내면 아이가 부모나 남을 판단하는 정도는 더 심해질 수 있다.

올바른 지혜 독서의 적용 대상은 남이 아니라 나임을 보여주는 좋은 예화가 다음에 나오는 바알 셈 토브의 이야기다. 꼭 시간을 내어 아이에게 이 이야기를 들려주면서, 우리가 아이와 지혜 독서를 하는 목적이 무엇인지를 점검해 보고 앞으로의 방향성에 대해 이야기를 나눠보기 바란다.

바알 셈 토브의 자기반성

유대 경건주의 운동의 창시자로 불리는 바알 셈 토브는 매일 삶 속에서 작은 계명을 실천하는 것이 곧 신을 예배하는 것이고, 계명의 준수가 의무가 아니라 특권이고 즐거움이라고 가르쳤다. 한 번은 그가 안식일에 한 이웃이 안식일을 지키지 않고 일하는 모습을 보곤 그 모습을 매우 안타깝게 여겼다. 그래서 그는 집에 돌아와 자신이 그동안 살면서 안식일을 제대로 지키지 못 했던 부분이 있었는지를 되돌아봤다.

보통 어떤 규율이나 원칙을 잘 지키는 사람들은 그렇지 않은 사람들을 보면 판단 잣대를 들이밀고 정죄하기 쉽다. 예를 들면 나는 교통 신호를 잘 지키는데, 교통 신호를 어기는 사람을 보면 화가 나고 욕이 나온다. 또 나는 분리수거를 잘하는데, 그러지 못하는 사람을 보면 저런 사람 때문에 지구 환경이 오염된단 생각에 화가 치민다. 하지만 바알 셈 토브는 생각을 달리했다. 그는 세상에 일어나는 모든 일에 우연은 없다고 봤다. 하필 그날 자기가 안식일을 지키지 않는 사람을 만나게 된 데에도 어떤 이유가 있었고, 신의 섭리가 있었다고 생각했다.

바알 셈 토브는 이렇게 말했다.

"어떤 사람이 완전하고 흠결이 없다면 그는 다른 사람의 악한 모습을 보거나 인간의 악한 면에 대한 소식을 듣지 않을 것이다. 그래서 만약에 우리가 다른 사람의 잘못을 보거나 듣게 되면 우리는 먼저 그런 잘못이 내 안에 없는지를 돌아봐야 한다. 이는 당신이 성인聖人이라도 마찬가지이다. 신께서 그런 모습을 보게 하거나 그런 소식을 듣게 하는 이유는 당신으로 하여금 당신 가운데 있는 같은 잘못을 깨닫고 그것을 고쳐 당신을 더욱 온전하게 하기 위함이다. 그리고 그렇게 함으로써 당신이 보거나 들은 사람의 잘못된 행위도 고쳐지게 된다.

그래서 당신의 이웃이 잘못하는 것을 보거나 믿을만한 사람으로부터 그가 어떤 잘못을 저지르고 있다는 소문을 들으면 그를 비난하거나 정죄하지 말라. 왜냐하면 이런 기회를 통해 당신에게도 있는 같은 잘못을 깨닫고 고칠 수 있고, 이를 통해 다른 사람들도 좋은 행동을 실천할 수 있기 때문이다."

다른 사람의 잘못이 보이는 것은 내 안에 같은 잘못이 있기 때문이라는 바알 셈 토브의 깨달음은 현대 심리학이나 뇌 과학에서도 증명된다. 최근 뇌 과학 연구에 의하면 자아를 인식하는 내측 전전두엽은 나에 대한 인식과 타인에 대한 인식을 동일하게 처리하는 것으로 밝혀졌다. 검사 장치를 통해 살펴보니 사람이 자기 자신에 대해 생각할 때와 타인이나 타인의 시선을 의식할 때 뇌의 같은 부위가 활성화되었다. 즉, 뇌는 나와 남을 뇌의 같은 부위와 정보 처리 과정을 통해 인식하는 것이다.

이를 우리 속담으로 풀어보면, '개 눈에는 똥만 보인다'는 것이다. 그리고 ==욕하면서 닮는다고, 내가 상대를 비난하고 정죄하면, 나에게도 있는 동일한 죄가 점점 커지면서 결국 나도 똑같은 실수와 죄를 저지르게 된다.==

우리는 너무나 쉽게 다른 사람을 정죄하고 판단한다. 특히 연예인이나 사회 저명인사들의 부도덕한 행위나 일탈에 대한 자극적인 보도나 근거 없는 루머를 너무 쉽게 믿고서 그들을 쉽게 정죄한다. 하지만 바알 셈 토브의 따르면 우리가 그것을 보고 그런 안 좋은 소식을 듣게 되는 이유는 우리 내면에도 그런 잘못을 저지를 가능성이 있기 때문이다. 이는 먼저 나를 돌아보고, 그런 가능성이 행동이나 범죄로 드러나지 않게 어서 고치라는 하늘의 계시일 수 있다. 이런 가르침을 깨닫고, 올바르게 실천할 수 있다면 우리는 앞으로 저지를 수 있는 실수와 잘못된 행동을 줄여나갈 수 있을 것이다.

시간을 내어 꾸준히 하기 힘든데 어떻게 해야 할까요?

우선 시작하고 고쳐나가자

인문학 지혜 독서의 필요성과 실천 사례에 공감하여 가정에서 실천하다 보면 여러 가지 어려움에 부딪히게 된다. 아이가 하기 싫어할 수도 있고, 부모가 너무 바빠서 제대로 시간을 못 낼 수도 있다. 또 남편이나 아내가 비협조적이거나 시작만 하고 계속 이어나가지 못 하기도 한다.

하지만 이러저런 어려움을 생각하면 중요한 첫걸음을 내딛기도 쉽지 않다. 우선 완벽하지 않더라도 일단 시작하면서 조금씩 고쳐나간다고 생각하는 게 좋다. 너무 문제가 많으면 잠시 아이와 함께하는 것은 중단하고 우선 나부터 공부하는 전략을 택할 수도 있다. 하지만 이런 문제도 우선 시작을 해야 보인다. 먼저 지금 상황에서 할 수 있는 것부터 시작하여 조금씩 고쳐 나가면서, 우리 가정에 맞는 최적의 방법과 모델을 찾아야 한다.

우선 순위 확보

지속적인 지혜 독서를 위해 가장 중요한 것은 우선순위 확보다. 다른 많은 일을 포기하지 못하면서 시간이 남으면 조금 해 보겠다는 식으로 하면 얼마 안 가 흐지부지될 위험이 크다. 그러므로 우선 지금 우리 가정이 하루를 어떻게 쓰고 있고, 일주일 동안이나 주말에 시간을 어떻게 쓰고 있는지 확인해 볼 필요가 있다. 그러고 나서 불필요한 활동 시간을 줄이고, 시간적인 여유를 만들어야 한다. 그러면 시간적 여유를 만들 뿐 아니라, 몸의 에너지도 아낄 수 있다. 바쁘게 돌아다니거나 하는 일이 많다는 것은 그만큼 내가 더 쓸 수 있는 에너지가 별로 남아 있지 않다는 의미이다. 몸도 피곤하고 마음의 여유도 없는데, 평소에 하지 않던 지혜 독서를 어떻게 꾸준히 해나갈 수 있겠는가?

주말에 안식 시간을 만드는 방법

　주중에 시간을 내기 힘들다면, 주말에 시간을 마련하여 지혜 독서를 시작해 보는 것도 좋은 방법이다. 정통파 유대인들이 지혜 독서를 잘하는 이유는 바로 금요일 저녁, 해가 지고부터 토요일 저녁, 해가 질 때까지 아무 일도 하지 않고 온전히 안식일을 지키기 때문이다. 이때는 일도 하지 않고, 공부도 하지 않는다. 함께 모여 예배를 드리고 책을 읽을 수 있지만, 읽은 내용을 글로 적을 수도 없다. 엄마도 음식을 더 만들지 않는다. 안식일 전에 만들어 놓고 그 음식을 식지 않게 보관해서 먹는다. 안식일의 의미를 잘 모르는 사람들은 '왜 그렇게 하지 말아야 할 게 많지?'라고 오해할 수 있다. 하지만 안식일은 아무것도 하지 않고, 무언가를 소비하거나 소유하지 않은 상태에서 오로지 나의 존재에만 집중하는 시간이다. 또 다른 사람들의 시선과 평가에서 벗어나 참 자유를 누릴 수 있는 나만의 시간이다. 그리고 그 시간 동안 나는 왜 살고 어떻게 살아야 하는가에 대해 깊이 생각해 볼 수 있다. 바쁜 현대 사회에서 이렇게 하루를 온전히 안식할 수 없다면, 최소한 토요일 저녁 6시에서 10시까지, 혹은 일요일 오후 2시에서 6시까지와 같이 최소한 한 주에 서너 시간만이라도 이런 여유를 가져 볼 필요가 있다. 이렇게 시간적인 여유가 있어야 삶의 의미를 찾고, 속도가 아니라 제대로 된 방향에 집중할 수 있다.

제가 성경이나 불경을 함부로 해석해도 되나요?

　종교 텍스트로 인문학 지혜 독서를 하다 보면 이런 질문을 많이 받는다. 요즘 교회나 성당에서 성경 대학을, 또 절에서는 불교 대학과 같은, 평신도들을 대상으로 한 교육 프로그램을 많이 운영하고 있다. 또한, 여러 가지 형태로 평신도들에게 경전 읽기와 공부를 많이 강조하고 있지만, 여전히 '성직자가 아닌 내가 경전을 해석하고 그 내용을 아이들에게 전해도 되나?'라는 불안한 마음이 부모들에게 있는 것도 사실이다.

　이런 불안함은 교회나 성당에 다니는 분들 사이에서 좀 더 생길 수 있다. 불교는 경전도 여러 가지이고, 경전마다 주장하는 다양한 견해가 있기 때문에 깨달음에 이르는 길이 하나만은 아니라고 본다. 하지만 기독교는 하나의 절대 진리만 있다는 입장이기에, 혹시 내가 이렇게 혼자 공부하고 아이와 나누다가 아이를 잘못된 길로 인도하지 않을까라고 걱정할 수 있다.

이런 걱정을 줄일 수 있는 가장 좋은 방법은 좋은 해설 강의나 책을 참조하는 것이다. 신뢰할 수 있는 종교 지도자의 해설이나 강의를 들으면 내 견해가 맞는지 틀리는지를 검증받을 수 있다. 또 좋은 책을 쓴 저자들에게 메일을 보내 나의 해석에 문제가 있지 않은지 물어볼 수도 있다.

그리고 막상 지혜 독서를 실천하다 보면 좀 더 깊은 공부를 하고 싶다는 의욕이 생기게 된다. 특히 아이가 던지는 순수한 질문에 답하다 보면 이런 욕구가 더 많이 생긴다.

"예수님은 어느 신학교를 나오셨고 누구한테 배우신 거예요?"

"부처님이 살아계실 때는 불상이 없었다고 하셨고, 부처님은 형상에 집착하지 말고 하셨는데, 왜 절에는 불상이 많아요?"

"공자님은 남이 알아주지 않아도 화내지 않으면 군자라고 했는데, 왜 본인은 계속 제후들을 찾아다니면서 그들의 인정을 받고 취직하려고 했어요?"

이런 생각지도 못한 발상과 질문에 대한 답을 찾다 보면, 우리가 지금 접하고 있는 종교나 사상이 처음과 어떻게 달라졌는가를 알게 되고, 그럼으로써 좀 더 깊은 공부를 하고 싶다는 마음이 생길 수 있다.

마지막으로, 이렇게 공부한 내용을 가족 외에 다른 사람에게 전하지만 않으면 큰 문제가 될 것이 없다. 이 문제를 생각할 때마다 떠오르는 비유가 비‖의료인의 침, 뜸과 관련된 의료법 위반 논란이다. 결국 대법원 판결은 정식 면허 없이 남에게 침, 뜸을 시술하는 행위는 불법으로 처벌해야 하지만, 해당 의료 기술을 평생 교육과정으로 교육하는 데에는 문제가 없다고 봤다.

완전히 같은 사안은 아니지만, 이런 논리로 생각해 보면 과연 내가 경전에 대한 해석을 아이들과 나눠도 될까라는 대한 답을 얻을 수 있다. 본인의 주관적인 해석을 근거로 다른 사람에게 전도하고, 종교 조직을 만들거나 돈을 받는 것은 문제가 있지만, 자기가 공부한 내용을 가족들과 나누는 것은 큰 문제가 될 리 없다.

이보다 더 큰 문제는 정식으로 신학교를 안 나와서 학위도 안 받았는데, 내가 함부로 경전을 해석할 수 있겠냐며 경전 원문을 거들떠보지 않는 것이다. 과거에는 경전 자체가 한문이나 라틴어 같은 어려운 언어로 되어 있어서 읽고 싶어도 쉽게 읽을 수 없었다. 하지만 지금은 수많은 해석본과 좋은 해설서가 시중에 많이 나와 있다. 그러니 변명의 여지가 없다.

그리고 이런 핑계가 모일 때 종교가 어떻게 처음의 가르침에서 벗어나고 변질되는지는 지금 일어나는 수많은 종교의 폐단에서 확인할 수 있다. 경전을 자의적으로 해석하는 일부 성직자나 수도승들이 예수님이나 부처님의 가르침을 자기 이익을 챙기고, 조직을 유지하는 데 이용했다. 진정한 신앙인은 예수님이나 부처님을 빙자하여 자기 이야기를 하는 사람들의 말을 걸러내야 한다. 예수님과 부처님의 음성을 직접 자기가 듣고, 무엇이 옳은지 판단하고 그분들의 가르침대로 실천할 수 있어야 한다. 다행인 것은 요즘 교회나 성당, 절에서는 성도들이 설교나 강론, 법문만 듣지 말고 원문을 많이 보라고 강조하고 있다. 그러니 크게 걱정할 것 없이 각자 자기만의 경전 공부를 해 나가면서 의문 나는 부분은 권위 있는 분들의 가르침을 참조하면 되겠다.

어른도 읽기 힘든 『논어』나 『도덕경』을 어떻게 아이들이 읽나요?

　인문고전으로 아이들과 함께 지혜 독서를 해 보라고 하면 자주 듣는 질문이 그 어려운 책을 어떻게 아이들과 같이 읽느냐는 것이다. 물론 쉽지 않다. 그래서 나는 이 책에서 쉽게 접근할 수 있는 다양한 방법을 제시했다. 그리고 한편으로 달리 생각하면 그리 어렵지만도 않다. 이 책에서 말하는 지혜 독서는 한두 권의 인생 책을 평생 반복해서 읽으라는 것이다. 『논어』면 『논어』, 『도덕경』이면 『도덕경』 그리고 성경이나 불경 중 가장 마음에 다가오는 부분을 계속 반복해서 죽을 때까지 읽는 것인데 뭐가 그리 어렵겠는가? 어려운 부분이 있으면 관련 도서나 강의의 도움을 받고, 그래도 이해가 안 되면 건너뛰고 이해되는 부분부터 읽고, 올해 공부가 안 된 부분은 내년에 하면 된다.
　어떤 분은 이런 질문도 했다.

"선생님께서는 『도덕경』으로 아이와 함께 지혜 독서를 하라고 하셨는데, 『도덕경』은 인생의 풍파를 다 겪어 보고 마흔쯤 돼봐야 이해할 수 있는 책 아닌가요? 아직 세상이 어떤 곳인지도, 삶이 어떤 것인지도 알지 못하는 아이가 읽을 수 있을까요?"

이런 오해가 생기는 것은 이 책에서 말하는 인문학 지혜 독서의 개념과 목적이 무엇인지 잘 모르기 때문이다. 앞에서도 이야기했지만, 이 책에서 말하는 인문학 지혜 독서의 목적은 아이들을 이해시키고 공부시키는 것이 아니다. 오히려 부모가 공부하고, 깨닫고, 실천하는 것이다. 그리고 이런 의미에서 동화책이나 그림책이 아닌, 수천 년간 검증된 인문고전 텍스트로 지혜 독서를 해야 한다고 말하는 것이다. 아이가 어리다면 텍스트의 의미가 무슨 뜻인지 잘 모를 수도 있다. '모든 사람은 죄인이다', '우리가 눈으로 보는 모든 것이 사실상 실체라 할 만한 것이 없다'는 등의 깊은 깨달음을 어떻게 어린 나이에 바로 알 수 있겠는가? 하지만 아이가 자라면서 인생의 고비와 어려움을 겪게 될 때 이런 말씀의 씨앗이 뿌려진 아이들은 분명 다른 삶을 살게 될 것이다. 지금 당장 책을 읽고 이해해서 변화를 만들어야 하는 것은 아이가 아니라 부모다.

또한, 고전 텍스트를 쉬운 수준으로 낮추지 않는 이유를 교육학적으로도 설명해 볼 수 있다. 데이비드 누난 David Nunan 이라는 유명한 영어교육학자는 아이들에게 영어를 가르칠 때 가공된 쉬운 텍스트가 아닌, 실제 생활에서 사용되는 진짜 텍스트 authentic materials 를 가지고 가르치라고 한다. 처음에는 어려울 수 있다. 하지만 그렇게 해야 공부를 위한 공부가 되지 않고, 오히려 학습자들 사이에 질문과 토론이 많아지면서 자발적인 학습이 자리 잡는다고 한다.

이런 교육학적 원리를 고전 교육에 가장 잘 적용한 민족이 유대인이기도 하다. 유대인들은 창세기에서 민수기까지, 이른바 모세오경이라고도 하는 토라Torah를 축약하거나 쉬운 문장으로 만들지 못하게 했다. 그래서 유대인 사회에서는 이른바 어린이를 위한 쉬운 토라 같은 책은 나올 수 없다. 고문 히브리어로 되어 있고, 아이들이 이해하기 힘든 부분도 있지만, 어릴 때부터 어려운 텍스트를 그대로 읽게 했다. 대신 그 내용을 잘 설명하기 위해서 아버지나 스승들이 공부를 열심히 해야 했다. 이렇게 어려운 내용을 아이에게 쉽게 설명하는 과정에서 부모의 텍스트에 대한 이해도 높아지고, 자연스럽게 자식들에게 가르친 내용을 실천하고자 하는 동기도 생기게 되는 것이다.

앞서 여러 번 언급했지만, 대부분 부모가 자녀를 교육할 때 가장 문제가 되는 것은 부모가 아이에게 무언가를 가르쳐야 한다는 강박관념이다. 그런 강박관념을 내려놓아야만 편한 마음으로 아이와 함께하는 지혜 독서를 시작할 수 있다. 지혜 독서의 핵심은 남을 가르치거나 올바른 길로 인도하는 게 아니다. 내가 변하고, 내가 자유로워지고, 내가 행복해지는 것이다. 그리고 그런 깨달음의 씨앗을 아직 순수한 아이의 마음 밭에 뿌리는 것이다.

이런 의문이 생길 수밖에 없는 이유는 실제로 아이들과 이 책에서 말하는 수준의 지혜 독서를 시작해 보지 않았기 때문이다. 내가 지난 10년간 다양한 연령층의 아이들과 탈무드식 독서 토론을 해보고 얻게 된 결론은 아이들은 어른들이 생각하는 것보다 훨씬 똑똑하고 생각도 깊다는 것이다. 집안에서 매일 아이들이 잘못하는 모습을 보고, 유치한 행동을 하는 모습을 봐서 그렇지, 지혜 독서 시간에 진지하게 고전 텍스트를 펼치고 이야기를 나눠보면 우리 아이가 예상보다 훨씬 생각이 깊다는 걸 알게 될 것이다. 그리고 때로는 부모가 편견이나 선입견에 사로잡혀 보지 못 하는 부분을 아이가 보고는 예상 밖의 질문을 던지기도 한다.

물론 아이가 아주 어리거나 인지력이 부족하다면 좀 더 특별한 준비를 할 필요가 있다. 보통 만 0~3세 때는 아이가 뭔가를 이해하고 배우는 시기가 아니라 부모가 먼저 공부하고 아이에게 본을 보이는 시기로 본다. 이때는 인지적으로 무엇을 가르치려고 하기보다 부모 본인 공부를 먼저 충분히 해 둘 필요가 있다. 그리고 여러 가지 이유로 아이의 인지력이 부족하다면 공부 내용을 줄이면 된다. 핵심적인 부분만 반복해서 읽고, 암송하고, 깨달은 내용을 삶에 실천할 수 있게끔 초점을 맞추면 된다.

하여간 '이게 과연 되겠느냐?'는 질문에 대한 궁극적인 답은 한번 해 보라는 것이다. '의심에 기초한 질문에는 정답이 없다'라는 말이 있다. ==안 된다고 생각하고, 아무것도 안 하면 아무 일도 일어나지 않는다.== 하지만 이 책의 실천 사례에 소개되어 있듯이, 우리나라 명문 사대부 가문과 전 세계의 귀족 가문에서 그리고 수천 년간 유대인 가정에서 일어난 일이 우리 가정에서 일어나지 않을 리 없다. 의심이 생겼을 때 가장 확실한 해결책은 한번 해 보는 것이다.

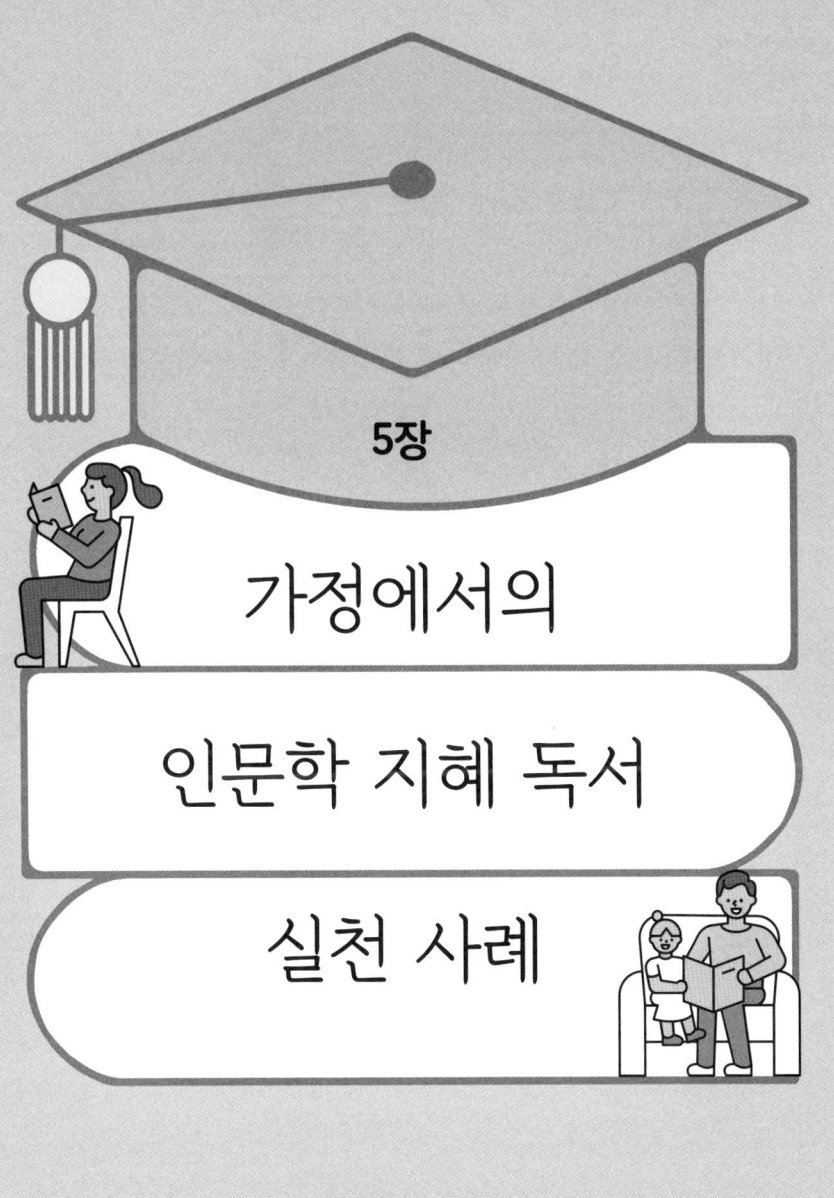

5장

가정에서의

인문학 지혜 독서

실천 사례

아이와 함께 성장하는
하루 한 시간
성경 통독

김수정 님 가정 사례

지혜 독서를 시작하게 된 이유

저는 지금도 지난 몇 년간 저희 가정에서 일어난 일이 꿈만 같이 느껴집니다. 아이 교육을 위해 아이가 초등 고학년 때 평촌이라는 명문 학군 지역으로 이사했습니다. 다른 가정처럼 아이 사교육 시키고, 좋은 중고등학교에 보내서 좋은 대학에 갈 수 있도록 돕는 것이 부모가 해야 할 가장 큰 사명으로 생각했습니다. 유해 환경도 적고 아이들도 순한 것 같아서 처음에는 새로운 환경에 만족했지만, 점점 저희 가정은 치열한 입시 경쟁 속에서 지쳐가고 있었습니다. 남들에게 뒤처지지 않고 빠릿빠릿해야 할 것 같은데, 아이는 그렇지 못한 것 같았고, 공부에서도 기대한 만큼 큰 성과가 나지 않았습니다. 공부는커녕 뭐 하나 잘하는 게 없어 보이는 아이에게 잔소리만 많아졌고, 저도 점점 마음의 여유를 잃어갔습니다.

비싼 집값과 아이 사교육비를 감당해야 하는 부담 때문에 남편은 더 치열하게 회사 생활을 하려 했습니다. 주말에 쉬지도 못 하고 부동산 공부를 하며 투자하러 여기저기 뛰어다녔습니다. 그 과정에서 몇몇 성과도 있었지만, 남편의 몸과 마음은 점점 피폐해져 갔습니다. 우울증이 심해졌고, 저나 아이와의 충돌도 많아졌습니다.

이런 상황에서 부동산 공부를 하던 남편이 심정섭 선생님의 『학군지도』 책을 보고, 저 보고 백화점 문화센터 강의를 들어보라고 권했습니다. 저는 아이 입시에 도움도 얻고 궁금한 것도 물어보려는 마음에 강의를 들었습니다. 그런데 강의는 생각한 것과는 좀 다른 내용이었습니다. 부동산 면에서는 학군이 의미가 있지만, 아이 교육을 생각한다면 오히려 명문학군이 본인 가정에 맞지 않을 수도 있고, 내공이 있다면 다른 선택을 해보라는 메시지였습니다. '어? 이건 뭐지?'라는 생각이 들어, 이 분에 대해 좀 더 알아봐야겠다는 마음에 심 선생님이 쓰신 다른 책과 블로그 글을 읽었습니다.

그러면서 심 선생님이 말씀하시고자 하는 바가 학군이나 입시에 매달리라는 것이 아니라, 현실을 분명히 파악하되 그 현실에서 우리 아이를 입시라는 줄에 세울지 말지를 신중히 판단하고, 아이와 소통하면서 가정 중심의 교육을 하라는 것이었습니다. 그러면서 유대인 자녀 교육이나 하브루타에 대해서도 알게 되었고, 심 선생님이 진행하는 역사 하브루타 모임에도 한두 번 참석했습니다. 그리고 2018년

10월 필리핀 오지 감사교육 프로그램에 저희 온 가족이 다녀오면서 저희 가정에 큰 변화가 생기기 시작했습니다. 상세한 과정을 여기서 말씀드리기는 힘들지만, 이후 지속적으로 역사 하브루타 모임과 심 선생님이 진행하는 가족 식탁 모임에 참석하면서, 선생님께서 말씀하시는 교육 원리를 하나씩 실천했습니다. 그리고 2019년 겨울 필리핀 보홀에 열흘간의 하브루타 실천 모임 여행을 갔다 오고 난 이후, 초등학교 6학년 아들과 본격적으로 하루 한 시간씩 성경 통독 나눔을 하는 시간을 가졌습니다.

하루 한 시간 아이와의 지혜 독서 실천

지혜 독서용 책으로 성경을 정한 데는 큰 고민이 없었습니다. 어렸을 때 교회에 잠시 다녔고, 그 후론 꾸준히 가진 못했지만, 성경에 대해 큰 편견은 없었습니다. 또 필리핀에서의 좋은 기억과 주변에서 가정 중심으로 신앙생활을 하시는 분들의 좋은 모습을 봐서 다른 텍스트보다 성경으로 지혜 독서를 시작해야겠다고 생각했습니다. 방법은 심 선생님께서 가르쳐주신 대로 '소리 내어 읽기—쓰기—생각 나눔'의 구성을 기본으로 하였고, 어느 정도 성경 읽는 게 익숙해지자 영어 성경 한 구절을 암송하는 것도 순서에 추가했습니다. 그리고 마지막은 하루 있었던 일에 대한 감사 나눔으로 마쳤습니다.

먼저 아이와 저녁 시간에 본문을 읽습니다. 보통 5장분을 읽습니다. 예를 들어 창세기 1장에서 5장까지 같이 읽는 것입니다.

❶ 먼저 한 사람이 한 장을 읽습니다.
❷ 그리고 그 한 장 가운데 가장 마음에 다가오는 구절을 노트에 적습니다.
   이런 식으로 5장을 돌아가면서 읽습니다. 1장은 아이, 2장은 아빠, 3장은 엄마, 4장은 아이, 5장은 아빠가 읽는 식으로 했습니다.
❸ 그리고 5장까지 다 읽으면 자기가 적은 구절 가운데, 나누고 싶은 한 구절을 뽑습니다.
❹ 그리고 그 구절에서 하나의 키워드를 정하고, 왜 이 단어를 오늘의 키워드로 정했는지에 대해 서로의 생각을 나눕니다.

우선 이런 식으로 하니까 좋은 질문을 만들고 뭔가 체계적인 하브루타를 해야 한다는 부담이 없어서 않아서 좋았습니다. 가볍게 하나의 단어만 선택한다고 생각하니 할 수 있겠다는 용기가 생겼고, 실제 이야기를 나누다 보면 자연스럽게 다른 질문이 생기고, 생각 나눔도 더 깊어졌습니다. 이런 실천을 한 지가 이제 여섯 달이 넘어갑니다. 그리고 지난 여섯 달 동안 저나 아이에게 정말 많은 변화가 일었습니다.

하고 싶은 것을 맘껏 하게 해 주었을 때 생기는 일

먼저 아이가 저녁에 이렇게 한 시간 동안 엄마와 함께 성경을 읽고 나누는 것을 싫어하지 않았습니다. 전에도 몇 번 역사나 인문학 텍스트로 아이와 토론하는 시간을 가지려고 했지만, 아이가 집중도 잘 못하고, 하기 싫어할 때가 많아서 저도 억지로 시키기가 힘들었습니다. 그런데 이번에는 아이가 순순히 같이하길 원했고, 통독을 하는 태도도 많이 바뀌었습니다. 지금 돌아보면 가장 큰 변화는 보홀을 다녀오고 난 이후에 생긴 것 같습니다.

보홀에서 심 선생님과 다른 가정들과 함께 열흘간 있는 동안 제 아이는 아침에 성경에 대해 생각 나눔을 하는 시간과 저녁에 감사 나눔을 하는 시간을 제외하고는 정말 하루 종일 수영만 했습니다. 숙소에 있는 야외 수영장에 들어가 나오질 않았지요. 하루에 거의 8시간 동안 수영을 했으니 말 다 했죠.

처음에는 '그래도 이건 아니지 않나?'라는 생각이 들었습니다. 조금만 놀고, 심 선생님이 진행하는 하브루타 수업에 참여해서 같이 공부했으면 했는데, 아이는 공부에는 전혀 마음이 없었습니다. 약간 실망은 되었지만, 그래도 새벽에 일어나 아침에 성경에 대해 생각 나눔을 하고 저녁에 감사 나눔 하는 습관을 만들어 가고 있으니까 이 정도로 만족하자며 제 기대 수준을 낮췄습니다.

그런데 한국에 돌아와서 저녁 성경 통독 모임을 시작하자, 아이가 이전보다 훨씬 집중하고, 성경을 읽을 때도 목소리가 우렁차졌습니다. 여전히 손을 까닥대거나 자세를 바로 하지 못 하는 모습은 남아 있었지만, 이전에 비하면 엄청난 발전이었습니다.

심 선생님께 이런 우리 아이 변화에 대해 이야기하니 심 선생님은 "아이가 하고 싶은 것을 마음껏 하게 해 주니까, 하기 싫은 것을 할 수 있는 에너지가 생긴 것 같네요"라고 말씀하셨습니다.

자기 재능을 찾아가는 아이

두 번째로, 아이가 자기가 좋아하는 것을 스스로 찾으면서 거기에 몰입하기 시작했습니다. 저녁에 한 시간씩 성경 읽고 나누는 것 외에는 아무런 기대도 하지 말자고 생각하고 아이를 바라보니 저도 훨씬 여유가 생겼습니다. 잔소리도 줄어들었습니다. 아이는 겨울 방학 동안 평촌공원에 나가 연을 날렸습니다. 수영을 하루 8시간 했던 몰입력 덕에 이번에는 한 번 나가면 4~5시간 동안 연을 날립니다. 그리고 어느 좋은 할아버지를 만나 연을 잘 날리는 법을 배워, 하늘 높이 연 날리는 기술을 터득했습니다. 아이가 연을 날리면 사람들이 주변에 모여들어 '와 잘한다!'고 칭찬을 합니다. 그러니 아이도 더욱 열심히 연을 날리게 됐고, 연에 대해 연구하는 상승작용까지 일어났습니다. 그리고 그 연 날리는 법을 알려주신 할아버지와 함께 평촌 중앙공원에서 연날리기 동호회를 만들어 지금 열심히 활동 중입니다.

예전 같으면 중학교에 올라가는 아들을 학원도 안 보내고, 연만 날리게 하는 모습을 상상할 수 없었겠지만 지금은 좀 더 아이를 믿고 기다려 줄 수 있는 마음의 여유가 생겼습니다. 그리고 그런 가운데 신기하게도 아이는 자기 할 일을 찾아가고 있습니다. 맨날 연만 날리고 놀기만 하는 것은 아닙니다. 자기가 하고 싶은 것을 하고 난 후에 해야 할 일을 스스로 찾아서 하기 시작했습니다.

수학 공부는 아이가 스스로 문제지를 정해서 풀었습니다. 코로나 19 사태로 학교를 가지 못 해 온라인 수업을 할 때도 오전에 온라인 강의를 듣고, 숙제를 다 해 놓고 연 날리러 나갔습니다. 전에는 아이가 계속 공부하는지 제가 감시해야 했고, 얼마 되지 않는 숙제도 밀리고, 숙제를 안 했는데도 했다고 거짓말까지 한 적도 있었습니다. 그런데 이렇게 아이를 믿고 맡기니 아이가 자기 일을 스스로 해나가고, 자기 일뿐만 아니라 부모가 찾지 못했던 재능도 스스로 찾아가는 아이의 모습을 보게 되었습니다.

높아진 자존감

마지막으로, 아이의 자존감이 더 높아졌습니다. 학원과 입시 위주의 공부를 내려놓고, 지혜 독서에만 집중하니 아이가 잘하는 것이 참 많다는 걸 알게 됐습니다. 학원과 학교에서는 중간밖에 못 가는 아들이었지만, 사회에서는 유일하고only one, 최고number one인 점이 많았습니다. 학원에 안 보내니 일주일에 한 번씩 아이와 아름다운 가게 봉사 활동도 함께할 수 있었습니다. 아름다운 가게에서 저희 아들은 최연소 자원봉사자입니다. 때로는 능수능란하게 어른 손님을 접대하고, 가게에서 큰 일꾼 역할을 합니다. 학교생활기록부에 적을 수 있는 봉사점수는 안 나오지만, 그런 것에 관계없이 기쁜 마음으로 봉사활동을 하고 있습니다.

또한, 평촌공원에서 아이는 연날리기 챔피언입니다. 아이가 연 날렸다 하면 주변 사람들의 탄성이 끊이지 않습니다. 그리고 필리핀에 가서 보니, 아이는 낯선 필리핀 친구들과도 스스럼없이 사귀는 엄청난 친화력과 사회성을 갖고 있었습니다. 그리고 그 사교성은 나이 차가 50살 이상 나는 할아버지나 어른 동호회 회원들과도 무리 없이 소통하고 협력하는 원동력이 되었습니다.

저는 이런 아들의 변화를 지켜보며, 심 선생님이 자주 말씀하시던 **"내가 자녀 교육 때문에 무언가 계속 불안하다면, 정말 중요한 한 가지를 제대로 하지 않고 있기 때문이다"**라는 말의 의미를 깨달을 수 있었습니다.

'아이 공부, 진로, 인생의 성공에 대한 염려를 내려놓자!', '그냥 아이와 하루 한 시간 동안 나는 왜 살고, 어떻게 살아야 할지에 대한 지혜 독서를 성경으로 하자. 그것 이외에 나머지는 다 내려놓자!'라고 생각했는데, 정말 신기하게도 몇 년 동안 고민했던 아이의 많은 문제들이 저절로 해결되는 것을 보게 되었습니다.

우리 아이가 좀 더 공부를 잘했으면…

필리핀 정글 감사교육 가는 길

지혜 독서 100일 차 기념 파티

겨울방학과 코로나19 기간 동안 연날리기의 달인이 된 아들

공부는 좀 못하더라도 좀 더 자신감 있고, 씩씩하게 자기 의견을 말했으면…

나쁜 친구들과 어울리지 말고, 게임이나 안 좋은 것에 빠지지 않았으면…

뭐래도 하나 자기가 좋아하고 잘할 수 있는 일을 찾아 몰입하는 모습을 보였으면…

무엇보다, 자기를 사랑하고 높은 자존감을 갖고 당당하게 살았으면…

아이를 키우며 제가 이루고 싶었던 교육적 목표가 하루 한 시간 성경 통독을 통해 하나하나 이뤄져 가고 있음을 보게 됩니다.

나의 변화

사실 하루 한 시간 성경 통독을 실천해서 변한 것은 아이 혼자만이 아닙니다. 오히려 아이보다 부모인 제가 더 큰 도움을 받았고, 한층 더 성숙해지고 있음을 느낍니다. 무엇보다 저 자신조차 지키지 못하면서 아이에게 이래라저래라 했던 언행불일치의 순간을 돌아보고, 더 겸손해야겠다는 걸 배웠습니다. 또 아이가 던지는 질문 하나하나에 저를 되돌아봤습니다. 제가 아이를 가르쳐야 하는 게 아니라, 제가 아이를 통해 배워야 함을 깨달았습니다. 그리고 그렇게 해서 생긴 좋은 기운으로 아이와 남편을 좀 더 여유 있게 바라볼 수 있게 되었습니다. 여전히 부족하지만, 예전보단 좀 더 참을 수 있고, 좀 더 기다릴 수 있게 된 것 같습니다.

또 ==지혜 독서에만 집중한 덕분에 아이 공부나 진로에 대한 고민을 내려놓으니 저만의 시간도 훨씬 많이 갖게 됐습니다.== 예전 같았으면 책을 읽거나 공부를 하려 해도 항상 무언가에 뒷덜미가 잡혀있는 듯한 불안이 있었습니다. 그런데 저녁 한 시간 성경 통독을 하고 난 후부터 이런 불안감은 싹 사라졌습니다. 온전히 제 공부에 집중할 수 있게 됐지요.

앞으로의 계획

아이와 함께 하루 한 시간 지혜 독서를 한 지 백 일째 되는 날 가족끼리 작은 파티를 열었습니다. 여기까지 와준 아들과 제가 너무 대견했습니다. 저는 앞으로도 아이가 독립을 하기 전까지는 가능한 한 계속해서 성경으로 지혜 독서를 할 생각입니다. 아이 진로나 공부는 아이에게 맡기고, 저는 지금처럼 아이의 뒤만 잘 따라가려고요. 그리고 이렇게 해서 생긴 여유 시간에는 좀 더 저 자신을 위한 공부를 하고, 아이가 독립하고 난 후엔 저의 제2의 인생을 살 수 있는 준비를 해보고자 합니다.

심샘의 Tip

📖 김수정 님의 가정은 엄마와 아빠가 함께 독서 모임과 감사교육에 참여하고 난 이후 가정이 한마음으로 하나씩 가정 중심 교육 원리를 실천하여 열매가 하나하나 맺힌 모범 사례입니다.

📖 지혜 독서를 안 것은 몇 년이 되었지만, 직접 실천하기까지는 2~3년이 걸렸습니다. 자신의 가정에 맞는 방법을 하나하나 찾아가면서 이제는 매우 안정적으로 지혜 독서를 하고 있습니다.

📖 매일 저녁 한 시간씩 5장 분량을 하는 게 부담된다고 생각하는 가정은 저녁 하루 15분, 하루 1장 정도 한다는 마음으로 시작해도 좋습니다. 이런 시간이 자리를 잡으면 분량이나 시간은 저절로 늘어나게 됩니다.

역사와 『사자소학』으로
실천하는
인문학 지혜 독서

박경혜 님 가정 실천 사례

입시로 달리다 지혜 독서로의 방향 전환

저희는 첫아이 6살 때 대치동에서 자녀교육을 하신 시부모님의 권유로 잠실로 이사를 오게 되었습니다. 그전까지는 공부보다 아이가 밝고 건강하게 자라는 데 중점을 두고 아이를 키워왔습니다. 잠실에 이사 온 후로도 아이는 단지 내 국공립 어린이집에 다니며 주말이면 신나게 들과 산으로 놀러 다녔습니다. 그렇게 어떻게 보면 아무 준비 없이 아이는 초등학교에 입학했습니다.

입학 후 자연스럽게 아이 반 친구 엄마들과의 모임이 늘어나면서 저는 조금씩 불안해지기 시작했습니다. 알파벳을 모르고 입학한 건 저희 아이뿐이었고, 다른 아이들은 줄넘기조차 학원에서 배워왔습니다. 그래도 아이가 차차 학교생활에 적응하고, 공부도 때 되면 하겠지라며 여유를 가지려고 했는데, 학교 선생님과의 면담 이후 '내가 아무것도 모르고, 잘못하고 있구나'라는 위기의식을 갖게 됐습니다.

담임 선생님은 절 보시자마자, "집에서 아이 공부 안 시키시나요?"라고 물었습니다.

"아이는 잘할 수 있는 능력이 있는데 집에서 엄마가 너무 안 시키면 아이의 자존감에도 문제가 생기니 집에서 아이 공부를 좀 챙겨 달라"고 하셨습니다. 이 말을 들으니 아이가 자주 집에 와서 하던 말이 떠올랐습니다.

'엄마, 난 못해… 다른 아이들은 뭐도 잘하고 뭐도 잘하는데, 나는 잘하는 게 없어….'

퍼뜩 정신이 들면서는 저는 그때부터 학원을 알아보고 아이를 다그치기 시작했습니다.

'출발이 늦었으니 우리는 뛰어야 해!'

엄마의 무지로 아이를 힘들게 한 것 같은 죄책감도 들어서 그동안 뒤처졌던 부분을 따라잡기 위해 더 열심을 냈던 것 같습니다. 학원 다니고 문제지 푸는 공부를 제대로 해 본 적이 없는 아이였지만, 제가 이런저런 방법으로 공부를 시키니 아이는 생각보다 잘 따라왔습니다. 그래서, '아, 이게 맞구나!'라고 생각하고 입시와 경쟁이라는 한 방향만 보고 달리기 시작했던 것 같습니다. 그런데 ==아이의 실력이 늘수록 이상하게 아이의 얼굴은 어두워지고 저 역시 아이에 대한 기대치가 높아져서 칭찬하기보다는 다그치는 일이 더 많아졌습니다.==

저와 아이의 이런 모습을 아빠는 늘 안타깝게 바라봤습니다.

"여보, 공부가 중요한 게 아니라 아이와의 관계가 더 중요하지 않아?"라고 자주 말했지만, 이런 말이 제 귀에는 전혀 들어오지 않았습니다.

'지금 다른 아이들은 어떻게 공부하고 있는데, 너무 현실을 모르는 이야기나 하고 있네'라고 여겼습니다. 학원 숙제를 하고 부지런히 영어, 수학 선행 학습하기도 한 주가 모자랐습니다. 이럴 때 좋아하는 놀이하고 좋아하는 책을 읽으려는 아이의 모습을 보면 못마땅한 마음에 잔소리를 할 때가 많았습니다. 그렇게 저희 아이는 어느덧 '쓸데없는 짓 하지 말고, 공부만 해야 하는' 아이로 자라고 있었습니다. 그러던 차에 심 선생님의 유대인 자녀 교육 강의를 듣고 하브루타 모임에 참석하면서 저의 이런 방향성이 무언가 잘못되었음을 알게 되었습니다.

아이 무의식에 심어진 강박관념

심 선생님과 역사 하브루타 시현 시간에 저희 아이가 참여한 날이었습니다. 심 선생님께서 아이에게 "이런 문제를 해결하기 위해 어떻게 하면 될까?"라고 물으셨습니다.

아이는 "열심히 하면 되죠"라고 대답했습니다.

"열심히 해도 안 되는 경우가 생길 수 있고, 예상치 못한 일들이 생길 수도 있는데 그럴 때는 어떻게 해야 할까?"

"그럼 더 열심히 하면 되죠."

심 선생님께서 다시 좀 더 구체적인 상황으로 질문하자, 아이는 다시 '무조건 열심히 하면 된다'는 식으로 대답했습니다.

이 대화를 들으며, 저는 마음속으로 깜짝 놀랐습니다. '열심히 해!', '더 열심히 해!', '무조건 열심히 해!'는 잘 따라오지 못하는 아이를 다그칠 때마다 제가 습관적으로 아이에게 하던 말이었습니다. 저의 조급함으로 인해 아이가 무의식적으로 '열심히 해야 한다'는 강박관념을 갖게 된 것이 아닌가 싶어 마음이 아팠습니다. 그리고 이제 입시의 무한 경쟁의 열차에서 내려와 우리 가정만의 걸음을 걷기로 결심했습니다. 사실 심 선생님이 말씀하시는 교육관은 저도 원래부터 실천하고 싶었던 교육 이상이기도 했습니다.

'공부만 잘하는 아이가 아니라 마음 따뜻하고 친구도 배려할 줄 아는 아이'

'자기 삶을 긍정적으로 받아들이며 역경을 근성 있게 헤쳐나가는 아이'

'공부보다 지혜와 인성을 갖춘 아이'가 제가 바라던 아이의 모습이었습니다.

역사와 『사자소학』으로 지혜 독서 시작

자녀교육의 원래 목표와 초심으로 돌아가자는 결심을 하고 저는 심 선생님의 책을 보며 구체적인 방법을 찾아봤습니다. 아이가 좋아하는 것을 찾다 보니 그게 역사였고, 그래서 같이 역사책을 읽고 이야기를 나누는 것부터 시작했습니다. 그리고 『사자소학』을 조금씩 같이 공부하기로 했습니다. 매주 금요일 저녁이 되면 저희 가족은 식탁에 모여 사자소학을 한 줄씩 암송하며 그 주에 읽은 역사책에 대해 이야기를 나눕니다. 아이들은 자기가 읽은 책 중에서 재미있는 내용을 그림으로 때로는 글로 써가며 저와 아빠에게 이야기해 줍니다. 이야기하다 더 궁금한 게 있으면 좀 더 자료를 찾아봅니다. 알아가는 즐거움이 쌓여가니 아이들은 금요일 저녁 시간을 기쁜 마음으로 기다립니다.

이렇게 하나의 주제를 가지고 이야기를 나누니 자연스럽게 아이들과의 공통분모가 생겼습니다. 그리고 하기 싫은 것을 시키기보다 자신들이 좋아하는 것을 함께해 주니 아이들은 엄마, 아빠에게 고맙다는 말을 자주 하게 되었습니다. 어느 정도 우리 역사에 대한 이해가 늘어가자, 큰 아이는 역사를 영어로도 배우고 싶다고 했습니다. 그리고 몇몇 유적지에 찾아가 그곳의 역사적 의미를 저에게 영어로 설명해 주기도 합니다. 신기하게도 이렇게 공부를 하니 전처럼 공부하라고 닦달하지 않아도 아이들이 스스로 공부를 하게 됩니다.

한 번은 큰 아이가 저에게 이런 말을 했습니다.

"엄마, 내가 좋아서 이렇게 역사 공부하고 이곳저곳 다니는 건데, 이렇게 지금 당장 중요하지 않은 과목을 공부하느라 돈을 많이 쓰는 것 같아서 좀 미안해요."

그래서 저는 이렇게 이야기해 주었습니다.

"엄마는 네가 하고 싶어 하는 거라면 뭐가 됐든지 응원하고 싶어. 딱히 무엇을 이뤄야 한다는 마음을 가지고 공부하면 힘들고 재미가 없잖아? 엄마는 ==배움은 즐거워야 한다고 생각해. 네가 좋아하고 즐거우면 네가 제대로 배우고 있는 게 아닐까?=="

이런 답을 해 주면서, 말을 하는 제 자신이 신기했습니다. 어떻게 이렇게 말할 수 있는 용기가 생긴 걸까?

문제지 푸는 공부보다 인성과 지혜 교육

물론 그동안의 과정이 모두 순탄했던 것은 아니었습니다. '영어 숙제할 시간에 역사 토론이라… 인성을 위해 수학 숙제를 포기하고 온 가족이 이렇게 식탁에 둘러앉아 이야기 나누는 게 잘하고 있는 걸까?'라는 의심이 들 때도 들었습니다. 그리고 식탁에 모든 가족이 둘러앉게 되기까지도 참 오랜 시간이 걸렸습니다. 어색한 아빠는 빨리 마치고 자리를 뜨려고 했고, 나이 어린 동생들은 계속 놀아달라고 칭얼댔습니다. 그래서 처음 적응하는 과정에서 도입한 것이 큰 전지를 활용한 놀이식 토론이었습니다. 막둥이에겐 언니들과 엄마, 아빠가 이야기하는 동안 식탁에 앉아서 그림을 그리게 했습니다. 큰아이와는 달리 역사에 관심 없던 둘째에게는 역사에 나오는 인물을 책에서 찾아서 동생에게 그려주라고 부탁했습니다. 그리고 가끔은 전등 갓 만들기, 찰흙으로 사람이나 동물 만들기 등 아이들이 즐겁게 참여할 수 있는 놀이를 했습니다.

매주 『사자소학』을 암송하며, 일상생활에서 잘못된 행동을 했을 때는 그에 맞는 사자소학을 외우는 과제를 내주었습니다. 만약 엄마가 불렀을 때 대답하지 않았다면 부모호아 유이추지 父母呼我唯而趨之(부모님께서 나를 부르시면 '예'하고 대답하고 빨리 달려가야 한다)를 10번 반복하는 과제였습니다. 요즘은 차에 탈 때마다 『사자소학』을 한 줄씩 암송하는 실천을 해 보고 있습니다. 이를 위해 저희 차에는 『사자소학』책이 항상 놓여 있습니다. 이렇게 하니 자연스럽게 어디 갈 때마다 『사자소학』 구절로 몸과 마음을 무장하고 나서는 느낌이 듭니다.

처음에는 기세 좋게 몇 달을 실천한 후, 한 번은 금요일에 제가 너무 피곤해서 한 주를 쉬자고 했습니다. 그리고 그렇게 약간 흔들릴 때도 있었는데, 한 달에 한 번 심 선생님과 함께하는 토요 독서 토론 모임은 흔들리는 나를 잡아주고, 다시 시작할 수 있는 용기를 주었습니다. 소신을 갖고 자녀 교육을 하려고 해도, 주위에서 무섭게 질주하는 모습에 흔들릴 때도 많았습니다. '과연 내가 잘하고 있는 것일까?', '이러다 잘못되면 누가 책임질 수 있나?'라는 생각도 들었습니다. 그럴 때마다 심 선생님의 글과 강연 그리고 같은 길을 가는 많은 가정을 보고 힘을 낼 수 있었고 외로움을 덜 수 있었습니다.

『사자소학』에서 배운 내용을 그림으로 표현해 보기

『사자소학』과 역사 공부 그림판 모음

『사자소학』 공부를 통해서 얻은 것은

『사자소학』으로 지혜 독서를 1년 이상 실천해 보고, 우리 가족이 얻은 것은 무엇인지 생각해 보았습니다. 같은 텍스트의 공유, 가족의 소통, 성현의 말씀으로 나 자신을 돌아보기 등 여러 가지 유익함이 있지만 한 단어로 말하라면 '마음의 평화'라고 할 수 있습니다. 성현의 말씀에는 어떤 에너지가 있는 것 같았습니다. 『사자소학』을 암송하고, 삶 가운데 기억하고 실천하며, 저와 아이들의 조급함이 없어지고, 마음이 좀 더 평안해지는 느낌이 듭니다. 그리고 『사자소학』에 부모의 소중함과 효에 대한 내용이 많아서 그런지, 저나 아빠에 대해 감사해하고 존중하는 아이들의 마음도 좀 더 커져가는 것 같습니다.

앞으로의 계획

저희 가정은 앞으로 역사와 『사자소학』 공부를 통해 지혜와 인성을 기르는 가정 중심 교육을 계속해 보려고 합니다. 역사를 통해 선조들의 삶과 지혜를 배우고, 『사자소학』을 통해 사람으로 올바로 살아가는 길을 배우고자 합니다. 그리고 올 한 해는 나눔의 실천을 몇 가지 더 해 보려고 합니다. 아이들은 해마다 용돈을 저금통에 모아 잠실역사거리 구세군 냄비에 기부하고 있습니다. 크리스마스가 되면 저희 가족이 하는 첫 번째 실천이 아이들이 1년 동안 모은 기부금을 구세군 자선냄비에 넣는 것입니다.

  가족 식탁 대화를 통해 우리 가족이 나눔을 실천할 방법이 또 무엇이 있을까를 의논해 보았습니다. 아이들은 어려운 형편에 있는 친구들을 돕기를 바랐고, 구체적으로 책을 물려 쓰고 아낀 비용으로 성금을 마련할 것을 제안했습니다. 영어 학원을 같이 다니는 첫째와 둘째는 몇 달 차이로 같은 교재를 쓰고 있습니다. 깨끗하게만 쓰면 언니가 쓴 교재를 지우개로 지우고, 동생이 물려받을 수 있습니다. 아이들은 이런 식으로 해서 아낀 돈을 초록우산 어린이 재단에 정기 후원하기로 했습니다. 이렇게 자발적으로 방법을 찾고, 다른 사람을 돕고자 하는 마음을 가진 아이들이 대견하기만 합니다. 그리고 그동안 인성 교육과 지혜 교육에 드린 정성과 시간이 헛되지 않았다는 위로도 됩니다. 아무쪼록 다른 많은 가정도 이런 교육을 실천해서 한 가정이라도 더 행복한 교육을 할 수 있는 길이 열리고 서로 격려하고 위로하는 공동체가 만들어지길 소원해 봅니다.

『사자소학』으로 실천한 인문학 지혜 독서 공동체

현성순 님 가정 사례

자녀교육의 길을 지혜 독서에서 찾다

저는 아산에서 세 아이를 키우고 있는 엄마입니다. 작은 빙수 가게를 운영하는 워킹맘이기도 합니다. 요즘 같은 때에 아이들을 어떻게 키워야 하나 고민이 많던 차에 심정섭 선생님의 유대인 자녀 교육 강의를 듣고, 심 선생님의 다른 자녀 교육서도 읽게 되었습니다. 서울에서 있었던 유대인 안식일 식탁 강의를 듣고, 이거다 싶어 다른 가정과 함께 심 선생님을 아산으로 초대해서 직접 강의를 듣고 실습을 해 보기도 했습니다. 또 1박 2일 세미나를 통해 역사 하브루타를 아이들과 같이 해 보고, 심 선생님이 말씀하시는 가정 중심 교육을 실천하기 위한 준비들을 하나둘씩 해 보았습니다.

심 선생님이 말씀하신 여러 가지 방법 가운데 저희들의 수준과 형편에 맞는 지혜 독서 방법으로 『사자소학』 공부를 택했습니다. 우선 『사자소학』은 네 글자씩 되어 있어서 배우기도 쉽고, 내용도 구체적이어서 좋았습니다.

예를 들어 "부모호아父母呼我면 유이국지唯而趨之하고 시좌친전侍坐親前하면 물거물와勿踞勿臥하라. 부모가 나를 부르시거든, 곧 대답하고 달려갈지니라. 어버이 앞에 앉을 때에는 몸을 바르게 하라. 걸터앉지도 눕지도 말라"는 식이어서, 우선 무엇을 해야 하는지가 분명했습니다.

이론적으로는 먼저 부모가 공부하고 아이와 나눠야 하는데, 다른 부모님들이 시간 내서 공부할 자신이 없다고 해서, 우선 아이들끼리 모여서 『사자소학』을 공부하는 것부터 시작했습니다. 아이들과 일주일에 한 번 함께 모여 『사자소학』을 낭독하고 깨달은 내용을 나눠보았습니다. 저희 아이들도 다른 친구들과 같이 시작하니, '왜 이런 걸 해야 해?'라는 질문 없이 자연스럽게 시작할 수 있었습니다. 분량은 일주일에 2문장 정도 부담되지 않는 수준에서 시작했습니다. 그리고 다음 수업까지 배운 내용을 낭독하는 영상을 단체 채팅방에 올려 공유했습니다. 이런 식으로 큰 부담 없이 하니, 1년 이상 꾸준히 이 모임이 지속되었습니다.

아이들이 『사자소학』을 공부하는 모습

아이들의 변화보다 컸던 부모들의 변화

아이들이 이렇게 『사자소학』을 낭독하고, 실천하니 가장 큰 변화는 부모님들께 생겼습니다. 집에서 아이들이 낭독하는 것을 보며, "오늘은 어떤 내용이니? 뭐 배웠니?"라고 물어보며 자연스럽게 그 뜻을 알게 되고, 부모님들도 하나둘 삶 가운데 『사자소학』에서 배운 내용을 실천했습니다. 특히 부모님의 은혜와 사랑에 대한 내용을 들으며 다시 한 번 부모님의 사랑을 기억하고 좀 더 구체적으로 효도를 할 수 있는 방법을 찾았습니다. 그런 실천 중 하나로, 『사자소학』 공부에 참여한 가정 내 할아버지, 할머니를 모시고 『건강독서혁명』 저자인 백용학 소장의 강의를 듣고 체조도 배우는 시간을 가져보았습니다.

또한 아이들이 공부하는 모습을 보고, 아이들에게 올바로 본을 보이고 실천하는 부모가 되어야겠다는 생각에 부모 독서 모임을 시작했습니다. 대부분의 부모님들이 직장 생활과 자영업을 하고 있어서,

부모님들을 위한 건강 특강

엄마, 아빠들의 독서 모임

다 같이 모일 수 있는 시간은 새벽과 늦은 밤밖에 없었습니다. 그래도 모두 열정적으로 독서 모임에 참여했습니다. 이 시간을 통해 각자 다른 환경에서 살고 다른 생각을 가지고 있었지만 그것을 비판하고 판단하기보다는 상대방의 입장에서 생각해보고 또 이해하는 마음을 가질 수 있었습니다. 그리고 다양한 시선에서 어떤 문제나 상황을 볼 수 있게 하는 귀한 공부시간이었습니다.

마지막으로 부모님들은 지혜 독서를 통해 아이들에게 진짜 가르쳐야 할 것이 무엇인지를 깨달을 수 있었습니다. 지혜 독서 전에는 한 아이당 평균 두세 과목의 사교육을 시키고 있었지만, 지금은 무리하게 이 과목 저 과목 시키기보다 아이의 재능과 흥미를 찾아 한 가지에 집중하는 모습이 많이 생겼습니다. 그리고 그 한 가지는 국영수의 인지 공부보다 운동이 되는 경우가 많았습니다. 전에 한번 아이들이 클라이밍 연습장을 같이 간 후로 클라이밍을 꾸준히 한 아이들이 생겼는데, 열심히 훈련하고 대회에 참석했던 아이들은 대회에서 수상도 하고 자신의 새로운 재능도 발견할 수 있었습니다. 부모님들에게

==는 지혜 독서와 운동하나 꾸준히 하고 공부는 아이들의 각자 역량에 맡기자는 용기가 생겼습니다.== 저도 큰아이에게 수학을 비롯해 교과 공부에 대해 잔소리하는 것을 멈추고, 아이가 스스로 자기 속도대로 공부할 수 있도록 기다려 줄 수 있는 내공이 생겼습니다.

공동체적 지혜 독서의 열매

지혜 독서에 대해 처음 이야기를 들었을 때는 좋은 것은 알겠는데, '바쁜 내가 할 수 있을까?', '남편의 도움 없이도 잘할 수 있을까?' 등 여러 가지 고민이 많았습니다. 그런데 이렇게 마음에 맞는 가정과 함께 공동체적으로 실천을 해 보니, 그간에 고민하던 문제들이 하나둘씩 자연스럽게 풀려나가는 모습을 보게 됩니다.

그리고 ==아이들 교육을 위해서 시작한 지혜 독서가 결국에는 부모의 삶과 태도가 바뀌는 것으로 이어지는 모습을 보았습니다.== 아이들이 효에 대해 이야기를 나누고 낭독하고 암송하는데 부모들의 삶이 변하지 않으면 아이들에게 더 큰 혼란을 줄 것 같은 생각이 들었고, 이는 자연스러운 실천으로 이어질 수 있었습니다.

저는 이런 지혜 독서가 생각을 바꾸고 행동을 바꾸고 삶을 바꾸는 독서라고 생각합니다. 시험 점수 1~2점을 올리기 위한 교육보다 삶에 대한 태도와 생각을 바꾸는 지혜 독서야말로 모든 부모들이 바라는 행복한 교육을 위한 첫걸음이라는 확신이 듭니다.

평균 이하의
인내력을 가진
엄마의 지혜 독서 실천기

윤선희 님 가정 사례

용기를 내어 시작한 하루 15분 지혜 독서

저는 워킹맘으로 두 아이를 키우고 있는 엄마입니다. 전 신사임당과 같은 자애로운 엄마도 아니고, 체력이 좋아 아이들과 남편에게 늘 긍정적인 기운을 전해 줄 수 있는 사람도 아닙니다. 매일 가정과 일 사이에서 허덕이는 평범한 사람인지라 뭔가 아이랑 다른 것을 시작한다는 것이 왠지 부담이었습니다. 심 선생님 책을 읽고, 강연을 들으며 '아, 이렇게도 아이를 키울 수 있겠다'는 생각도 들었지만, 이런 부담 때문에 선뜻 아이와 지혜 독서를 시작하기가 망설여졌습니다.

'안 그래도 정신 없어 죽겠는데 또 하나의 해야 할 목록을 추가하는 것은 아닐까? 호기 좋게 시작했다가 결국 아이에게 짜증 내고 화내면서 내 인격의 바닥을 보여주는 것은 아닐까? 아이는 지혜 독서를 또 다른 숙제로 여기고, 싫어하지 않을까?'라는 걱정이 앞섰습니다.

그러던 차에 하루에 15분이라도 좋으니 우선 한번 시작해 보라는 선생님의 말씀에 용기를 내 보기로 했습니다.

'그래 딱 10분 한다고 생각하자. 중간에 이야기가 딴 곳으로 새도 좋고, 우선 무슨 이야기든 아이와 이야기할 수 있는 시간을 만들어 보자.'

원래 선생님이 말씀하시는 지혜 독서는 아이와 함께 같은 텍스트를 읽고, 좋은 내용을 한 구절 적고, 키워드 나눔을 하는 것인데, 솔직히 이렇게 하면 15분 정도로는 안 될 것 같았습니다. 또 저도 무언가를 준비해야 한다는 부담이 있어서, 우선 시작은 아이에게 성경을 읽고, 가장 기억에 남는 구절 하나를 찾아오라고 했습니다. 그리고 그 구절을 아이와 같이 읽고, 왜 구절이 마음에 와닿았는지를 생각을 나눠봤습니다.

지혜 독서 첫날에 아이는 히브리서 4장 16절을 찾아 왔습니다.

"그러므로 우리가 긍휼하심을 받고 때에 따라 돕는 은혜를 얻기 위하여 은혜의 보좌 앞에 담대히 나아갈 것이니라."

엄마: 그래, 너는 이 구절에서 어느 부분이 제일 마음에 와닿았어?
아이: 은혜의 보좌요. 은혜의 보좌에 다가간다는 게 무슨 뜻이에요?
엄마: 음, 글쎄, 그럼 먼저 은혜라는 말은 무슨 뜻일까?

아이: 공짜로… 거저로… 그런 뜻 아니에요?

엄마: 그래, 그런 의미도 있는 것 같아. 언제 한번 설교를 들으니까 은혜의 반대말은 거래deal라고 하더라고. 내가 무엇을 했으니까 그 대가로 받는 것은 거래지. 그런데 나는 아무것도 안 했는데, 무언가를 받는 것은 은혜이고.

아이: 아무것도 안 했는데 거저 받는 게 있어요?

엄마: 예를 들어, 우리는 아무것도 안 했는데, 햇볕도 받고, 숨 쉴 수 있는 공기도 받고 있잖아. 우리가 돈 내서 햇볕과 공기를 받고 있는 것은 아니지 않니?

아이: 아, 그러네요. 가만히 보면 우리 삶에서 정말 중요한 것은 다 공짜로 받고 있는 것 같아요.

엄마: 그렇지. 결국 사람이 인격적으로 좀 더 성숙하면 내가 노력해서 얻었다고 생각하는 대부분의 것도 결국 이 우주와 많은 사람들의 도움으로 얻은 것임을 깨닫고 감사하는 마음을 갖게 되는 것 같아. 그럼 우리가 이 모든 게 은혜라는 것을 깨달으려면 어떻게 해야 할까?

아이: 감사하는 마음을 가져야 할 것 같아요. 그리고 우리가 거저 받은 것을 다른 사람에게도 거저 나눠줘야 하지 않을까요?

엄마: 그렇지. 그런데 우리는 우리가 은혜로 받은 것을 나누는 삶을 살고 있을까?

아이: 제게 물어보시는 거예요?

엄마: 아니, 우선 나에게 물어보는 거야. 나는 아무래도 내가 거저

받은 것을 나누는 것보다 내가 가지지 못한 것을 다른 사람과 비교하는데 더 시간을 많이 썼던 것 같아.

아이: 그럼 나누는 삶을 살려면 어떻게 해야 해요?

엄마: 너는 어떻게 해야 할 것 같아?

아이: 전에 엄마가 탈무드 공부하고 나서 유대인들이 밥을 먹고 난 이후에도 손을 씻는 이유가 나는 배불렀지만 아직 배고픈 사람이 여전히 있다는 사실을 기억하기 위함이라고 했잖아요. 우리도 계속 이런 연습을 해 보고, 지금 하고 있는 자선함도 열심히 해서 가난한 사람들에게 나누는 삶을 계속 실천해야 할 것 같아요.

엄마: 그래, 나도 그런 것 같아. 그리고 자주 이야기하는 대로 일상 속에서 우리가 할 수 있는 것을 하나하나 실천하는 연습을 계속해야 할 것 같구나. 그리고 오늘 이야기를 하다 보니까, 우리 그전에 외국에 살 때 트럭 밑에서 술 취해 자고 있는 사람을 모른 체하고 지나갔던 게 생각나네. 그때 경찰에 연락하거나 주변 사람에게 도움을 청할 수도 있었는데, 그저 무서운 마음에 그냥 지나쳤었잖아. 오늘은 시간이 좀 되었으니까, 내일은 앞으로 이런 상황을 다시 겪으면 우리가 어떻게 해야 할지도 생각해 보면 좋겠다.

아이: 네, 알았어요.

지혜 독서 실천 소감

이렇게 일주에 두세 번 이상 한 달 정도 아이와의 지혜 독서를 실천해 보니, 여러 가지 생각이 들었습니다.

우선 15~20분의 짧은 시간에도 아이와 깊이 있는 대화가 가능하다는 게 놀라웠습니다. 아이가 집중을 잘 못할까 봐, 또 제가 사소한 일로 짜증 내면 어쩌나 싶었는데 쓸데없는 걱정이었습니다. 제가 먼저 말하는 대신 아이의 의견을 물어보자, 아이는 자기 생각과 느낌을 솔직히 털어놓기 시작했습니다. 일방적인 전달 대신 아이와 동등한 위치에서 대화를 나눌 수 있었습니다. 그리고 가만히 생각해 보니 지난 12년 동안 아이와 살면서 이런 대화다운 대화를 나눈 적이 거의 없었던 것 같습니다.

"빨리 씻고 나와!", "얼른 밥 먹어!", "숙제 다 했어? 괜히 딴짓하지 말고, 숙제 먼저 해 놔!" 아이와의 일상 대화는 대부분 이렇게 제가 시키고 아이는 따라 하는 일방적 대화였습니다. 저는 어린아이를 항상 이끌어 주고 돌봐야 한다고 생각했지, 제가 아이로부터 무언가를 배울 수 있다고 생각하지는 못했습니다.

그런데 텍스트를 앞에 두고 아이와 동등한 자리에 서서 아이의 이야기를 들어보니, 아이는 제가 생각한 것보다 깊은 생각을 하는 아이로 자라 있었습니다. 그리고 이런 아이의 성장을 확인하니 더 이상 제가 아이가 세상을 보는 좋은 통로 역할을 해야 한다는 부담에서 벗어날 수 있었습니다. 이미 아이는 엄마를 넘어 세상과 직접 부딪치며 자기 생각을 정리하고 있었습니다.

마지막으로 부족한 시간이지만, 집중해서 하면 많은 시간을 들인 만큼의 효과를 얻을 수도 있겠다는 생각이 들었습니다. 사실 처음에는 '제대로 하지 못할 거면 아예 시작하지 않는 게 낫지 않나?'라고도 생각했습니다. 하지만 막상 해 보니, 짧은 시간이지만 아이와 진심이 담긴 대화를 할 수 있었고, 아이의 마음을 읽어 주었다는 위로가 되니, 다른 시간에 아이를 위해 무언가 더 해 주어야 한다는 부담도 사라졌습니다.

앞으로의 계획

한 달여간 지혜 독서를 실천하고, 지금까지 있었던 경험을 심 선생님께 피드백 받아보는 시간을 가져 보았습니다. 제가 제일 궁금했던 점은 '제가 성경 공부가 많이 안 된 가운데, 아이에게 엉뚱한 지식을 전해 주지 않을까?'였습니다. 선생님께서는 완벽함보다 꾸준함이 더 중요하다고 하셨습니다. ==너무 완벽하게 준비해서 제대로 해야 한다는 부담보다 길게 보고 아이가 독립할 때까지 꾸준히 계속 이 시간을 지켜나가자는 목표를 가져 보라고 하셨습니다.== 그리고 텍스트도 아이가 임의로 고르기보다 아이와 같이 복음서나 잠언과 같이 한 가지 텍스트를 정해 같은 텍스트를 계속 반복하길 권하셨습니다. 그러면서 해마다 질문이나 대화의 수준이 올라가는 것을 지켜보라고 하셨습니다.

　하여간 어떻게든 시작은 한 것 같고, 앞으로도 아이와의 지혜 독서에 우선순위를 두고 계속 실천해 보려고 합니다. 처음에는 두려운 마음이었지만 지금은 살짝 기대도 많이 됩니다. 그리고 심 선생님이 자주 말씀하시는 대로 '아이를 가르친다고 생각하지 말고, 아이와 같이 함께 배운다'는 마음으로 겸손하게 이런 실천을 계속 이어나가고 싶습니다.

다 큰 자녀들과 『논어』로 지혜 독서를 한 아버지

우리는 너무 늦었을까?

내가 자녀 교육 특강을 할 때 자주 받는 질문은 '우리 아이가 이미 다 커서 선생님께서 말씀하시는 좋은 교육을 실천하기 힘든데 어떻게 하죠?'라는 것이다. 흥미로운 것은 아이가 다 컸다는 기준이 부모마다 다 다르다는 점이다. 어떤 부모는 아이가 중학생이 되어서 이제 지혜 교육이나 인성 교육을 하기 힘들다고 한다. 어떤 부모는 아이가 이제 고등학생이어서 소통 교육이나 지혜 독서를 하기 힘들다고 한다. 이런 질문을 받을 때마다 나는 "아니, 아이들이 스무 살만 살다가 죽는 것도 아니고, 앞으로 아이들과 40년, 60년 같이 살지도 모르는데, 왜 늦었다고 생각하죠?"라고 되묻는다.

또, 이렇게 묻는다. "그리고 아이들 인생에서 제일 중요한 게, 어느 대학에 가고 어느 전공을 하는 것이 아니라, 누구랑 결혼하고, 어떤 일을 하고, 어떻게 행복하게 살지에 대한 준비를 하는 것 아닌가요? 고등학교에 가고, 대학가는 문제는 최대한 아이 의견을 따라 주고 부모가 신경 써야 할 것은 앞으로 남은 평생을 지혜롭고 후회 없이 살기 위해 아이가 어떻게 살아야 하는지에 대한 주제로 배우고 이야기 나누는 것이 아닐까요?"

다 큰 딸과 함께한 일요일 아침 식탁

앞으로 소개하는 송용준 교수의 사례는 다 큰 아이들과 지혜 독서를 시작한 경우다. 송 교수의 두 딸은 대학도 졸업하고, 법조계와 외국계 회사에서 바쁘게 일하는 사회인이었다. 이렇게 바쁘게 사는 아이들과 일요일 아침, 아침 식사 한 끼라도 같이 먹으면서 사는 이야기 좀 해 보자는 의도로 시작된 것이 나중에 팟캐스트와 책으로까지 나오게 된 『식탁 위의 논어』였다. 이 제안은 엄마가 먼저 했다고 한다. 얼굴도 보기 힘든 딸들과 일요일 아침 한 끼라도 같이 먹고, 기왕 이렇게 모인 김에 조금씩 『논어』를 같이 읽고 '너 뭐 했니?' '일은 잘 되니?' 등의 일상을 넘어서는 대화를 나눠보길 원했다.

처음에는 가볍게 시작한 대화 내용이 너무 좋아지자, 딸은 이 대화를 아빠 몰래 녹음했다. 그리고, '우리만 듣기 너무 아까우니까 팟캐스트에 올리자'고 식구들에게 제안했다. 다행히 아빠는 누가 이야기한다는 표시가 안 나게 익명 처리해서 내보낸다는 조건으로 허락했다. 이렇게 공개된 〈식탁 위의 논어〉 팟캐스트는 인문학 분야 1위에까지 오르고 책으로까지 출간하게 되었다.

8개월간의 『논어』 식탁 대화를 통해 가족들은 많은 것을 얻을 수 있었다. 자녀들은 부모에 대한 감사와 사랑의 마음을 더 키울 수 있었고, 고전이 주는 감동을 통해 직장 생활을 힘 있게 할 수 있는 에너지를 얻었다고 한다. 송 교수는 이 식탁 대화를 통해 가족의 소중함을 다시금 깨달았다고 한다. 그리고 부모로서 아이들을 지도하고 뒷바라지해야 한다는 생각에서 벗어나 아이들과 더불어 이야기하고 성장할 수 있는 파트너로 아이들을 대하게 됐다고 한다.

이런 사례를 보면서, 나는 유대인들과 우리 조상들이 수천 년 동안 경험한 것이 오늘날 우리에게도 적용될 수 있음을 다시 확인할 수 있었다. 물론 여기서 아버지는 일반 아버지와 다른 면이 있다. 서울대 중문과 교수이고, 고전에 대한 이해를 가진 분이다. 하지만 보통의 아버지도 이 책에서 소개한 것처럼 자신이 감동받은 인문 고전의 내용을 자녀들과 나누고, 부족하면 조금씩 좋은 강의를 들어보고 공부해가며 충분히 가족들과 대화를 시작해 볼 수 있다.

==자녀교육에 있어 늦음과 빠름이 있다는 착각은 여전히 아이들을 내가 가르치고 인도해야 할 대상으로 여기는 생각에서 비롯된다.== 앞서 송 교수가 보여주었고, 또 내가 이 책에서 수차례 강조한 대로 아이를 가르쳐야 할 대상으로 생각하지 말고, 아이와 더불어 배우고, 같

이 성장한다고 생각하면 많은 부담이 사라진다. 나도 아이와 똑같이 『논어』나 『도덕경』, 혹은 성경이나 불경 같은 수천 년의 지혜의 거울 앞에 서는 것이다. 그러면서 내가 앞으로 어떻게 살아야 할지를 생각하고, 그 생각을 아이와 함께 나누는 것이다. 그렇기에 인문학 지혜 독서에는 늦음이 없다. 지금이 바로 시작해야 할 때이다.

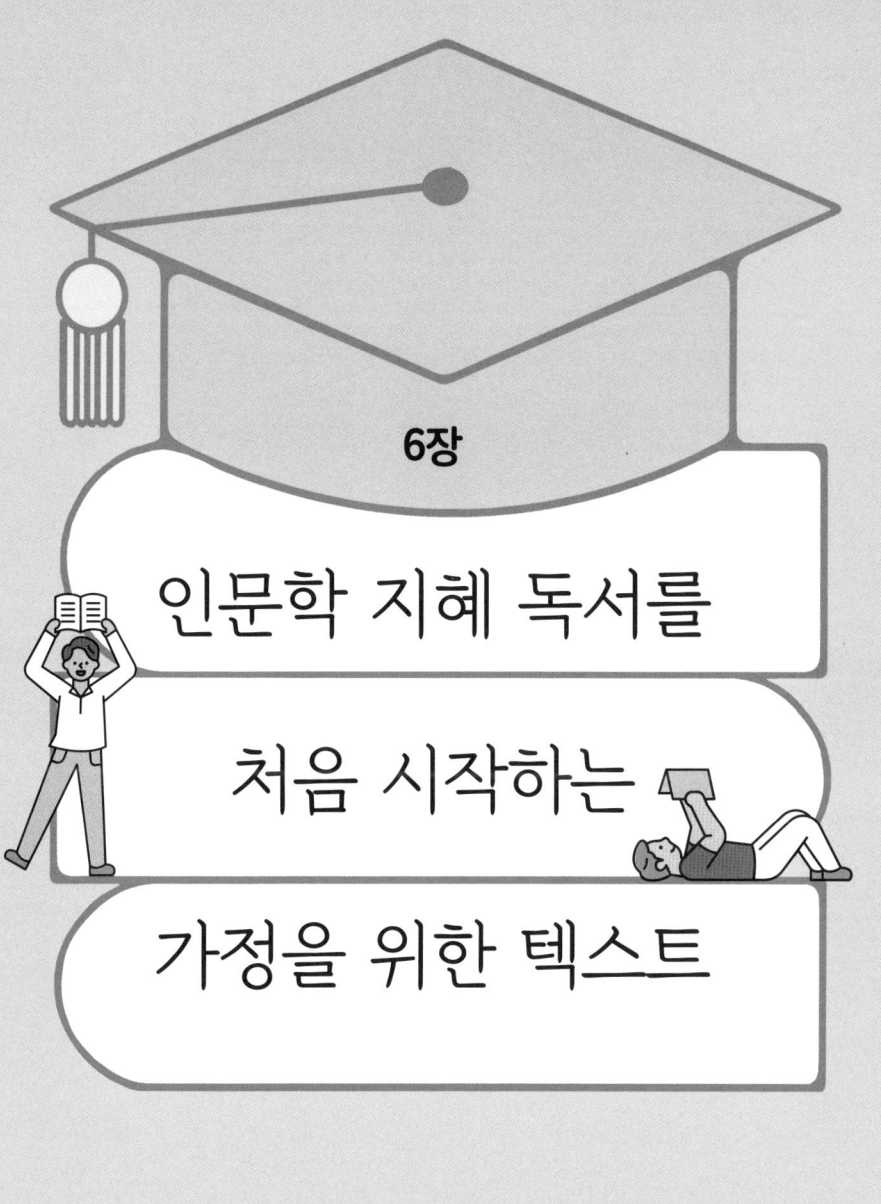

6장

인문학 지혜 독서를 처음 시작하는 가정을 위한 텍스트

『도덕경』으로 시작하는 지혜 독서

다음은 『도덕경』의 내용 중에 큰 어려움 없이 무슨 뜻인지를 바로 알 수 있고, 실제 삶에서 적용해 볼 수 있는 내용을 골라 번역한 것이다. 기존의 한글 번역본과 영어 번역본을 참조하여 자연스러운 문장으로 만들어 보았다. 정확한 개념이나 번역과는 거리가 있을 수 있으나, 『도덕경』의 맛을 보고 원전으로 갈 수 있는 마중물이 되기를 바라는 마음에서 정리해 보았다. 처음 시작하는 가정은 이 텍스트를 같이 읽고, 아이와 함께 키워드 나눔을 하면서 지혜 독서를 시작해도 좋을 것이다.

한글 번역본 참조 사이트

https://taoism.net/tao/taote-ching-online-translation/

영어 번역본 참조 사이트

https://m.blog.naver.com/chamnet21/221742719382,

2장 전반부

세상이 다 아름답다고 하는 것은

이미 아름답지 못하고

세상이 다 착하다고 하는 것은

이미 착하지 않다.

이렇게 있음과 없음은 서로를 살리고,

어려움과 쉬움은 서로를 만들어 간다.

2장 후반부

성인聖人은 애쓰지 않고 일을 하고

말하지 않는 가르침으로 행동한다.

모든 것을 만들고도 자랑하지 않고,

모든 것을 낳고도 소유하지 않는다.(生而不有)

업적을 이룬 후에도 자리에 연연하지 않는다.

안주하지 않기에

자리를 잃는 일도 없다.

8장.

물처럼 사는 것이 가장 좋다.

물은 온 세상을 이롭게 하면서도 다투지 않는다.

모두가 싫어하는 곳에 자리를 두니

물은 도道와 같다.
옳은 곳에 거하고
깊은 곳을 느끼며
관대하게 나눈다.
진실함으로 말하고
깔끔하게 다스린다.
능력으로 일처리하고
때에 맞게 움직인다.

다투지 않으므로
비난받을 이유가 없다.

9장.

잔을 들고 가득 채우는 것은
부족한 듯할 때 멈추니만 못하다
날카로운 칼을 더 벼리면
칼이 오래 가지 못한다.
금은보화로 방을 가득 채워도
누구도 능히 그것들을 지킬 수 없다.
부귀를 누리고 교만해지면
스스로에게 재앙이 된다.
업적을 이룬 후에 스스로 물러나는 것이

하늘의 원리다.

11장.
서른 개 바큇살이 한군데로 모이는데
가운데가 비어있기 때문에
수레의 쓸모가 있게 된다.
흙을 빚어 그릇을 만드는데
가운데가 비어있기에
그릇의 쓸모가 있게 된다.
창문을 뚫어 방을 만들 때
가운데가 비어 있기 때문에
방의 쓸모가 있게 된다.
그러므로 있음이 이롭게 되는 것은
없음이 쓸모가 있기 때문이다.

12장.
여러 색깔이 사람의 눈을 멀게 하고
여러 가지 소리가 사람의 귀를 먹게 하고
여러 가지 맛이 사람의 입을 상하게 한다.
말을 달리며 사냥을 하면 사람의 마음이 번잡해지고
구하기 어려운 재물이 사람의 행동을 방자하게 만든다.
이런 까닭에 성인은 본질을 신경 쓰고

비본질적인 것에는 얽매이지 않는다.
그렇게 핵심을 취하고 껍데기는 버린다.

13장

내가 어려움을 겪는 이유는
나의 자아身, self가 있기 때문이다.
만약 내게 자아가 없다면
어려움이 나와 무슨 상관이겠는가?
그러므로 자기를 세상처럼 귀하게 여기는 사람은
세상을 얻을 수 있고
자기를 세상처럼 사랑하는 사람에게
세상을 맡길 수 있다.

22장.

휘면 온전할 수 있고
굽으면 곧아질 수 있다.
움푹 파이면 채워지게 되고
헐리면 새로 지어진다.
적으면 얻게 되고
많으면 미혹을 당하게 된다.

24장.

까치발로 서면 제대로 서 있을 수 없고,

보폭을 크게 하면 제대로 걸을 수 없다.

스스로를 드러내려는 사람은 밝지 않고,

스스로 내세우는 사람은 드러나지 않는다.

스스로 자랑하는 사람은 그 공로를 인정받지 못하고,

스스로 으스대는 사람은 오래 가지 못 한다.

27장.

잘 걷는 사람은 흔적을 남기지 않고

훌륭한 말에는 흠이 없으며

셈을 잘하는 사람은 계산기를 쓰지 않는다.

잘 닫힌 문은 빗장을 걸어놓지 않아도 열 수 없고

잘 된 매듭은 꽉 매지 않아도 풀 수 없다.

그러므로 성인은 언제나 사람을 잘 구하고 save

아무도 포기하지 않는다.

물건을 잘 구하고

아무것도 버리지 않는다.

이를 밝음明을 따른다고 한다.

29장

세상을 소유하고 통제하려고 하는 자는

성공할 수 없다.
세상은 신비한 그릇이다.
누구도 마음대로 할 수 없다.
통제하려고 하는 자는 실패하고
잡으려는 자는 놓친다.
세상일이라는 것이
앞서가기도 하고 뒤서가기도 하고
숨 가쁠 때도 있고, 한숨 돌릴 때도 있다.
강한 것이 있고, 약한 것이 있다.
그러므로 성인은
지나침과 넘침과 교만을 피한다.

30장.
훌륭한 사람은 목적을 이룬 후 멈출 줄 알고
감히 군림하려 하지 않는다.
이뤘으되 자랑하지 않고
이뤘으되 뽐내지 않고
이뤘으되 교만하지 않는다.
목적을 이루지만 꼭 필요한 것만 취하고
목적을 이룬 후 군림하려 하지 않는다.
사물은 그 기운이 지나치면 쇠하게 되니
도가 아닌 까닭이다.

도가 아닌 것은 오래 가지 못한다.

33장.
다른 사람을 아는 자는 똑똑하고
자기를 아는 자는 현명하다.
다른 사람을 이기는 자는 힘이 세고
자기를 이기는 자는 강하다.
만족을 아는 사람이 부유하고
기본을 잊지 않는 사람이 오래 간다
죽지만 사라지지 않는 사람이
진정 오래 사는 것이다.

35장.
큰 그림을 그려라
그리하면 온 세상이 올 것이다.
와도 해가 없고, 평화롭게 온다.
음악과 맛난 음식으로
지나가는 사람을 잡을 수 있으나,
입에서 나오는 진리는
밋밋하고 큰 맛이 없다.
보아도 보이지 않고
들어도 들리지 않는다.

하지만 아무리 써도 결코 고갈됨이 없다.

36장.

오므리려면

먼저 펴야 하고

약하게 하려면

먼저 강하게 해야 한다

없애버리려면

먼저 흥하게 해야 하고

빼앗으려면

먼저 줘야 한다.

이런 원리를 '미묘한 분명함'微明이라고 한다.

부드럽고 약한 것이 굳세고 강한 것을 이긴다.

38장

대장부는 두터움에 머물고

얄팍한 데 거하지 않는다.

열매에 머무르고

꽃에 거하지 않는다.

『논어』로 시작하는 지혜 독서

　『논어』에는 2500년 동안 검증된 주옥같은 교훈 글들이 참 많다. 하지만 『논어』 자체가 공자의 가르침을 그의 제자들이 기록하여 편집한 것이다 보니 다소 일관성도 없고, 배경지식이 없으면 이해하기 힘든 대목이 많다. 그래서 다음과 같이 『논어』 가운데 읽고 무슨 뜻인지 바로 알 수 있고, 현대를 사는 우리도 바로 적용할 수 있는 내용을 골라 읽기 쉽게 번역하여 정리해 보았다. 기존의 한글 번역과 아래의 영어 번역본을 참조하여 최대한 현대적인 의미에 가깝게 번역한 것이다. 처음 『논어』로 지혜 독서를 하는 가정에서는 원문을 공부하기 전에 이런 내용으로 먼저 공자의 가르침을 접한 후, 좋은 선생님들의 『논어』 강의를 유튜브로 들으며 원문에 도전해 보는 게 좋겠다.

　어떤 분들은 과연 이게 옳은 번역이냐를 따질 수도 있겠다. 하지만 전호근 교수는 번역과 이해는 공부하는 사람들 각자의 몫이고, 2500년 전에 쓰인 단어의 원래 의미를 딱 잘라서 무엇이라고 단언할 수 있는 사람은 아무도 없다고 한다. 여러 번역과 해석을 참고하여 더 나은 해석과 적용을 끌어내면 된다. 이를 통해 공자가 말하는 군자의 삶을 이루고 인격의 완성을 이룬다면 그것이 『논어』를 공부하는 가장 큰 목적이 될 수 있을 것이다.

한글 번역은 도광순 번역 『논어』, 영문 번역은 Charles Muller 번역본을 참조했다.

『논어』 영문 번역 사이트
http://www.acmuller.net/con-dao/analects.html

배우고 배운 바를 익히면 즐겁지 아니한가? 먼 곳에서 친구가 찾아 주면 이 또한 멋지지 아니한가? 사람들이 나를 알아주지 않아도 별로 신경 쓰이지 않는다면 인격의 완성자가 아니겠는가? (학이 1-1)

(*내용 중 별도 표시가 없는 '나'는 공자孔子를 가리킨다.)

젊은이는 집안에 들어오면 효도를 하고, 밖에서는 어른에게 공손하고, 삼가 행동하고 신의가 있게 하며 모든 사람을 사랑하되, 마음이 선한 사람과 친근하게 지내며, 이런 것을 행한 후에도 남은 힘이 있으면 곧 문학과 예술을 배울 수 있다. (학이 1-6)

군자는 음식을 먹을 때 배부른 것을 바라지 않고, 거처는 편안한 곳을 바라지 않고, 일에는 부지런하고, 말에는 신중하다. 도를 행하는 사람을 찾아가 자신을 바르게 하니, 이런 사람을 배우기를 좋아하는 사람이라고 할 수 있다. (학이 1-14)

공자께서 말씀하셨다. "나는 남이 나를 알아주지 않는 것은 걱정되지 않고, 내가 남을 알지 못하는 것이 걱정된다." (학이 1-16)

법으로 사람을 다스리고 형벌로 통제한다면, 백성들은 형벌은 피하되, 부끄러움을 모르게 되고, 덕으로 다스리고 예의 바름으로 통제한다면 백성들은 부끄러움을 알고, 자신을 바로잡게 될 것이다.
(위정 2-3)

오늘날 효도는 부모님에게 먹을 것을 잘 봉양하는 것을 말한다. 하지만 이는 말이나 개도 하는 것이다. 부모에 대해 존경하는 마음이 없다면 짐승과 무엇이 다르겠는가? (위정 2-7)

군자는 자기가 전한 것을 먼저 행하고, 나중에 말을 하는 사람이다. (위정 2-13)

배우기만 하고 생각하지 않으면 쓸데없어지고, 생각만 하고 배우지 않으면 위태로워진다. (위정 2-15)

아는 것을 안다고 하고, 모르는 것을 모른다고 하는 것이 바로 아는 것이다. (위정 2-17)

무엇이 옳은 줄 알면서 행하지 않는 것이 용기가 없는 것이다. (위정 2-24b)

이미 된 일에 대해서는 말하지 말고, 이미 지나간 것에 대해서는 비판하지 말고, 이미 과거가 된 것은 원망하지 말라. (팔일 3-21c)

부와 명예는 모든 사람들이 바라는 것이나, 정당한 방법으로 얻지 않았다면 갖지 말아야 한다. 가난과 천함은 사람들이 싫어하는 것이나, 올바른 삶의 원리를 따르는데도 피할 수 없다면 피하지 말고 받

아들여야 한다. (이인 4-5)

군자는 정신적인 가치를 신경 쓰고, 소인은 물질적인 것을 신경 쓴다. 군자는 정당한 처벌을 받으려고 하지만, 소인은 잘못을 저지르고도 봐 달라고 말한다. (이인4-11)

근검절약하다 실패 사람은 거의 없다. (이인 4-23)

군자는 말은 더디고, 행동은 빠르다. (이인 4-24)

선한 사람은 외롭지 않고, 반드시 친구가 있다. (이인 4-25)

내 제자 안회顔回는 배우기를 좋아하여 자신의 분노를 다른 사람에게 옮기지 않고, 잘못을 반복하지 않았다. 하지만 불행히도 일찍 죽었다. 이후 안회만큼 배우기를 좋아하는 사람을 만나지 못했다. (옹야 6-2)

제자가 능력이 부족하여 선생님의 가르침을 따르지 못하겠다고 하자, 공자가 말했다.
"능력이 부족한 사람은 해 보다가 중간에 그만두기 마련인데, 지금 너는 해보기도 전에 너의 능력을 제한하고 있다." (옹야 6-10)

사람의 삶은 정직해야 한다. 정직하지 않은 삶은 운 좋게 화나 면하는 것이다. (옹야 6-17)

무언가를 안다는 것은 그것을 좋아하는 것만 못하고, 좋아하는 것은 즐기는 것만 못하다. (옹야 6-18)

먼저 고생을 하고, 이후에 무언가를 얻는 사람은 어진 사람이라고 할 수 있다. (옹야 6-20b)

지혜로운 사람은 물을 좋아하고, 인자한 사람은 산을 좋아한다. 지혜로운 사람은 역동적이고, 인자한 사람은 차분하다. 지혜로운 사람은 즐겁게 살고, 인자한 사람은 오래 산다." (옹야 6-21)

많은 사람들에게 베풀고, 구제할 수 있는 사람은 어진 사람을 넘어 성인이라고 할 수 있다. (옹야 6-28)

내가 걱정하는 것은 덕이 있으나 제대로 수양하지 못하고, 공부하나 제대로 걸러내지 못하고, 옳은 것을 들으나 옳음을 따르지 못하고, 잘못을 알고도 제대로 고치지 못하는 것이다. (술이 7-3)

수업료로 육포 조금 밖에 가지고 올 수 없는 가난한 학생이라도 나는 받아서 가르쳐 주었다. (술이 7-7)

때를 얻으면 세상에 나가 일을 하고, 때가 아니면 조용히 물러나 은둔의 삶을 사는 것은 나와 나와 안회顔回 정도만 할 수 있을 것이다. (술이7-10a)

내가 전쟁을 한다면 맨손으로 호랑이와 싸우고 맨몸으로 강을 건너며 죽기를 두려워하지 않는 사람과 함께 하지 않고, 어려운 적을 만나면 두려워하고 미리 계획해서 전쟁을 수행하는 사람들과 함께할 것이다. (술이 7-10b)

부유하게 되는 것이 노력하고 애쓴다고 되는 것이라면, 나는 수레 모는 마차꾼을 해서라도 이룰 것이지만, 만약 애쓰고 노력한다고 되는 것이 아니라면, 나는 내가 좋아하는 일을 하겠다. (술이 7-11)

누가 나에 대해 묻는다면 이렇게 말해 주어라. '그 사람은 배우기를 좋아하여 밥 먹는 것도 잊을 정도이고, 배움의 즐거움에 빠져 근심도 잊고, 늙어가는 것도 알지 못한다'고. (술이 7-18)

나는 지혜를 갖고 태어난 것은 아니다. 나는 단지 옛 성현들의 가르침을 좋아하고 그분들의 경지에 오르기 위해 열심히 탐구하는 사람이다. (술이 7-19)

세 사람이 길을 가면 그중에 반드시 나의 스승이 있다. 그들에게

좋은 점이 있으면 배우고, 좋지 않은 점이 있으면 나부터 먼저 고치면 된다. (술이 7-21)

공자께서는 남과 함께 노래할 때, 그 사람이 잘 부르면 다시 한 번 부르게 했고, 다음에는 같이 부르셨다. (술이 7-31)

공자께서는 "학문에 있어서는 나도 다른 사람처럼은 하지만, 군자의 삶을 실천하는 데 있어서는 아직 많이 부족하다"고 말하곤 하셨다. (술이 7-32)

사치하면 불손해지고, 검약하면 사람이 엄격해지는데, 엄격한 것이 불손한 것보다 낫다. (술이 7-35)

공자께서는 온화하면서도 엄격하셨고, 권위가 있었으나 사납지는 않으셨고, 공손하면서도 편안하셨다. (술이 7-37)

근거 없는 중상모략에 오염되지 않고, 다른 이들의 비방에 흔들리지 않는 사람은 똑똑하다고 할 수 있다. 사실 그런 사람은 멀리 내다보는 통찰력이 있다. (안연 12-6)

나라를 다스림은 식량을 넉넉하게 비축하고 무기를 충분히 갖추고, 백성들이 믿고 따를 수 있게 해야 한다. 하나를 버려야 한다면 먼저 무기를 버린다. 부득이 또 하나를 버려야 한다면 식량을 버린다. 그러나 백성들이 믿고 따르지 않는다면 나라가 존립할 수 없다. (안연 12-7)

군자는 장점은 길러주고 단점은 줄어들게 해 주지만, 소인은 단점을 늘리고 장점은 줄어들게 한다. (안연 12-16)

사람다움은 사람을 사랑하는 것이고 지혜는 사람을 알아보는 것이다. 정직한 사람을 등용하여 바르지 못한 사람 위에 두면, 바르지 못한 사람을 정직하게 만들 수 있다. (안연 12-22)

친구에게는 솔직하게 말해 주되, 기분 나쁘지 않게 바른길을 보여야 한다. 만약에 친구가 따르지 않으면 거기서 멈춰야 부끄러운 일을 당하지 않는다. (안연 12-23)

내가 한 나라를 맡아 정치를 한다면 나는 제일 먼저 나라에서 쓰이는 용어를 바로 잡는 일을 하겠다. 용어가 바로 잡히지 않으면, 말해지는 것이 제대로 행해질 수 없다, 말해지는 것이 제대로 행해지지 않으면 일이 되지 않는다. (자로 13-3b)

네가 너 자신을 바르게 하면, 명령을 내리지 않아도 일이 되지만, 너 자신이 바르지 않으면 명령을 해도 사람들이 따르지 않는다. (자로 13-6)

만약 네가 자신을 바르게 할 수 있다면 정치를 하는데 무슨 문제가 있겠는가? 또한, 네가 자신을 바르게 할 수 없다면 어찌 다른 사람들을 바르게 할 수 있겠는가? (자로 13-13)

정치란 가까운 사람을 기쁘게 하고, 멀리 있는 사람이 찾아오게 하는 것이다. (자로 13-16)

책임을 맡아 일을 할 때는 일을 조급하게 하려 하지 말고, 작은 이익을 좇아서는 안 된다. 조급하게 하면 일이 제대로 되지 않고, 작은 이익을 좇으면 큰일을 이루지 못한다. (자로 13-17)

중용中庸을 행하는 사람을 찾을 수 없다면 나는 반드시 용감하거나 신중한 사람을 찾을 것이다. 용감한 사람은 일을 해내고, 신중한 사람은 허튼일을 하지 않기 때문이다. (자로 13-21)

사람이 꾸준함이 없으면, 엉터리 무당이나 돌팔이 의사도 될 수 없다는 말이 있는데 맞는 말이다. 네가 만약 꾸준히 덕을 닦지 않으면 다른 사람에게 무엇을 줄 수 있겠는가? (자로 13-22)

군자는 시대의 흐름과 조화를 이루되 시류를 따라가지 않고, 소인은 시류를 따라가지만, 시대의 흐름과 조화를 이루지 못한다. (자로 13-23)

군자 밑에서 일하기는 쉬우나 그를 기쁘게 하는 것은 어렵다. 그는 제대로 된 방법으로 일을 하지 않으면 기뻐하지 않기 때문이다. 그리고 군자는 사람을 쓸 때 사람들의 능력에 맞게 일을 나눠준다. 소인 밑에서 일하기는 어렵지만, 그를 기쁘게 하는 것은 쉽다. 옳지 못한 방법으로 일을 해도 일만 되면 기뻐하기 때문이다. 그리고 소인들은 사람을 쓸 때 그들의 능력을 최대한 쥐어짜서 일을 시키려고 한다. (자로 13-25)

군자는 자신감이 있으나 오만하지 않고, 소인은 오만하나 자신감이 없다. (자로 13-26)

어진 사람은 확신이 있고, 힘이 있고, 소박하고, 말에 신중하다. (자로 13-27)

나라에 도가 없는데 공직에 나가 월급을 받는 것은 부끄러운 일이다. (헌문 14-1)

정의로운 정부 밑에서 살고 있다면 대담하게 말하고 대담하게 행동할 수 있다. 하지만 정의롭지 못한 정부 밑에서 살고 있다면 행동은 대담하게 하되 말은 신중하게 해야 한다. (헌문 14-4)

덕이 있는 사람은 할 말이 있지만, 할 말이 있다고 다 덕이 있는 사

람은 아니다. 어진 사람은 용감하지만, 용감하다고 다 어진 사람은 아니다. (헌문 14-5)

군자이지만 인격이 부족한 사람이 있을 수 있으나, 소인이면서 인격을 갖춘 사람은 절대 나올 수 없다. (헌문 14-7)

가난하면서 분함을 품지 않는 것은 어렵지만, 부하면서 교만하지 않기는 쉽다. (헌문 14-11)

온전한 사람이 되기 원한다면 이득을 보면 의로움을 생각하고見利思義, 위험을 당했을 때는 목숨을 내놓을 각오를 하고, 어려움에 처했을 때도 자기가 평소에 한 말을 잊지 말아야 한다. (헌문 14-13)

군자는 위에 것에 능통한데, 소인은 아래 것에 능통하다.

(헌문 14-24)

옛날의 학자들은 자신의 수양을 위해 공부했는데, 요즘 학자들은 남에게 인정받기 위해 공부한다. (헌문 14-25)

증자가 말했다. "군자는 자신의 능력 밖의 일을 근심하지 않는다."
(헌문 14-28)

군자는 자신의 말이 행동을 앞서는 것을 부끄러워한다. (헌문 14-29)

남이 나를 알아주지 않는 것을 걱정하지 말고, 내가 능력이 없는 것을 걱정하라. (헌문 14-32)

남이 나를 속일 거라고 미리 경계하지 않고, 남이 나를 믿지 않을 것이라고 억측하지 않으며, 남의 마음을 먼저 깨달아 아는 사람이야 말로 현명한 사람이다. (헌문 14-33)

현명한 사람은 어지러운 세상을 피하고, 그다음은 혼란스러운 땅을 피하고, 그다음은 사람들의 얼굴빛을 보고 피하고, 그다음은 말이 안 통하면 피한다. (헌문 14-39)

군자는 힘들 때도 자신을 굳게 지키지만, 소인은 곤궁하게 되면 함부로 행한다. (위령공 15-1)

나는 많은 것을 배워서 그것을 모두 기억하는 것이 아니라, 이 모든 배움을 하나로 꿰뚫고 있다. (위령공 15-2)

함께 말할 만한 사람인데 그와 말을 하지 않으면 사람을 잃게 되고, 함께 말할 만한 사람이 아닌데 그와 말하면 말을 잃게 된다. 지혜로운 사람은 사람을 잃지 않고, 말도 잃지 않는다. (위령공 15-7)

뜻이 곧은 사람과 어진 사람은 살기 위해 인간됨을 버리는 일이 없고, 자신의 몸을 죽여서라도 인간됨을 지킨다殺身成仁. (위령공 15-8)

사람이 멀리 내다보고 생각하는 바가 없으면 반드시 가까운 데서 근심이 생긴다. (위령공 15-11)

내 제자가 진지하고 깊게 자신의 인생의 문제를 고민하지 않는다면, 나도 어떻게 도와줄 방법이 없다. (위령공 15-15)

군자는 잘못의 원인을 자기에게서 찾고, 소인은 잘못의 원인을 남에게서 찾는다. (위령공 15-20)

군자는 확고한 신념을 가졌으나 다투지 않고, 기꺼이 친구를 사귀지만, 당파를 만들지 않는다. (위령공 15-21)

군자는 사람의 말만 보고 그 사람을 추천하지 않고, 그 사람이 안 좋다고 해서 그 사람의 말까지 무시하지 않는다. (위령공 15-22)

한 제자가 "평생 실천해야 할 한마디 말씀은 무엇입니까?"라고 묻자, 공자께서는 "그것은 바로 서恕라고 할 수 있다. 자기가 하기 싫은 것을 다른 사람에게 시키지 말라己所不欲 勿施於人"고 하셨다.

(위령공 15-23)

교활한 말은 덕을 어지럽히고, 작은 일을 참아내지 못하면 큰 계획을 망친다. (위령공 15-26)

많은 사람들이 미워하더라도 반드시 자세히 살펴봐야 하고, 많은 사람들이 좋아하더라도 반드시 자세히 살펴봐야 한다.
(위령공 15-27)

사람이 길을 내는 것이지 길이 사람을 만들어 주는 게 아니다.
(위령공 15-28)

잘못을 저지르고도 고치지 않는 것이 진짜 잘못이다.
(위령공 15-29)

내가 먹지도 않고 자지도 않고 사색에 전념해 보았는데 얻는 게 없었다. 사색은 배우는 것만 못하다. (위령공 15-30)

군자는 빈틈이 없지만 사고가 경직된 사람은 아니다.
(위령공 15-36)

나라의 지도자들이나 귀인들은 재물이 적은 것을 염려하지 말고, 부(富)가 고르게 나뉘지 않는 것을 염려해야 한다. 인구가 적은 것을 염려하지 말고, 백성들이 편안하게 살지 못하는 것을 염려해야 한다.

사회가 조화를 이루면 인구가 줄어들지 않고, 백성이 편안하면 잘 따르게 된다. (계씨 16-1)

세 가지 유익한 벗이 있고, 세 가지 해로운 벗이 있다. 정직하고, 신실하고, 학식이 많은 이들이 유익한 벗이고, 속이고, 원칙이 없고, 말만 번지르르한 이들이 해로운 벗이다. (계씨 16-4)

세 가지 유익한 즐거움이 있고, 세 가지 해로운 즐거움이 있다. 음악과 예식의 즐거움, 다른 이들의 선함을 이야기하는 즐거움, 인격이 훌륭한 친구들이 주위에 있는 즐거움이 유익하고, 오만을 좋아하고, 편히 놀고 지내기를 즐거워하고, 향락을 즐거워하면 해롭다.
(계씨 16-5)

군자는 세 가지를 경계해야 한다. 젊을 때는 혈기가 안정되어 있지 않으므로 색욕을 경계하고, 장년이 되어서는 혈기가 왕성하므로 싸움을 경계해야 하고, 늙어서는 혈기가 쇠해지므로 더 많이 얻고자 하는 욕심을 경계해야 한다. (계씨 16-7)

군자는 하늘의 명을 두려워하고, 위대한 사람과 성현의 말씀을 두려워한다. 소인은 하늘의 명을 모르고, 위대한 사람을 가볍게 대하며, 성현들의 말씀을 업신여긴다. (계씨 16-8)

날 때부터 아는 사람은 최고이고, 배워서 아는 사람은 그다음이고, 어려움을 겪고 난 다음 배우는 사람은 그다음이고, 어려움을 겪고도 배우지 않는 사람은 백성들 가운데 가장 밑이다. (계씨 16-9)

군자는 생각해야 할 아홉 가지가 있다. 볼 때는 분명하게 볼 것을 생각하고, 들을 때는 정확히 들으려고 하고, 얼굴에는 따뜻함을 지니고, 발표할 때는 공손하게 하고, 말할 때는 진정성 있게 하고, 일할 때는 공경하는 마음으로 하고, 의심이 생기면 질문할 것을 생각하고, 화가 나면 그로 인해 생길 곤란을 생각하고, 이득을 얻을 기회가 생기면 그것이 의로운가를 생각해야 한다. (계씨 16-10)

비슷한 사람들이 달라지는 것은 습관에 의해서다. (양화 17-2)

가장 지혜로운 사람과 가장 어리석은 사람만이 변하지 않는다. (양화 17-3)

친절을 좋아하나 공부하지 않으면 그 선함이 어리석어지고
지혜를 사랑하나 공부하지 않으면 지혜가 쓸데없어지고
신뢰를 좋아하나 공부하지 않으면 신뢰가 해가 되고
정직을 좋아하나 공부하지 않으면 정직이 무례가 되고
용감함을 좋아하나 공부하지 않으면 용기가 무질서가 되고
끈기를 좋아하나 공부하지 않으면 끈기가 집착이 된다. (양화 17-8)

너희는 왜 시를 공부하지 않느냐?

시는 사람의 감정을 일으키고 사물을 바르게 살필 수 있게 하고,

사람들과 잘 어울릴 수 있게 하고, 잘못을 제대로 원망할 수 있게 하고,

가까이는 아버지를 섬기게 하고, 멀리는 임금을 섬기게 하고,

새와 짐승 그리고 풀과 나무의 이름을 많이 알게 해 준다.

(양화 17-9)

군자는 남의 잘못을 퍼뜨리는 사람을 미워하고, 아래 자리에 있으면서 윗자리에 앉은 사람을 비방하는 것을 미워하고, 용감하되 예禮가 없는 사람을 미워하고, 자기만 옳다고 여기고 다른 것에 막혀 있는 사람을 미워한다. (양화 17-24)

사람이 나이가 사십이 되었는데 사람들이 싫어한다면 그 사람은 죽을 때까지도 미움을 받을 것이다. (양화 17-26)

자하子夏가 말했다. "장인匠人이 일터에서 일가를 이루듯, 군자는 배움으로 그 도에 이르게 된다." (자장 19-7)

군자는 신뢰를 얻은 후에 백성들에게 노역을 시킨다. 신뢰를 얻지 못하면, 백성들은 자기를 억압한다고 생각한다. 또한, 윗사람의 신뢰를 얻은 후에 충언을 한다. 신뢰를 얻지 못하면 윗사람은 자기를 비

방한다고 생각한다. (자장 19-10)

　하늘의 뜻을 알지 못하면 군자가 될 수 없고, 예를 모르면 인격의 완성을 이룰 수 없고, 말을 알지 못하면 사람을 알 수 없다. (요왈 20-3)

〈잠언〉으로
시작하는
지혜 독서

    성경의 잠언은 인생의 교훈을 경구 형식으로 정리한 책이다. 신앙생활을 하는 이들뿐 아니라 신앙이 없는 일반인들도 듣고 실천할 만한 좋은 내용이 많다. 또 짧은 경구식으로 되어 있기 때문에 독해력이 부족한 아이들과 지혜 독서 나눔을 하기에도 좋은 텍스트다.

    다음은 대구 형식으로 되어 있는 잠언 11~15장 가운데 주요 내용을 10가지 주제로 정리한 것이다. 한글 개역 성경과 NIV 영어 번역을 참조하여 번역하였다. ( ) 안의 내용은 성경 원문의 장, 절이다.

    하루에 한 주제씩 진도를 나가도 좋고, 혹은 한 주제를 며칠에 걸쳐 읽고 나눠도 좋다. 계속 반복해서 거의 외워질 정도가 된다면 잠언 전체 읽기에 도전에 보고, 잠언 전체도 외울 정도가 된다면 다른 텍스트에 도전해 볼 수 있다.

1. 진정한 부와 돈에 대한 올바른 태도

부자인 체하여도 아무것도 없는 사람이 있고, 가난한 척하여도 큰 부를 갖고 있는 사람이 있다. (13:7)

의로운 사람의 집은 많은 재물을 담을 수 있어도, 악한 자들의 소득은 그들에게 골칫거리가 된다. (15:6)

하늘을 두려워하고 적게 갖는 것이 많은 번뇌 가운데 큰 부를 갖고 있는 것보다 낫다. (15:16)

채소만 먹을지라도 사랑이 있는 곳이 고기를 먹더라도 미움이 가득한 곳보다 낫다. (15:17)

재산은 심판의 날에 무의미하지만, 의로움은 죽음에서 건져준다. (11:4)

대단해 보이지 않아도 사람을 부려 사업을 하는 사람이 대단한 것처럼 보여도 생계를 유지하지 못하는 사람보다 낫다. (12:9)

가난한 사람들은 이웃들에게 미움을 받게 되나, 부자는 친구가 많다. (14:20)

2. 돈을 어떻게 벌 것인가?

어떤 사람은 아낌없이 나눠주어도 더 얻게 되고, 어떤 사람은 악착같이 모아도 가난하게 된다. (11:24)

소가 없으면 구유는 깨끗하나, 소의 힘을 통해 풍성한 추수를 할 수 있다. (14:4)

베푸는 사람은 번성하게 된다. 다른 사람의 마음을 시원하게 해 주는 사람은 자신의 마음도 시원해진다. (11:25)

정직하지 않게 번 돈은 알게 모르게 없어지고, 정직하게 한 푼씩 모은 돈은 점점 늘어난다. (13:11)

3. 가난한 자들을 돌봄

(가난한) 이웃을 업신여기는 것은 죄를 범하는 것이고, 궁핍한 자들에게 친절한 사람에게는 복이 있다. (14:21)

가난한 사람들을 억압하는 이들은 창조주를 무시하는 자들이며 궁핍한 사람들에게 친절한 이들은 하나님을 존경하는 사람들

이다. (14:31)

4. 근면과 게으름

부지런한 사람은 다른 사람을 다스리지만, 게으른 자는 노예의 삶에 이르게 된다. (12:24)

힘써 일하면 소득이 생기지만, 입으로만 때우면 가난에 이른다. (14:23)

게으른 자의 소망은 이뤄지지 않고, 부지런한 사람의 소망은 온전히 채워진다. (13:4)

게으른 자의 길은 가시덤불이 가득하고, 정직한 자의 길은 탄탄대로다. (15:19)

5. 지혜와 어리석음

지혜로운 사람은 하늘을 두려워하고 악을 피하나, 어리석은 사람은 성급하고 부주의하다. (14:16)

어리석은 사람은 아무거나 믿지만, 지혜로운 사람은 한 걸음 한 걸음 신중하다. (14:15)

어리석은 사람은 자기 방법이 옳다고 믿지만, 지혜로운 사람은 다른 사람의 조언을 듣는다. (12:15)

지혜로운 사람은 하늘을 두려워하고 악을 피하나, 어리석은 자는 마음이 굳고 신중하지 못하다. (14:16)

지혜로운 아들은 아버지의 기쁨이 되고, 어리석은 아들은 어머니를 무시한다. (15:20)

현명한 자들의 부는 그들의 왕관이요, 어리석은 자들의 어리석음은 또 다른 어리석음을 낳는다. (14:24)

6. 신중하고 정직한 말

경건하지 못한 사람은 자신의 입으로 이웃을 망하게 하지만 의로운 사람은 자신의 지식으로 위험을 벗어난다. (11:9)

험담은 신뢰를 무너뜨리지만 신실한 사람은 비밀을 지켜 준

다. (11:13)

악한 이들의 말은 사람들의 피 흘릴 기회를 엿보지만, 정직한 사람의 말은 억울한 사람들을 구한다. (12:6)

손으로 열심히 일해 소득을 거두는 것만큼이나 좋은 입술의 열매를 맺으면 많은 복을 받게 된다. (12:15)

입을 지키는 자는 자기 생명을 지키고, 함부로 말하는 사람에게는 멸망이 찾아온다. (13:3)

의인은 대답을 신중하게 생각하지만, 악인의 입은 악을 쏟아낸다. (15:28)

7. 말의 힘

부주의한 말은 칼처럼 다른 사람을 찌르지만, 현명한 사람의 말은 사람들을 치유한다. (12:18)

근심하는 마음은 사람을 우울하게 하지만, 친절한 말은 사람에게 생기를 준다. (12:25)

부드러운 대답은 화를 멀리하고, 과격한 말은 화를 불러일으킨다. (15:1)

치유하는 말은 생명의 나무이지만, 속이는 말은 영혼을 짓누른다. (15:4)

적절한 말은 사람에게 기쁨을 준다. 때에 맞는 말은 얼마나 아름다운가? (15:23)

어리석은 자는 말로 매를 벌고, 현명한 사람은 말로 자기를 보호한다. (14:3)

8. 자비와 친절

친절한 마음을 가진 여인들은 존경을 얻고, 무자비한 남자들은 오로지 재물만 얻게 된다. (11:16)

의인의 열매는 생명나무요, 지혜로운 자는 사람의 영혼을 얻는다. (11:30)

의로운 사람은 자기 가축의 필요도 섬세하게 챙겨주지만, 악한 사

람은 자기가 사랑하는 사람도 잔인하게 대한다. (12:10)

9. 화와 인내 인격의 성숙

미련한 사람은 바로 화를 내지만, 신중한 사람은 모욕당하는 순간을 그냥 바라본다. (12:16)

인내하는 사람은 큰 깨달음이 있는 자요, 쉽게 화내는 사람은 자신의 어리석음을 쉽게 드러낸다. (14:29)

화를 쉽게 내는 사람은 분란을 일으키고, 인내하는 사람은 싸움을 멈추게 한다. (15:18)

10. 인생의 교훈

현명한 사람과 동행하면 지혜를 얻고, 어리석은 자와 동행하면 해를 당한다. (13: 20)

어떤 길은 사람이 보기에는 바른 것 같지만, 그 끝은 죽음일 수도 있다. (14:2)

웃을 때도 마음에 슬픔이 있을 수 있고, 즐거움도 슬픔으로 끝날 때가 있다. (14:3)

남과 비교하지 않고 만족하는 마음은 생명을 주지만, 남과 비교하고 시기하는 마음은 뼈를 썩게 한다. (14:30)

마음의 즐거움은 얼굴을 빛나게 하지만 마음의 근심은 영혼을 상하게 한다. (15:13)

환난의 때 악인은 넘어지나, 의인은 죽음의 순간에도 소망이 있다. (14:32)

지혜독서 키워드 나눔

날짜

다가오는 구절

키워드

키워드 나눔

지혜독서 키워드 나눔

날짜

다가오는 구절

키워드

키워드 나눔

감사의 글

저의 전작인 『공부보다 공부그릇』, 『역사 하브루타』 등을 읽으신 여러 독자님들께서 자녀 교육의 근본적인 문제에 대한 저의 제언에 많이 공감을 해 주시고, 주위에 많이 알려 주신 덕분에 이번에 제가 제일 강조하고 싶었던 '인문학 지혜 독서'를 주제로 책을 낼 수 있게 되었습니다. 먼저 부족한 제 책을 사랑해 주신 독자님들과 각 지역에 개설된 온·오프라인 강의에 참여해 주신 학부모님들께 감사의 말씀을 드립니다. 그리고 좋은 강의를 할 수 있게 기회를 마련해 주신 각급 학교와 도서관, 관공서, 신세계, 현대, 롯데, 홈플러스 문화센터 관계자 여러분께도 감사의 말씀을 드립니다.

또 책의 기획에 있어 큰 방향을 제시해 주신 체인지업의 김형준 대표님과 섬세한 편집으로 읽기 편하고 멋진 책으로 만들어 주신 서정욱 편집장님과 체인지업 가족들에게 큰 감사를 드립니다.

그리고 지혜 독서의 구체적인 실천 사례를 보내주신 김수정 님과 허영욱 님(관우네 가정), 박경혜 님, 현성순 님, 윤선희 님께 감사드리고, 제가 말하는 가정 중심 교육을 꾸준히 실천하는 경원이네, 희우네, 정원이네, 시호네 등 일일이 말씀드리지 못해 죄송스러운 많은 〈역사 하브루타〉 토요 독서 토론 모임 가족들에게도 큰 감사의 말씀을 드립니다.

부족한 저자의 글쓰기 고향이자 따뜻한 댓글로 꾸준히 글을 쓸 수 있도록 격려해주시는 텐인텐의 박범영 소장님과 텐인텐 카페(cafe.daum.net/10in10/) 가족들에게는 언제나 빚진 마음입니다. 텐인텐에서 '사교육비 경감' 칼럼과 교육 칼럼을 쓰지 못했더라면, 이렇게 많은 책을 낼 수 있는 기회를 얻지 못했을 것입니다. 요즘 블로그와 유튜브 관리를 핑계로 텐인텐 칼럼에 글을 꾸준히 올리지 못해 죄송합니다.

〈월급쟁이 부자들〉 카페의 너바나님과 쏘쿨님, 코크드림님, 너나위님, 주우이님, 일풍님, 방랑미쉘님, 양파링님, 원더깨비님 그리고 일일이 이름을 말씀드리지 못해 죄송한 많은 〈월부〉 가족들에게도 다시 한 번 큰 감사의 말씀을 드립니다. 〈월부〉 팟캐스트와 단체방 교육 상담을 통해 각 가정의 생생한 목소리를 듣게 해 주시고, 제가 아는 작은 지식을 통해 도움을 드릴 수 있는 기회를 주셔서 감사했습니다. 또한, 변함없이 저의 집필 활동과 가정 중심 교육을 응원해 주시는 독서 팟캐스트 〈다독다독〉의 빼숑님, 로사님, 드리머님께도 다시 한 번 감사의 말씀을 드립니다.

그리고 힘든 육아 교육 환경 속에서도 배움을 통해 더 큰 희망을 만들어 가는 ADHD 카페 정자영 매니저님과 열혈 엄마들께도 귀한 인연을 만들어 주심에 감사드리고, 부디 이 책이 더 큰 바다로 나아가는 작은 꽁무니바람이 되길 바라봅니다.

목적 있는 책 읽기를 통해 섬기는 삶의 방법을 알려 주신 3P 자기경영 연구소의 강규형 대표님과 꾸준히 독서 모임을 섬기고 있는 장주영 팀장과 최원일 선생님께도 다시 한 번 감사의 말씀을 전하고 싶습니다. 그리고 부족한 후배를 늘 챙겨 주시는 〈스카이 아카데미〉 소호섭 원장님과 〈박문각 편입학원〉의 홍준기 교수님, 〈호움Houm〉의 정환욱 원장님과 남연화 대표님께도 감사의 말씀을 드립니다.

만나면 늘 긍정적인 에너지를 주시고, '새로운 세계'를 경험하게 해 주시는 이은덕 대표님과 대한민국 최고의 소통테이너에서 '파라스타'를 통해 새로운 마케팅 트렌드를 만들어 가시는 오종철 대표님께도 감사의 말씀을 드립니다. 대한민국 최고의 가정 행복 코치 이수경 회장님과 웃음박사에서 '머니패턴' 박사로 진화하시는 이요셉 소장님, 김채송화 소장님, 그리고 밥딜런 모임을 통해 늘 새로운 인사이트를 주시는 이구환 대표님과 김욱진 대표님, 이재훈 대표님께도 감사의 말씀을 드립니다. 또 제 인생의 멘토이자 신문 하브루타를 통해 새로운 동역을 이뤄가고 있는 이용각 생각디자인 연구소 소장님께도 큰 감사의 말씀을 드립니다. 이 귀한 선후배님들의 격려와 성원이 없었다면 이런 작은 성취도 얻을 수 없었을 것입니다. 또 저의 건강 선생님이자 스쿼트 산행 훈련 조교인 백용학 건강독서 문화 연구소 소장님께도 감사의 말씀을 드리고, 꿈을 현실로 만들어 주신 ENF 메딕스의 권영희 대표님 그리고 건강 독서 모임 가족들에게도 감사의 말씀을 드립니다.

또한, 부족한 저의 집필 작업과 가정 중심 교육을 늘 응원해 주는 도치맘의 고선영 대표님과 김수영, 김유라, 전은주, 김은정, 강소진, 김혜경, 이지안, 성유미, 김지현, 곽진영 작가님께도 이 자리를 빌려 다시 한 번 감사의 말씀을 드립니다. 인생의 중요한 고비마다 함께 기도해 주고 응원해 주신 고수영 선교사님과 사무엘, 엘리자베스, 갈렙과 제니, 엘라, 그리고 필리핀과 유럽에 있는 수많은 하비루Habiru 가족들에게도 감사의 말씀을 전하고 싶습니다.

마지막으로 미국에서 늘 응원해 주는 동생 명섭 가족과 언제나 변치 않는 사랑으로 부족한 아들을 응원해 주시는 부모님, 저의 존재 이유인 Esther와 Zion, Joshua에게 감사와 사랑의 말을 전합니다.

에필로그

부富하지는 못 해도 귀貴할 수는 있잖아

부와 성공의 목표를 쉽게 이룰 수 있나?

우리나라 부모들이 자녀 교육과 입시에 많은 노력과 정성을 기울이는 이유는 자녀들을 좋은 대학에 보내어 좋은 직장을 얻게 하기 위함일 것이다. 좋은 대학과 좋은 직장, 의사나 변호사 같은 전문직은 결국 돈 많이 벌고 사회적으로 높은 지위를 갖게 하는 것이다. 그런데 돈 많이 벌고 높은 지위와 명예를 얻는 것이 마음먹는다고 쉽게 되는 것일까? 나는 『논어』를 읽으며 공자가 말한 다음 구절이 크게 마음에 와닿았다.

"부유하게 되는 것이 노력하고 애쓴다고 되는 것이라면, 나는 수레

모는 마차꾼을 해서라도 이루겠지만, 만약 애쓰고 노력한다고 되는 것이 아니라면, 나는 내가 좋아하는 일을 하겠다."(술이편 7-11)

결국 입시에서 성공하거나 사회에서 돈이나 명예를 얻으려면 입시운, 학운, 재물운이 있어야 한다는 게 동양적 관점이다. 누구는 엄청난 노력을 해도 한계가 있고, 누구는 그리 많이 애쓰지 않고, 자기가 좋아하는 일을 하면서도 남들이 원하는 것을 쉽게 얻는다. 그리고 이른바 운이 좋고, 돈과 명예, 남들이 말하는 성공을 이뤘다고 해서 다 행복한 것도 아니다. 어떤 이는 명문대를 나오고도 불행하고, 어떤 이는 초등학교만 나와서도 행복하다. 어떤 이는 재벌이 되어도 불행하고, 어떤 이는 끼니 걱정하지 않고 사는 정도만으로도 행복하다.

재능의 크기와 행복

20여 년을 입시와 교육 현장에서 일하면서 점점 확신하게 된 바는 입시에서 성과를 내고, 사회에 나와서 돈 벌고 성공하는 데 있어서의 가장 큰 변수는 아이가 하늘로부터 받은 복의 그릇이라는 것이다. 이 그릇 자체를 부모가 늘려 줄 수는 없다. 공부를 잘 못하는 아이를 잘하게 하는 것은 매우 힘들고, 돈을 잘 못 버는 아이를 잘 벌게 하기도 힘들다.

그러면 부모가 자녀를 위해서 해 줄 수 있는 것은 무엇일까? 바로 자녀가 자신이 받은 그릇을 최대한 누리며 행복하게 사는 법을 알려 주는 것이다. 앞서 말한 자신의 그릇을 컴퓨터 하드웨어라고 하면, 주어진 하드웨어 사양에서 최대한 잘 활용할 수 있는 소프트웨어를 심어주는 것이다.

이런 설명을 하며 내가 자주 드는 비유 중 하나가 대형차와 경차 이야기다. 어떤 아이는 제네시스급의 재능을 받을 수 있고, 어떤 아이는 경차급의 재능을 받을 수 있다. 하지만 제네시스를 타고 다니면서도 만족하지 못해 더 많이 가지려고 애쓰면서 고달프게 살 수 있다. 자기보다 작은 차를 타고 다니는 사람을 무시하고, 배우자나 자녀를 힘들게 하며 사는 사람도 있다. 반면에 경차를 타고 다니지만, 온 가족이 화목하게 지내면서 주말에는 가까운 산이나 역사유적지를 다니며 행복하게 사는 사람이 있다(지금 우리 집 차도 경차다ㅎㅎ). 차의 크기가 행복의 크기를 결정하는 것이 아니다. 차를 어떻게 활용하느냐가 행복의 크기와 강도를 결정한다.

물론 지금 같은 자본주의 사회에서 경차를 타고 다니면서 남과 비교하는 마음 없이 행복하게 살기 위해서는 상당한 내공이 필요하다. 하지만 아이의 그릇이나 재능을 키워주려는 무모한 시도보다 자신이 어떤 종류와 크기의 재능을 받았든지 관계없이, 주어진 삶을 제대로 해석하고 주위 사람들과 좋은 관계를 맺으며 행복하게 사는 법을 가르치는 게 더욱 현실적인 자녀 교육 전략이 아닐까 싶다.

부하기보다 귀한 아이로 키워보자

이런 취지로 이 책에서는 인문학 지혜 독서를 통해 우리 아이들을 행복한 아이로 키우는 교육의 목표를 제안해 보았다. 부하고 성공한 삶은 누구나 다 이룰 수 있는 것은 아니다. 하지만 삶의 형편이 어떻든지 간에 그 형편에 만족하고 진정한 자유를 누리며 행복하게 사는 귀한 삶은 누구나 누릴 수 있다.

인문학은 귀족 학문이라는 말이 있다. 노예 출신의 철학자로 알려진 그리스의 에픽테토스Epictetus(AD 55~135년경) 같은 비천한 가문 출신의 대단한 스승들도 있지만, 그들의 제자들은 대부분 부유한 가문의 자손들이었다. 우리나라 철학자들도 마찬가지 아닌가. 귀족이나 양반이 아니면 먹고사는 문제에서 벗어나 책을 읽을 수 없었다. 나의 존재나 삶의 의미, 우주 가운데서의 나의 역할에 대해 생각할 여유가 없었다. 그런데 어느 정도 근대화와 산업화를 이룬 지금의 우리는 이제 어느 정도 먹고사는 문제에서 벗어나 인문학 책을 펼칠 수 있는 여유가 생겼다.

과거 귀족들이나 공부하던 인문학이 지금은 모든 사람에게 문이 열려 있는 것이다. 굳이 대학에 가지 않아도 유튜브를 통해서도 수많은 인문학 강의를 들을 수 있다. 내가 이 책에서 말하는 대로 인생 책 한두 권을 가지고 아이들과 평생 공부한다면 책값이 많이 드는 것도 아니다. 하루 15분에서 시작해서 1시간, 혹은 주말에 서너 시간만 내어도 귀한 삶을 살 수 있는 기회에 도전해 볼 수 있다.

나는 왜 지금도 많은 부모들이 성공 확률이 적은 좋은 대학과 좋은 직장이라는 입시 위주의 교육 목표에 올인하고, 본인들의 노후도 포기해 가면서 사교육비를 쓰는지 이해가 되지 않는다. 그렇게 공부시켜 35만 명을 4년제 대학에 보내도 4년 뒤에 제대로 된 일자리를 구하는 아이들이 고작 10만 미만인 게 현실이다. 또 앞으로 인공지능 시대가 되면 이 숫자도 더 줄어든다고 한다. 오히려 적은 투자로 대부분의 아이들이 행복할 수 있고, 좋은 대학에 가든 못 가든, 좋은 직장을 얻든 못 얻든 어떤 환경에서도 자유로운 삶을 살 수 있게 하는 공부를, 자본과 사람들의 노예가 아닌 주인으로 당당하게 사는 귀인貴人이 될 수 있는 공부를 우리 아이들에게 시켜야 하지 않을까?

신약성경의 반 정도를 썼다고 평가받는 사도 바울은 "나는 궁핍함이 무엇인지도 알고, 부유함이 무엇인지도 안다. 나는 잘 먹든, 굶주리든, 풍요롭게 살든, 궁핍하게 살든, 어떤 상황에서도 만족하는 삶의 비결을 배웠다. 나는 내게 힘주시는 분 안에서 모든 것을 할 수 있다"(빌립보서 4:12-13)고 했다.

왕위 계승권과 궁궐의 편안한 삶을 버리고 수행의 길을 떠나 깨달음을 얻는 석가모니 부처님은 당시 인도의 강대한 왕국을 다스리는 왕들의 스승이 되었다. 수많은 군대와 재물, 권력을 가진 왕들이 누리지 못하는 자유를 부처님은 온전히 누렸다. 왕들은 높은 성벽을 쌓고 수많은 호위병들에게 둘러싸여 있으면서도 자신의 안전을 염려하면서 잠자리에 들었지만 부처님은 나무 밑에서 자고, 맨발에 탁발을 다니면서도 부족함이 전혀 없었다.

공자가 가장 아낀 제자인 안회顔回는 한 그릇의 밥과 한 바가지의 물을 마시고, 누추한 마을에 살아도 부끄러움을 몰랐고, 가죽옷을 입은 귀족들 가운데서 허름한 옷을 입고도 당당한 삶을 살았다. 이 책에서 다룬 인문고전의 주인공들은 바로 이런 진정한 자유인의 삶을 산 사람들이다.

그렇다고 인문학을 공부해서 모두 가난하게 살라는 말은 아니다. 인문학적 소양이 있는 아이들이 부를 얻고 성공을 거두면, 자신의 돈과 재능을 세상과 사람을 섬기는 데 귀히 쓸 것이다. 인문학적 소양은 있으나 재능이 부족한 아이들이라 할지라도 자신의 분수를 알고, 주어진 삶에서 행복하게 살 수 있을 것이다.

하지만 인문학적 소양이 없는데 재주만 있는 아이들은 많은 사람들을 힘들게 하고 본인도 행복한 삶을 살기 힘들다. 차라리 그런 아이들은 재주가 적은 게 자신의 평안한 삶에 도움이 될 수 있다.

우리 아이들을 행복하게 만드는 가장 확실한 길은 인문학 지혜 독서를 통해 왜 살고, 어떻게 살아야 하는지를 가르쳐 주는 것이다. 과거에는 소수만 누리던 특권이 이제는 모두에게 주어졌다. 아무쪼록 한 가정이라도 이 행복한 교육 여정에 동참할 수 있는 길이 열리기를 소망해 본다.

참고문헌

주제별 인문학 서적
❶ 성경 관련

부흥과 개혁사의 기독교 입문 시리즈
백금산 글, 김종두 그림, 『만화 사도신경』, 『만화 주기도문』, 『만화 십계명』, 『만화 기독교 강요』.

R. T. 프랜스, 『NICNT 마태복음』, 부흥과개혁사, 2019.
강대훈, 『마태복음 주석 (상) 하늘에서처럼 땅에서도』, 부흥과개혁사, 2019.
두란노 편집부, 〈예수님이 좋아요 : 저학년용 (격월간)〉, 두란노.
문봉주, 『문봉주 대사의 성경의 맥을 잡아라』, 두란노, 2007.
오대희, 『잠언 100일 큐티』, 생명의말씀사, 2014.
오광만 감수, 『성경 2.0 쉬운 지도 성경통독을 위한 신개념 지도』, 씨엠크리에이티브, 2016.
이애실, 『15년 만에 다시 쓴 어? 성경이 읽어지네! : 구약』, 성경방, 2018.
이애실, 『구약읽기 내비게이션』, 성경방, 2015.
팀 켈러, 『팀 켈러, 오늘을 사는 잠언 하나님의 지혜로 인생을 항해하다』, 두란노, 2018.

❷ 불교 관련

김용옥, 『도올 김용옥의 금강경 강해』, 통나무, 2019.
김용옥, 『스무살, 반야심경에 미치다』, 통나무, 2019.
대한불교조계종 포교원 편, 『불교입문』, 조계종출판사, 2017.
무비, 『무비 스님 신 금강경강의』, 2010.
법륜, 『반야심경 이야기』, 정토출판, 1995.
법륜, 『법륜 스님의 금강경 강의』, 정토출판, 2012.
법상, 『반야심경과 마음공부 260자에 담긴 삶의 지혜』, 무한, 2017.
법상, 『금강경과 마음공부』, 무한, 2018.
법상, 『반야심경과 선 공부』, 무한, 2017.
일감, 『금강경을 읽는 즐거움』, 민족사, 2015.
자현, 『자현 스님이 들려주는 불교사 100장면』, 불광출판사, 2018.

❸ 유교, 도교 등 동양고전 관련

강신주, 고미숙 외,『인문학 명강 동양고전』, 21세기북스, 2013.
김원중 역,『노자 도덕경, 버려서 얻고 비워서 채우는 무위의 고전』, 휴머니스트, 2018.
소준섭 역,『도덕경』, 현대지성, 2019.
야스토미 아유미 편,『초역 노자의 말: 도덕경』, 삼호미디어, 2020.
야오간밍,『노자강의 도덕경』, 김영사, 2010. (원제:老子百姓生活)
우쩌라이,『노자님, 도(道)는 어디에 있나요? 공자님이 묻고 노자님이 답하는 어린이 도덕경』, 봄나무, 2015
최진석,『생각하는 힘, 노자 인문학』, 위즈덤하우스, 2015.
이용찬,『노자 마케팅: 도덕경으로 배우는 새로운 생각법』, 마일스톤, 2017.
김승호,『생각의 비밀』, 황금사자, 2015.
김원중 역,『명심보감 자기 성찰의 고전』, 휴머니스트, 2017.
김종상 편,『어린이 명심보감, 마음을 밝혀주는 보배로운 거울』, 한국독서지도회, 2005.
백선혜 역,『명심보감』, 홍익출판사, 2005.
표성흠,『처음 만나는 명심보감: 마음을 밝혀주는 보배로운 거울 어린이를 위한 명심보감』, 미래주니어, 2013.
김원중 역,『격몽요결』, 민음사, 2015.
김학주 역주,『격몽요결: 올바른 공부의 길잡이』, 연암서가, 2013.
엄기원 편,『어린이 사자소학: 삶의 지혜를 담고 있는 책』, 한국독서지도회, 2005.
한문희 편,『어린이 격몽요결』, 연암서가, 2014.
김성중 역,『채근담』, 홍익출판사, 2005.
김원중 역,『채근담: 인간사를 아우른 수신과 처세의 고전』, 휴머니스트, 2017.
박정수 편역,『청소년 채근담』, 매월당, 2006.
한영희,『열 살, 채근담을 만나다』, 어린이나무생각, 2019.
김원중 역,『논어: 인생을 위한 고전』, 휴머니스트, 2019.
박민호,『논어 이야기, 어린이 눈높이에 맞춘』, 대일출판사, 2012.
박지숙 편,『어린이와 청소년을 위한 논어』, 보물창고, 2016.
송용근,『식탁 위의 논어』, 페이퍼로드, 2012.
신정근,『마흔, 논어를 읽어야 할 시간 인생의 굽잇길에서 공자를 만나다』, 21세기북스, 2019.
우쩌라이,『공자님, 나를 알면 뭐가 바뀌나요? 생각을 키워 주는 어린이 논어 이야기』, 봄나무, 2014.
황희경,『논어: 내 인생 최고의 교양』, 메멘토, 2018.

❹ 기타

고두현, 『시 읽는 CEO: 20편의 시에서 배우는 자기 창조의 지혜』, 21세기북스, 2007.
김용택, 『감성치유 라이팅북 어쩌면 별들이 너의 슬픔을 가져갈지도 몰라 : 김용택의 꼭 한번 필사하고 싶은 시』, 예담, 2015.
류시화 편, 『지금 알고 있는 걸 그때도 알았더라면 (개정판)』, 열림원, 2014.
류시화 편, 『사랑하라 한 번도 상처받지 않은 것처럼』, 오래된미래, 2005.
윤동주 외, 『수요일, 읽기 좋은 시집; 기쁨 (한국 대표 시)』, 부크크, 2019.
정재찬, 『시를 잊은 그대에게: 공대생의 가슴을 울린 시 강의』, 휴머니스트, 2020.

저자의 다른 서적

심정섭, 『스무살 넘어 다시 하는 영어』, 명진출판, 2011
심정섭, 『강남에서 서울대 많이 보내는 진짜 이유』, 나무의 철학, 2014.
심정섭, 『질문이 있는 식탁, 유대인 교육의 비밀』, 예담프렌드, 2016
심정섭, 『학군상담소』, 진서원, 2017.
심정섭, 『1% 유대인의 생각훈련』, 매경출판, 2018.
심정섭, 『역사하브루타』, 더디퍼런스, 2018.
심정섭, 『대한민국 입시지도』, 진서원, 2019.
심정섭, 『대한민국 학군지도, 개정판』, 진서원, 2019.
심정섭, 『공부보다 공부그릇』, 더디퍼런스, 2020.
심정섭, 『학력은 가정에서 자란다』, 진서원, 2020.

자녀교육, 일반

EBS 제작팀, 『학교란 무엇인가 1, 2』 중앙북스, 2011
게리 채프먼, 『5가지 사랑의 언어』, 생명의 말씀사, 2010.
고리들(고영훈), 『인공지능 Vs. 인간지능 두뇌 사용설명서』, 행운출판사, 2015.
고리들(고영훈), 『인공지능과 미래인문학』, 행운출판사, 2017.
김수영, 『꿈을 요리하는 마법카페』, 꿈꾸는지구, 2019.
김용성, 『홈스쿨 대디』, 소나무, 2019.
김유라, 『아들 셋 엄마의 돈 되는 독서』, 차이정원, 2018.
김은정(카르페디엠), 『머니라벨』, 담아, 2020.
김주환, 『회복탄력성』, 위즈덤하우스, 2019.
김주환, 『그릿 GRIT』, 쌤앤파커스, 2013.
김지현, 『준규네 홈스쿨』, 진서원, 2019.

김혜경, 『하브루타 부모 수업』, 경향비피, 2017.
데이빗 호킨스, 『의식혁명』, 판미동, 2011.
도널드 클리프턴, 톰 래스, 『위대한 나의 발견 강점혁명』, 청림출판, 2017.
마셜 로젠버그, 『비폭력대화』, 한국NVC센터, 2017.
만프레드 스피쳐, 『디지털 치매』, 북로드, 2013.
박왕근, 『수학이 안 되는 머리는 없다』, 양문, 2014
박재연, 『엄마의 말하기 연습』, 한빛라이프, 2018.
박혜란, 『다시 아이를 키운다면』, 나무를 심는 사람들, 2013.
박혜란, 『믿는 만큼 자라는 아이들』(개정3판), 나무를 심는 사람들, 2013.
백금산, 『책 읽는 방법을 바꾸면 인생이 바뀐다』, 부흥과개혁사, 2002.
사교육걱정없는 세상, 『아깝다 영어 헛고생』, 우리학교, 2014.
사교육걱정없는 세상, 『아깝다 학원비』, 비아북, 2010.
서은국, 『행복의 기원』, 21세기북스, 2014.
서형숙, 『엄마학교』, 큰솔, 2006.
성유미, 『돈을 아는 아이는 꿈이 다르다』, 잇콘, 2020.
수 클리보드, 『나는 가해자의 엄마입니다』, 반비, 2016.
악동 뮤지션, 『목소리를 높여 high』, 마리북스, 2014.
엘리 홀저(Elie Holtzer), 『하브루타란 무엇인가』, 디씩스코리아, 2019.
이범 『이범의 교육 특강』, 다산에듀, 2009.
이성근, 주세희, 『오늘 행복해야 내일 더 행복한 아이가 된다』, 마리북스, 2014.
이승욱 등, 『대한민국 부모』, 문학동네, 2012.
이요셉, 『머니패턴』, 비즈니스북스, 2018.
이임숙, 『엄마의 말공부』, 카시오페아, 2015.
이지안, 『초보 엄마 심리학』, 글항아리, 2019.
장주영, 『기획자의 경험』, 바이북스, 2020.
전성수, 『부모라면 유대인처럼 하브루타로 교육하라』, 예담프렌드, 2012.
전은주, 『초간단 생활놀이』, 북하우스, 2013.
전혜성 『섬기는 부모가 자녀를 큰 사람으로 키운다』, 랜덤하우스, 2006.
전혜성 『엘리트보다 사람이 되어라』(개정판), 중앙북스, 2009.
전혜성, 『생의 목적을 아는 아이가 큰 사람으로 자란다』, 센추리원, 2012.
정선주, 『학력파괴자들』, 프롬북스, 2015.
정재영, 『왜 아이에게 그런 말을 했을까』, 웨일북, 2019.
조엘 펄먼, 『아이를 변화시키는 두뇌음식』, 이아소, 2008.

존 가트먼, 최성애, 조벽 『내 아이를 위한 감정코칭』, 한국경제신문사, 2011.
최광현, 『가족의 두 얼굴』, 부키, 2012.
최승필, 『공부머리 독서법』, 책구루, 2018.
최원일, 『한 권으로 끝내는 초등 독서법』, 라온북, 2017.
최하진, 『세븐파워교육』, 나무&가지, 2019.
최하진, 『자녀를 빛나게 하는 디톡스교육』, 나무&가지, 2017.
켄 블랜차드, 『춤추는 고래의 실천』, 청림출판, 2009.
하워드 가드너, 『다중지능』, 웅진 지식하우스, 2007
학교란 무엇인가 제작팀, 『학교란 무엇인가』, 중앙북스, 2011.

미디어 및 인터넷 자료
유튜브: 심정섭 TV
네이버 블로그, 심정섭의 나누고 싶은 이야기 blog.naver.com/jonathanshim
네이버 카페, 심정섭의 학군과 교육 http://cafe.naver.com/newcre
네이버 카페, 더나음 연구소 cafe.naver.com/birthculture
EBS 육아 학교 출연 영상 『유대인에게 배우는 밥상머리교육법』 (2016.4.1. 방송)
https://www.youtube.com/watch?v=pCS5pys39Xk&t=2602s

초등 공부머리를 위한
하루 15분 인문학 지혜 독서법

1판 1쇄 인쇄 2020년 9월 21일

지은이 심정섭
발행인 김형준

편집 서정욱
디자인 김희연

발행처 체인지업
출판등록 2020년 4월 13일 제25100-2020-000023호
주소 서울특별시 노원구 동일로 1619-18
전화 02-6956-8977   팩스 02-6499-8977
이메일 change-up20@naver.com
홈페이지 www.changeuplibro.com

ⓒ 심정섭, 2020

ISBN 979-11-970659-1-0 03370

이 책의 내용은 저작권법에 따라 보호받는 저작물이므로, 전부 또는 일부 내용을 재사용하려면
저작권자와 체인지업의 서면동의를 받아야 합니다.
이 책의 국립중앙도서관 출판시도서목록(CIP)은 서지정보유통지원시스템 홈페이지(seoji.nl.go.kr)와
국가자료공동목록시스템(www.nl.go.kr/kolisnet)에서 이용하실 수 있습니다.
잘못된 책은 구입처에서 바꿔드립니다.
책값은 뒤표지에 있습니다.

체인지업은 내 삶을 변화시키는 책을 펴냅니다.